沟 通

——大学管理中的文化视角

李延保 著

中山大学出版社

·广州·

版权所有　翻印必究

图书在版编目（CIP）数据

沟通：大学管理中的文化视角/李延保著．—广州：中山大学出版社，2008.3
ISBN 978-7-306-03046-7

Ⅰ．沟…　Ⅱ．李…　Ⅲ．高等教育—教育工作—研究—中国　Ⅳ．G649.2

中国版本图书馆 CIP 数据核字（2008）第 018486 号

出 版 人：叶侨健
责任编辑：周建华
封面设计：曹巩华
责任校对：海　生
责任技编：黄少伟
出版发行：中山大学出版社
电　　话：编辑部（020）84111996，84113349
　　　　　发行部（020）84111998，84111981，84111160
地　　址：广州市新港西路 135 号
邮　　编：510275　　传真：（020）84036565
网　　址：http://www.zsup.com.cn　E-mail：zdcbs@mail.sysu.edu.cn
印 刷 者：虎彩印艺股份有限公司
经 销 者：广东新华发行集团
规　　格：635mm×960mm　1/16　19.5 印张　278 千字
版次印次：2008 年 3 月第 1 版　2019 年 11 月第 3 次印刷
定　　价：48.00 元

本书如有印装质量问题影响阅读，请与出版社发行部联系调换

目　录

自　序 …………………………………………………………（1）

一、求索篇

理念、机制、人文环境
　　——对建设高水平大学及其内涵发展的理解 …………（3）
关于大学生思想政治教育的几点思考……………………（10）
对学校发展中几个问题的认识………………………………（15）
弘扬科学精神，是现代大学文化素质教育的重要内涵……（22）
着力构建创新型人才生成的教育培养体系…………………（31）
关于高水平大学建设的思考
　　——兼谈现代大学文化建设………………………………（39）

二、认识篇

珍视传统　凝聚精神
　　——代序《凝聚中大精神》…………………………………（71）
现代大学精神和大学的文化传统与品格……………………（79）
关于大学的管理………………………………………………（89）
现代大学文化精神与历史传承 ……………………………（100）
大学的文化和大学的管理 …………………………………（118）
重点大学人才人事工作中的价值观 ………………………（129）
高校党委在建设现代大学制度中的地位与作用 …………（135）

高等教育的发展与大学的使命 …………………… (147)
大学发展需要更好的舆论环境 …………………… (157)
关于推进"国家创新人才工程"的设想 …………… (162)

三、实践篇

学校党委常委会的共同责任 ……………………… (175)
大学文化建设是建设现代大学最重要的内涵
　　——关于大学文化实践的研究 ………………… (183)
文化素质教育和现代大学文化的建设 …………… (194)
新校区校园文化的传承与创新
　　——对中山大学珠海校区校园文化建设的思考 … (203)
大学文化与创新人才培养 ………………………… (212)
全体共产党员要为新的中山大学建成高水平大学
　　而努力奋斗 ……………………………………… (224)
注重学习、掌握规律,做一名可敬、可信、可亲的
　　纪检干部 ………………………………………… (231)
中大的传统与我们的责任 ………………………… (247)
研究型大学教师的素养和责任 …………………… (264)
我们离培养创新型人才的目标还有多远
　　——兼谈大学校园文化建设 …………………… (273)
增强自信、坚持开放,加大高校教育改革的
　　"国际化"进程——从学习陈嘉庚教育思想谈起 …… (282)
关于本科院校定位、专业建设及素质教育的若干思考 … (290)

自　序

《沟通——大学管理中的文化视角》实际上是我作为大学党委书记的工作札记，也是我从一名普通的教师走上大学领导岗位后的心路历程的展示和剖析。

我在东南大学担任副校长期间，一位艺术学老教授很认真地对我说："你们这些学校领导太没文化。"此言令我震惊。但，随着时间的推移，我越来越深刻地体会到，他确实点中了我们这一代大学领导的要害。

就像杨叔子院士讲的"有房子不等于有建筑"一样，从某种意义上讲，有"知识"不等于有"文化"。当然，这里赋予了"文化"、"建筑"更加丰富的内涵。

我是一名学数学出身的教师，一生结缘大学，长期从事教学和行政管理工作，逐步走到大学领导岗位。历史的机遇又让我担负起重点大学的主要领导职务，虽说也积累了不少工作经验，但我始终感到心里不踏实，总觉得欠缺点什么。

多年来，不论是"三讲"学习、先进性教育及每年的民主生活会，作为学校的领导，都要听取广大教工的意见，也要做好自我的反省，找找身上存在的不足和问题。但是，我最终认识到最深层次的问题，还是文化素养与我担负的领导职务不相匹配，包括文化的理念、文化的视野和文化的底蕴等等。

其实，只要翻开国内外现代大学发展的历史，就不难看出我们这一代大学领导和历史上著名的大学校长们文化层面上的距离。

一天，我校已故著名学者商承祚的公子商志谭教授打电话给我，说有一批魏晋南北朝时期的石刻、石碑长期堆放在一座小楼后，日晒雨淋无人过问。这批石刻、石碑是20世纪30年代商承祚等几位历史学、考古学教授受校方之托，从全国各地寻觅来的精品，"文革"后堆放在那里已有30余年了，一直无人问津。我们在伦敦大英博物馆或圣彼得堡的冬宫看到当年被盗的类似文物时，会感到悲愤和耻辱，但是前辈教授们苦心搜寻的文物放在我们现在这些领导眼前，却被长期视而不见，想想也实在脸红。经清理，这批石刻、石碑现已陈列在图书馆的大厅，成为"镇馆之宝"。

在国外著名大学，除图书馆、实验室的宏大及开放外，给人们印象最深的莫过于名目繁多的博物馆、陈列馆。莫斯科大学最漂亮的主楼有七层是学校的博物馆，即便是经费最困难的时期，也保证博物馆的开放和研究经费。大学的博物馆、陈列馆不仅聚集国家、社会、民族的历史、文化的精粹，而且更加专业化，更富有科学内涵，是用实物呈现的知识的海洋，是大学品牌、品味的标志，也是培养、熏陶学生的殿堂。相比之下，无论是"211工程"还是"985工程"这些较大额度的专项经费，又有多少能用在大学博物馆、陈列馆的建设之上。

我们这代人是努力的，但也要充分认识我们的不足。与中国近现代一批著名的大学校长们相比，我们对中国几千年文明积淀的丰厚文化传统、文化精粹缺乏深刻认识和理解；与国外著名大学的校长们相比，我们对近千年逐步发展起来的现代大学的文化精神、现代大学制度的文化背景缺乏切身的体验和了解；与"文革"前担负高校领导职务的一批老革命家相比，他们那种把理想、信念和大学发展紧密结合，对党和国家的事业无比忠诚的献身精神和坚定意志是我们学习的榜样。

我在担任副校长期间，曾经分管过教学、学科建设、财务及学校行政等工作，主要是与具体的"事"打交道，其实质是协助学校主要领导妥善处理"人、财、物"资源的合理配置，把学校有限的资源用在最"该用"的地方。当然，如何"妥善"处理，什么是最"该用"的地方，也反映了领导者的指导思想，隐含着价值判断等文化理念。

1998年，我调入中山大学任党委书记，开始寻找新的角色定位。党委书记工作的特点主要是和"人"打交道，做"人"

的工作，通过思想沟通达到心灵的沟通，形成共识与和谐。关键是如何搭建彼此心灵沟通的"思想平台"，其实质就是要搭建由价值观、理想追求、思维模式、道德情感及对现代大学的办学理念、价值追求等构筑起来的"文化平台"。

在大学里，党委书记是个职务，是工作的岗位，也为我提供了在实践中继续学习、不断提升文化素养的机会。

首先，必须学会在与各种人的"沟通"中找准自己的角色定位，形成具有个性特征并能指导、支配自己行为的思想基础。例如，我从一名普通的教师成为学校的领导，这实际上是从一个自由的、具有独立人格和思想的"自我"变成了一个能影响一所学校、负有重要社会责任的"我"。如何给新的"自我"定位，并能实现从现在的"我"与过去的"我"之间的和谐与沟通，我选择了"不说假话、不搞形式主义、决不整人"三条做人的原则和"对人的尊重、对学术的敬畏、对遵守规则的自觉"三条做事的原则，并一以贯之。又如，大学实行的是党委领导下的校长负责制。党委书记的工作太"虚"了就会失去作用，肯定不行，太"实"了又容易过"界"，关键是如何把握好"度"，真正发挥好校长和领导班子每个成员的作用，形成合力，推动学校事业健康发展。我以"不抢事、不推事、做实事、抓大事"作为和其他领导成员共事的准则，并且和校长形成"责任共同承担，工作尽量互补"的合作机制。再如，在大学里，党委书记的工作是面向全体教工和学生，包括离退休教工、工人、教辅人员、医院的医生和护士、党政管理干部、教师（包括公共课、基础课教师和广大青年教师）、科研人员及学术带头人、骨干教师群体等等。每个群体都会有不同背景的困惑或矛盾，在与他们的沟通中，我认为，要把"尊重教师、善待学生、关心教工、直面问题、排忧解难"作为自己的角色定位，把它作为管理工作的文化理念渗透在自己的工作中，并传递给学校每一位管理干部。

在"沟通"中，不仅要找准自己的角色定位，更要认清自己的工作目标定位。《高等教育法》虽然明确了高校党委的领导职责，但在当前历史时期，我认为，高校党委主要抓三件事：

一是把握办学方向，谋划发展战略，并通过改革和建设推进学校事业的健康发展；

二是培养、选拔和管理校内各级领导和管理干部，着力建设一支高素质的管理干部队伍；

三是重视大学文化建设，营造现代大学文化精神，构建和谐校园，凝聚人心，创造有利于师生全面发展的人文环境。

在"沟通"中，最重要的还是要找准自己工作的认识定位，形成明晰的办学理念和价值追求，并融入到大学的文化理念之中。

大学文化通常包括大学的精神文化、制度文化和环境文化。是否具备先进的办学理念、完善的制度规范、鲜明的传统特色是评价大学文化建设水平的重要内涵，也是建设现代大学的文化标准。其中，大学精神的核心是办学理念和价值追求。大学领导者的基本素质是既要有明确的教育思想、办学思路，又要有科学的办学理念，高瞻远瞩，把握教育的发展方向，并力求两者之间的协调和统一。

担任党委书记职务以来，最基本的问题是：我们要办什么样的大学，培养什么样的人？进而我们怎样才能办成高水平研究型大学，培养具有创新精神和创造能力的高素质合格人才？我们和世界一流大学的差距是什么？在我国社会背景下怎样才能办成世界一流或高水平大学？等等。在学习和思考中，追溯到什么是大学，什么是现代意义的大学，什么是现代大学制度，什么是现代大学文化，什么是大学的文化精神，等等。为此，我们还专门邀请牛津大学、中国科技大学、北京大学的校长、专家，结合国内外名校，研讨大学文化的历史和发展、大学制度的历史和发展及大学的核心竞争力等。在和国内外名校的比较中，提升我们的视野，完善我们自己的办学理念。

"沟通"的目的不仅是要表达我的观点、求得和交流对象的认同或共鸣，更重要的是和各种对象在交流中寻求共同的价值观，形成共同的教育理念，共谋治校方略，并指导我们具体的行动。

大学是学者、智者、能者集聚的地方，从周围的领导、教

自 序

授、学者乃至普通教工和同学的身上都能发现许多思想的火花、文化的元素，使我耳目一新或发人深思，上升到文化层面上的"沟通"，经常让我感受到是在享受文化的大餐，也促使我要努力去做一名有文化自觉的领导和管理者。

我感到十分的幸运，因为我们生活在中国社会、科技、经济快速发展，中国正在赢得世界瞩目和尊重的时代。我们亲身经历了中国高等教育的快速发展，也看到中国大学有希望在将来会进入世界先进教育的主流，形成一批世界级的名校，带动整个中国高等教育水平的提高。

正是在这样一个快速发展和变革的时期，我们也面临着许多问题，面临着许多选择，有些问题需要进一步解放思想，用新的思维去破题，寻求解决的新思路。在这个时期，每一位教育工作者都在思考，本书实际上也是提出了我个人在实践中积累的一些思考，用它们来和教育界的同行们进行"沟通"。

本书许多篇文章就是讲述这段学习和研究的心路历程的，奉献给各位，与您共享，敬请指正。

本书分成求索篇、认识篇、实践篇三个部分。其中，求索篇更多的是自己的思考及追问；认识篇更多的是阐述对提出问题的认识，未必正确，但力求完整、系统；实践篇反映的是在学校工作实践中的体验或总结。文章不按时间顺序，而以内容逻辑关系排列。

本书部分文章已刊登在已出版的《李延保教育文集》之中，多数为近两年新作或未纳入《李延保教育文集》的拾遗之作，目的仍然是希望围绕"大学文化"有一个比较全面的阐述。

本书的出版要十分感谢屈琼斐、李小梅、肖美霞同志的帮助，以及出版社的鼎力支持。

李延保
2008年2月28日

一 求索篇

理念、机制、人文环境

——对建设高水平大学及其内涵发展的理解*

在世纪之交，中国政府以"科教兴国"为基本国策加大了对高等教育的投入，采取了一系列重大改革举措，加速了高等教育的发展，其中：

积极扩大高校招生规模，加快实现从"精英教育"向"大众化高等教育"的过渡。

全国大幅度、大范围的高校体制改革取得突破性进展，组建了一批学科门类更齐全、实力更强的综合性大学，学校管理模式也发生了深刻变化。

中国加入 WTO，经济全球化及科技、经济、人文的融合促使中国高等教育加快国际化的进程。

全面推进素质教育、创新教育，以教育创新适应科技创新，培养大批素质全面、具有创新精神和创业能力的优秀人才。

在"211工程"建设基础上，着力建设一批高水平大学，使之在学科水平及办学质量方面接近或达到世界先进水平，进而建设若干所世界一流大学。

如今高等教育已经成为党和国家领导人乃至全社会关注的重点，成为"科教兴国"的强大支柱。大学城、科技创业园、软件园、硅谷、生物岛等等在各地兴起；科技开发、上市公司也方兴未艾。这一切标志着中国高等教育进入了一个历史上从

---

* 原文于2002年12月发表于《京港学术交流》2002年第56号。

未有过的快速发展的时期，各种关怀、各种机遇接踵而至，好事连台，在"发展是硬道理"、"抓住机遇争取跨越式发展"的思想指导下，学校办学规模急剧扩大，高校办学层次不断上升，学科门类不断补充完善，学校办学条件也在不断改善。优秀人才被推上"风口浪尖"，要么被高校之间互相争夺、炒作，要么荣誉、桂冠相迭而至。成天应酬、忙碌的学校领导，近乎商业化炒作的骨干教师，喧闹的校园，这难道真是现代大学的雏型吗？真该静下来好好地思考了。

　　学校许多方面都变了，但我们管理的落后没变，特别是管理理念的落后没有变。学校许多条件都改善了，但学校的文化精神、文化传统、校园的文化环境建设似乎被疏漏了、淡忘了。太多的功利主义、太多的浮躁作风，不要说建一流高水平大学，连中国传统意义的大学精神都有着隔世遗忘的感觉。学校在对社会发展强化责任、增强服务的同时，是不是还应当有她的矜持和超脱，有她自己的思考和规律。因此，我认为是到认真研究学校内涵发展、内涵建设、苦练内功的时候了。当然，作为内涵发展，首先还是应当明确学校发展的战略定位，制定学科长远的发展规划，推进学科和专业布局的战略性调整，这也是当前学校领导考虑的重点。但是，建设高水平大学最重要的是"水平和质量"，这是高校内涵发展的永恒主题，所有改革与发展最终都应当落实到建设高水平的学科体系、高质量的教学体系、高效率的运行体系上来，并且真正和世界一流大学有可比之处。"提高教学质量、提高学科水平"只有靠学校自身的努力，靠一支高素质的教师队伍和管理队伍，这也是发展，而且是难度更大、更深刻、更本质的"发展"。苦练内功、着力提高质量和水平也要有创新和发展的理念，要遵从办学规律、教学规律，继承学术和教学传统，同时，又要与时俱进，用新的眼光、新的思维、新的举措来适应时代的进步及外部条件的变化。

　　当前，我们强调内涵发展，要解决两个问题：

　　一是如何建设承继学校传统、反映学校特色的现代大学精神。

　　二是如何建设具有时代共性的现代大学制度。

一、求索篇

第一，关于建设现代大学精神问题。

所谓"大学精神"，是大学的一种办学理念和价值追求。科学的大学精神是建立在对教育的本质、办学规律和时代特征深刻认识的基础之上的。

关于大学精神已有很多论述，欧洲大学最根本的价值观是自治权和学术自由，人们常把"学术自由、学校自治、教授治校"看成是现代大学普适之精神。事实上，大学的办学理念是一个不断发展、不断调整、不断充实的过程，不是一成不变的纯粹观念；大学的价值追求是一种理想追求和现实之间不断抗争和协调过程的反映，所谓"学术自由、学校自治、教授治校"，更大程度上还只是大学的学者、教授们的理想追求和理想模式。

现代大学应当承继优秀传统文化，吸纳世界文化之精髓，推动各国文化的交流；大学是崇尚真理、讲求科学的学术殿堂，在科学实践和论证的基础上发现真理、发展真理，在学术批判中推陈出新、创新知识；大学应当鼓励不同学术见解、不同学术流派的研究，允许失败，尊重一些"孤独的思考者"，宽容一些学术上的"狂妄者"。对真理的追求和认识是大学发展的永恒活力和动力，是一个曲折的但又生动鲜活的历史过程。

大学在本然上是希望减少来自各方面的干预和影响，给教授的学术研究、教学工作有更多更大的自由空间。从这个意义上讲，"学术自由、学校自治"是培育大学创新精神的具体要求。正如剑桥大学艾雪培爵士研究报告中指出：学术自由是一种工作条件。大学教师之所以享有学术自由乃基于一种信念，即这种自由是学者从事传授与探索他所见到真理之工作所必需的，也因为学术自由的气氛是研究最有效的环境。

但是，大学是和社会互动的，大学需要社会的支持，培养的人才又会影响社会的发展。因此，任何时候，大学总会受到政治的、文化的、经济的乃至宗教的等各方面的影响，只不过影响程度大小不一。不久前，全世界都在关注同一个问题，即能否从事克隆人的研究，从单纯学术研究来看，这是具有极大挑战性和实践性的问题，但从人类共同的伦理道德角度来看，是不能容忍世界上有从事"克隆人"研究的,科学家的学术研究终究也应服从伦理道德的约束。因此,"学术自由、学校自治"也只是一种理想的信念和追求,现实生活中只存在着有条件、有约束的自由和自治。

我们对现代大学精神的认识是共同的,也是与时俱进的,但是,每一所学校体现的大学精神是个性的,是在该校发展历史中积淀的文化传统、文化精神所表现出来的学校特色和品格。

当前影响大学文化精神健康发展的不利因素值得重视。

一是学风浮躁,急功近利。当前"学术自由"受到的干扰主要不是来自政治压力,而是出于过多的非学术性的各种关心、关怀。

过多的评估,过早地拔苗助长,过细的量化指标,过强的物资刺激,过高的荣誉、地位,搅乱了原本平静的学术圣地,搅乱了人心,使人们不是考虑做长期可能会失败的深刻研究,而是寻求如何早出成果、多出成果的捷径。潜心研究、淡泊名利、追求原创性研究的人少了,追求数量、生吞活剥、哗众取宠的人多了。在功利学风驱动之下,一篇文章剪裁成多篇,抄袭剽窃、联手"创作"有辱斯文的事时有发生。

许多部门的热心,把年轻学者们推进了功利的角逐场,似乎很热闹,大家都在关心教育,都在关心青年人成长,实际上损害了学风,违背了现代大学精神。其实关心教师、支持教育的关键还是要不断提高教师的待遇,让学者、教授们有体面的学习、工作、生活的条件。

二是教书和育人的割裂。学校争办研究型大学或教学、研究型大学,学术导向增强,教师都把主要精力放到学术研究、个人业务发展上,而忽略了对教学的投入,更不重视在传授知识的同时注重对学生思想、品质的关心和培养。学生思想教育工作过多地依赖于少数辅导员或"两课"教师,这样很难达到预期的教育目的。这是大学对学生思想教育、道德教育的某种错位。

三是民主管理和教授治校之间不协调,存在错位现象。高校应当坚持学术导向,弱化行政导向。但也要妥善处理专家决策、咨询系统和行政决策系统的关系,完全用专家决策系统代替行政决策系统,学校工作将是低效率的,难以开展工作。专家决策系统的特点是开放的、发散的,追求有创意、有新意,寻求碰撞出思想火花,而不在于结果。行政决策系统追求的是及时解决问题,讨论方式是收敛性的,寻求相对合理的结论。单纯提"教授治校",早在美国和我国台湾都有过历史争论,并有所调整,其实,还是实行"政务公开,群众参与,教授治学,民主治校"更为妥当。

四是学校办学自主权的权属不清。要进一步弄清学校已经拥有哪些办学自主权,还需要哪些办学自主权,如何依照法律,面向社会维护、用足学校已拥有的办学自主权。当然,政府教育部门也应当真正认识和尊重"高教法"赋予学校的权力。

第二,关于建设现代大学制度问题。

大学应当有"大学章程",建立现代大学制度是建设现代一流大学的必备基础,是实现教育现代化的重要标志。

多年来,大学主要靠思想政治工作来维护学校的秩序;而进入法治时代,人们更多地考虑如何维护自己应有的权益,因此必须靠科学、合理、合法的严密制度来规范人们的行为,建立公平的秩序。从某种程度上讲,今后处理问题应当更加看重和依据制度、合同、协议是怎么规定的,现在又是怎么执行的,一切按章办事,同时可以辅之以一些心理疏导。但即便是现在,也很难再用"大道理"、"思想教育"来解决教工、学生中涉及个人权益的实际问题,今后应当鼓励用法律手段解决教工、学生及学校中发生的问题和纠纷。建立现代大学制度的目的就是改"人治"为"法治",真正实现"依法治校",这是保证学校稳定、和谐和高效的关键之举。

建设现代大学制度包括以下几个方面问题:

(1) 什么是现代大学制度?现代大学制度的内涵是什么?

(2) 如何建立现代大学制度?特别是如何把办学理念、国家大法及学校传统融入到各项制度条文中去,建立刚柔并济、具有活力与权威性的制度规范?要重视通过制度体系本身反映以德兴校及教育国际化、现代化的发展观念,使制度真正成为具有先进性、共通性的现代大学制度。

（3）如何保证和监督制度的执行，真正使"人治"变"法治"？

例如，学校规划就要纳入制度的保障体系，特别是校园规划，一旦按程序确定，一草一木都不能随意处置，不以长官个人意志为转移，树立"规划"执行的严肃性、权威性、法规性。

在建设现代大学制度时，要处理好以下几个问题或关系：

一是要明确学生的权益（和义务）、教师的权益（和义务）、学校的权益（和义务）。例如，在学校允许的条件下给学生提供高质量的教学，给予学生在学习、专业等方面充分的选择权，尊重学生在学校的基本权益。同时，遵守学校制定的规章制度应该是学生承诺的义务和纪律要求。又如，对教师来讲，除了按规定给予相应的工作、生活条件外，很重要的是对涉及自己利益及学校发展事务的知情权和参与权。通过什么方式予以保证，都应当体现在现代大学制度之中。除了权利外，应尽义务也必须规范、可操作、可检查。

二是学校党委和行政关系，行政决策体系和专家决策体系关系，教师队伍建设和管理干部队伍建设关系，等等，需要进一步从理念上、制度上理清、理顺。

三是如何协调学校各类群体的相互关系，给出各种岗位科学、合理的定位，优化和平衡各种资源的配置关系。激发全体员工的积极性，开拓学校发展的全面工作。

"尊重教师，善待学生"是学校领导和管理工作的基本出发点，也是高等学校"以人为本"的具体体现。但是，学校发展既要调动各方积极性，又要有所为和有所不为，不是每个学科都能成为国内外领先学科，也不是每个人都能进行学科原创性工作。但是，在每个岗位上都能为学校发展做出更大的贡献、更好的成绩，甚至也是国内同类工作的一流水平。有些人从事管理，有些人从事教学，有些人从事科技开发，都要对他们给予尊重，做出成绩的给予鼓励，对做出突出成绩的同样要给予崇高的荣誉。学校的社会声誉是学校学术水平和教学质量的综合评价，学校学术水平的显示度靠大师，靠最优秀的名师、专家，但学校的教学质量和综合发展要靠全体教职员工，要让每一个人都感到作为学校成员的自豪感、责任感。

四是学校制度的执行和监督也要建立在诚信和以人为本的基础上，同时要建立规范的约束机制。

制度体现领导者办学的理念，制度反映学校的传统，制度中蕴含着丰富的学校人文精神，在建设现代大学制度时必须融入学校一以贯之的人文精神和办学传统。近80年来，中山大学秉承孙中山先生"天下为公"的思想，以"博学、审问、慎思、明辨、笃行"为校训，形成了讲求革命性、科学性和开放性的办学传统，奠定了培育社会英才的团结、民主、务实的浓郁的校园文化。这些也是现代大学的包容性、创新性和开放性在中山大学的具体体现。在新的世纪，我们要把校园人文精神、文化传统融入到教育和管理工作的全过程，形成学校特有的时代精神和文化传统。

参考文献

[1] 王冀生著．宏观高等教育学．北京：高等教育出版社，2000

[2] （美）唐纳·肯尼迪著．学术这一行（中译本）．台北：天下文化书坊，2001

关于大学生思想政治教育的几点思考[*]

一、几点认识

（1）中央16号文件既体现党中央对大学生思想政治教育一贯高度重视，更是对当前加强大学生思想政治工作具有很强指导性、针对性和操作性的纲领性文件。

（2）同意16号文件对当代大学生及高校思想政治教育工作的评价。

当代大学生总的状况是积极、健康、向上，而且国家荣誉感、民族自信心日益增强，党组织在学生中的影响力也在扩大，要求入党的学生逐年增多。

（3）16号文件中关于加强和改进大学生思想政治教育的六项基本原则十分全面。这既是多年来高校在开展大学生思想政治教育工作中成功经验的总结，也是进一步提高工作水平和质量的关键点、切入点。其中：

"坚持教书与育人相结合。"关键是强化全员育人和全程育人意识。

"坚持教育与自我教育相结合。"符合大学生"自我意识"增强的时代特点，应因势利导，强化学生自我教育功能。

---

[*] 原文系2004年11月20日在中央领导召开的有关座谈上的汇报提纲。

"坚持现代教育与社会实践相结合。"加强社会课堂教育功能有利于学生了解历史、了解现实，脚踏实地，增强使命感、责任感。

"坚持解决思想问题与解决实际问题相结合。"贴近学生思想、贴近现实生活有利于提高教育效果。

"坚持教育与管理相结合。"关键是建立符合时代特征和大学生学习、成才规律的校纪校规制度体系。

"坚持继承优良传统与改进创新相结合。"关键要重视校园人文环境、人文精神的建设。

二、几点建议

（一）关于教育的"实效性"问题

由于教育的内容是正面的、历史的、理论的，但学生生活的环境是现实的、多元的，并且能接触相当多社会负面因素，因此教育的难度就在于缺乏实证力度的理论很难让学生"真信"、"真懂"。

建议：

（1）要尽可能结合现实问题讲马克思主义是发展中的科学真理，尽可能避免因强调理论自身的系统性、完整性而讲过多空泛的理论知识。

（2）要尽可能精选课堂教学内容，加强社会实践和社会调查。例如，政治经济学本身许多规律还在认识、发展之中，与其从"一五"讲到"十五"，还不如让学生走出课堂看看现实中国的发展，以及利用假期做社会调查了解中国改革发展的历史（20世纪60年代我们就曾经利用假期访贫问苦写调查报告），让学生贴近社会，增强使命感、责任感。例如，大学生对"三下乡"活动反映就十分热烈。

（3）教育方式要多用讨论式、启发式，让学生参与研究，共同认识、探讨真理。

（二）关于教育的"定位"问题

16号文件再次强调党的教育方针是培养社会主义事业建设者和接班人。我理解除少数人成为政治家或理论家外，主要还是合格的社会主义建设者。

因此，思想政治理论课教育的定位是"育人"，而不仅是传授理论和知识。

具体讲：

教育的目标定位是帮助学生树立正确的世界观、人生观和价值观，学会用科学的思维和方法认识世界、分析问题、判断是非、决定自我。

教育的内容定位应以培养学生"国家意识"、"公民意识"和"道德修养"为主，以"爱国主义"、"民族自尊"、"社会责任"、"诚信守法"等为主要内容，使学生有理想、有抱负、有健全人格和全面的素养。

教育方式也一定要适应当代大学生善于思考、信息来源广泛、独立意识比较强等特点，要从以"灌输式教育"方式为主转变为以"引导性教育"为主。

这样就对教师队伍本身的思想政治素养提出了更高的要求，这也是高校思想政治工作的重点和难点。

同时，对思想政治教育课程的设置和教学内容也提出更高要求，希望政府能组织高水平的哲学与人文社会科学专家和教育专家共同编写体现学术底蕴、教育规律和时代特征的现代化教材。

（三）关于教育的"环境"问题

一是要尽快完善大学生思想道德、行为规范和学籍处理等校纪、校规的"法治"环境。

二是要探索在愈来愈开放的社会环境下的思想政治教育的规律。

"依法治国"、"依法治校"是学校管理工作的准则，大学生维权意识日益增强，对大学生中出现的问题不是用行政手段或思想工作都能解决的，要尽可能完善校园"法治"环境，教育学生遵纪守法，学校也要依法办事。要使我们的思想政治教育和管理工作具有法律依据。社会舆论也要客观认真地关注大学法治建设。

另一方面，随着网络信息技术的发展及大学国际交往、国际化发展趋势，学生获取信息的渠道越来越多，要逐步把学生放到一个更为开放的环境中去教育学生，帮助学生了解什么是"真、善、美"、什么是西方敌对势力的"西化、分化"、什么是宗教势力的渗透，才能增强学生的免疫能力、抗干扰能力、学会选择的能力。正像在国外的留学生才懂得祖国的可贵，只有中国发展强大才有中国人的尊严和地位，正如人们常说"出国后才懂得真正爱国的含义"。

（四）关于教育的"载体"问题

大学生思想政治教育除了课堂教育、社会实践外，更重要的是要重视校园文化对学生的熏陶和教化作用。要加强校园文化氛围和文化环境的建设，加强社团活动的引导，加强学校文化精神的培植。

要鼓励学生参与学校的各项活动，重视发挥学生党员的骨干作用。中山大学由学生党员和要求入党积极分子组成的求进社，从1985年诞生以来，在校园中坚持以"求实进取"精神弘扬健康向上主旋律，培养一代代优秀学子，坚持19年，出版了50多期宣传马克思主义、反映当代学生精神生活的刊物，建立网站，定期开展活动。许多求进社员毕业后已成为政府和社会的领导、骨干。

我校马克思主义研修班也已举办了11年，编写了9期《攀登》杂志，成为校园党建、思想道德教育和校园文化建设的红色宣传手和推动力量。

这次中大庆祝80周年校庆，1000多名青年志愿者的风采和热忱成为学校一道亮丽的风景线，增强了责任感、荣誉感和凝聚力。

近年来，我校还设立1000多个勤工助学岗位，学生中有几万人次通过勤工助学工作得到锻炼、得到提高,思想道德品质也得以升华。

对学校发展中几个问题的认识*

我做了一辈子大学教师，做了十几年学校领导，当了七年党委书记，但随着社会的发展，我感到越来越不适应。究竟怎样当一个好教师，怎样领导一个学校，怎样当好党委书记？许多问题和深层次的思想观念联系在一起，需要重新认识，理论上有待澄清。

一、关于大学管理体制和建设中国现代大学问题

现在不少教育家总是在谈大学管理体制问题，认为中国不能建成现代大学，归结为到底是实行"党委领导下校长负责制"还是实行"校长负责制"。

我认为这不是本质问题。只要国家性质不变，共产党执政地位不变，党对高校的领导责任就不会变。不论是党委领导下校长负责制，还是校长负责制，都是代表共产党领导学校，执行党的教育方针。党委书记、校长都是受党组织委派的干部。两者之间的差异只是究竟实行一长制，还是实行集体负责制。当前社会环境下强化民主集中制原则下的集体负责制有一定道理，也是对干部的保护，当前社会环境"权利蕴藏着腐败的土

---

* 原文系2005年10月"保持共产党员先进性教育"的剖析分析材料节录。

壤,没有约束的权力极有可能导致腐败"。只有当真正建立"权力的规范、法律的约束、理性的自律、责任的追究"体系后,不论用哪种管理体制都一样。每一位领导不论党还是政,只是需要找准定位,发挥好学校领导各自的作用。

我认为中国大学和世界上许多大学最大差异是中国的大学是学校加社区。像中大的社区是四个校园、9300亩上生活的十多万师生,连同家属吃喝拉撒,包括社会福利保障、社会治安等政府职能等也都要由学校承担。

学校和社区是两个不同概念的社会群体和组织。"学校"要坚持发展硬道理,要有所为、有所不为,要实行精英政策,以"扶优"为主,要有激励、有约束的机制。评价学校的主要指标是人才培养质量、学科水平、科技贡献率等量化和物化指标。"社区"是要求稳定压倒一切,要构建人人心情舒畅的和谐社会,要坚持公平、公正、公道,要关注弱势群体,要让老同志老有所乐、老有所为。要努力做到学生群体不闹事,离退休群体不出事,各个校区没有"事"。评价社区的主要指标是和谐、稳定,人的自信心、自豪感等人文精神指标,其中包含许多政府工作的功能。

学校领导要在这二者之间寻求"平衡",这确实是世界上其他国家的大学所没有的情况。这种情况还会持续很长一段时期,而且每一位校领导也要清楚这些,这是中国特色的大学。这也是中国大学为什么会有庞大的领导班子,以及为什么不论党政领导每一位都会累得够呛。就像每年民主评议学校工作,学校领导班子如果从办现代大学的角度来讲,有些意见反映的是在学校发展中竞争力相对弱势人群的想法,就可以"忽略不计"。学校发展以"扶优"为基本特征;但作为建立和谐社区,"扶弱"往往成为工作的重点。而且任何人的意见,包括弱势群体的意见都不能忽视,要认真解决。对一些个人利益受到影响而心情不平的人的意见,更是会让学校管理者常常不知所措。这种带有"大民主"色彩的"民主评议"的方式是否也应该与时俱进地有所改变。尽管大学 = 学校 + 社区,但毕竟"办学校"是应该主要考虑的方面。

二、关于中国大学质量问题和大学生的思想政治教育问题

关于中国大学人才培养质量的评价众说纷纭、错综纷杂，包括杨振宁和丘成桐两位从不同角度给出的评价并引发的争论，使我感到做为一个大学的领导，必须正视中国大学教育中的突出问题，重新审视我们的教育、教学工作。关键还是对教育观念、教育思想必须重新审视和澄清。

大学的根本任务是培养社会需求的合格人才，对重点大学来讲，担负着培养优秀、高素质人才。从"合格"来讲，爱国、文明、守法是最基本的品质；对"优秀、高素质"人才来讲，要有创新精神，以及创造和创业能力的潜质。反思我们目前的教育，尽管培养目标容易形成共识，但培养效果是不尽如人意的，关键是没有完全理清培养的思路、实现的方式和渠道。

西方发达国家，也就是所谓的"文明"国家，在推进全球化、国际化战略时，是把他们的国家利益、民族利益放在首位的。

就是说国际化也好，现代文明也好，国家利益、民族利益总是至上的。

中国传统文化中，常常奉行"泱泱大国"和"谦谦君子"意识，郑和七次下西洋，究竟是何目的，给中国的经济和技术发展起了什么作用，我看了许多报道都没搞清楚，只不过是显示"泱泱大国，昭示天下"，宣扬了中国人的文明、友好、大度，但这并没有抵挡住葡萄牙、英国、日本等国家后来对中国的侵略。

中国21世纪要"和平崛起"，这是中国人的理想，也是中国人朝思暮想、一代代追求的目标。我们大学就要培养肩负这个伟大历史使命的人才，我们不仅要让他们具有国际视野，具有中华文明美德，更重要的是要使他们有强烈的爱国心，有强烈的民族情，有清醒的危机意识，不达目的誓不休，要树立民

族自信心、自尊心。中国的崛起不可能依靠其他任何国家的友情、友善，只有靠自己，靠中国人的团结、凝聚力，甚至奋斗牺牲，才能发展中国并最终赢得世界人民的尊重。因此，我们在学习西方发达国家的先进科技、文化时，要强烈灌输民族和国家尊严；我们在弘扬中华传统文化时，要让学生仍然有危机感和卧薪尝胆的责任意识。但是，在这两方面，我们做的都很不够，做为教师，我最不能容忍的是对国家、对中华民族、对学校没有感情，冷嘲热讽。新的崇洋媚外、新的盲目自大，都是不可取的。

同样，在培养学生诚信、守法、创新能力、创新意识方面都还有许多工作要做，包括教育观、教学观、育人观、人才观等等都有重新审视和认识的必要。

但我们目前教育的现实距离理想的目标还太远，需要今后花大力气去努力。

我总认为，青年人是可塑的，青年人是有希望的，国家的希望也寄托在青年人的身上，青年学生中存在的问题，还是要从教育的角度上去反思，从教育的思想、观念、方法、途径上去找问题、找毛病。例如，我们的教育能否回归到最基本的要求：

文明：从不乱扔垃圾、善待他人开始；

道德：从不讲假话、遵纪守法开始；

思想：从爱国情怀、民族自尊、自信开始。

尽管基本，但真正做到既不容易也很了不起。

三、大学的文化精神和"教授治校"问题

随着中国高校的国际化进程，中外大学交往越来越频繁，对世界一流大学的研究，对现代大学文化精神的研究，都使我们必须面对所谓"学校自治、学术自由、教授治校"等问题。

吴邦国同志在复旦大学百年校庆大会上讲到："一流大学应当成为基础研究和高新技术前沿领域原始性创新的重要源头，应该成为理论创新和文化创新的重要力量，应该成为汇聚优秀

创新人才的重要舞台和培养创新人才的重要基地。"

短短一段话，五处提到"创新"，反映了作为集聚学者、研究高深学问、培养社会精英的大学其精神本质是创新、求真，而体现这本质的文化特征是大学文化精神中的开放性、包容性和批判性。

大学是崇尚真理、讲求科学的学术殿堂，在科学实践和论证的基础上发现真理、发展真理，在学术批判中推陈出新、创新知识。

大学应当鼓励不同学术见解、不同流派的研究，允许失败，尊重一些"孤独的思考者"，宽容一些学术上的"狂妄者"，对真理的追求和认识是大学发展的永恒活力和动力，是一个曲折但又生动鲜活的历史过程。

大学在本质上是希望减少来自各方面的干预和影响，包括那些好心人、热心人的关心，要给教授的学术研究、教学工作有更大、更多的自由空间。从这个意义上讲，"学术自由、学校自治"是培养大学创新求真精神的具体要求，因为学术自由的氛围是研究最有效的环境。

但是大学又是和社会互动的，大学需要社会的支持，同时培养的人才又会影响社会的发展。因此，现实生活里存在的是有条件、有约束的自由和自治。

我认为，基于上面的思想，大学领导应当：

（1）在学术研究中必须坚持开放、包容和学术研究无禁区的原则。

（2）对待教师要鼓励学术创新，维护学术尊严和学术研究的自由，同时也要讲求学术规范、学术责任和科学道德，提倡"独立之人格、自由之精神、社会之责任"三者的统一。

教师应当关注社会发展，用自己的知识和智慧为社会进步服务；同时，教师作为对社会负有责任的社会人，也要以国家法律为底线、以教师职业道德为纪律约束自己。

目前的问题是"学术研究无禁区"是不是真能做到。另外，我们学校作为宣传、教育的主旋律应当坚持以马克思主义为指导思想，作为党员教师应当坚持马克思主义基本原理，因为马克思主义已经被历史证明是科学的理论，而且是中国共产党的指导思想。但是，大学人文社会科学研究是不是所有研究、所有人都必须用马克思主义来指导，这和"学术研究无禁区"究竟是何关系，我尚有疑惑。

其实，苏联解体后，苏联哲学家们有些人继续研究马克思主义，但是在更宽、更现代的领域中研究，可能对发展马克思主义会有更大的好处。

马克思主义作为科学，对资本主义早期、中期的发展做出科学的判断和预测，而且西方政治进程中吸纳了马克思提出的一些原理，如"高额累进所得税制"、"高额累进遗产税制"及"社会失业保障制"等，通过立法程序变成可运行的法律、法规，缓解了社会矛盾，这些在我们国家至今都尚未完全采用。

我们经常在什么场合都讲用马克思主义为指导思想，但结合一些具体问题，究竟什么是马克思主义的立场、观点有时真的还搞不清楚。例如，资本家能不能加入共产党，社会主义条件下贫富分化问题解决的机制，工人、农民的地位等等。其实，马克思讲的社会主义是在高度发达的资本主义社会基础上产生的社会主义，中国的社会主义是在封建、半封建半殖民地基础上产生的，而且资本主义制度从来没有在中国经历萌芽、发展、成熟的过程，我们现在出现的问题也搞不清是资本主义经济发展过程中必然会出现的，还是其他什么。中国现代社会进步的研究必须要有思想的解放和突破，邓小平同志做出了很好的榜样，要真正很好地研究中国社会现实，很好地研究马克思主义关于资本主义的理论，找准我们发展中的问题，不要再重复西方资本主义发展中出现过的问题。

所以，大学在学术研究上面还要更加地解放思想。包括社会主义是很长的历史阶段，在这样长的历史阶段中，不同层次人群的文化需求、精神品质的定位也是十分值得探讨的。

"教授治校"提法是不妥切的，其实西方，包括我国台湾都经历过这个过程，但都有所改变。

我们应当进一步协调学校"行政决策系统"和"学术决策系统"，发挥教授在学术决策系统中的主导作用。同时吸纳更多教授参与到学校的管理或咨询、监督工作中来。教授既然能成为社会的智力源泉，同样也可成为大学发展中的智力源泉。但学校必须有办事效率，必须有决策程序，发挥行政决策系统作用，这是国内外大学共同的经验，只是形式不同而已。中山大学在发挥教授作用方面已经做了很多有成效的工作，当然还有改进的空间。

四、关于大学的管理——中大已是"巨型大学"

　　这次大家对学校如何进一步沟通信息，进一步协调管理，进一步为教师、同学提供高效和周到的服务提了一些意见和建议，这也是我们下一步整改的内容。具体包括：加速学校信息化服务，解决"填表"、"报销"等教师最苦恼的事；改进招投标及机关之间的扯皮等教师最头疼和反感的事。

　　我认为有几个问题必须引起重视：

　　一是"统一性和分类指导问题"。学校制度是提出统一性原则，但由于教工群体工作性质差异性很大，如何实行分类指导；特别要解决"实践性"岗位的考核标准；解决文、理、医研究生毕业论文、发表论文的差异；解决临床医生和医科研究人员的考核（晋升、聘任）标准差异问题等。

　　要建立高水平的实验技术人员队伍；要有适量专门从事研究或研究辅助工作的队伍；对公共基础的"体育、外语、'两课'"教师考核标准的定位问题；等等。

　　二是要关注青年教师的教学、科研、生活的条件。国外大学要为青年教师提供2~3年的科研经费支持，主要从学校科研经费中提取。我校科研经费还应当为青年教师成长做出贡献。

　　三是做好学校校区规划、财经发展的思路。今后向政府要钱是越来越困难，学校必须有造血功能，必须开源节流，特别是在开源上要有所作为。对学校的无形资产也应当清理。

　　总之，大学要坚持科学发展观，全面协调、可持续发展还有许多工作要做。

弘扬科学精神,是现代大学文化素质教育的重要内涵*

世纪之交,中共中央、国务院《关于进一步深化教育改革,全面推进素质教育的决定》中提出了新世纪以提高国民素质为根本宗旨,以培养学生创新能力和实践能力为重点的教育目标,把培养"高素质、创造性"作为人才培养的基本要求。

对于高等教育,教育部制定了《跨世纪素质教育工程》,许多高校都把加强素质教育作为当前人才培养和教育教学改革的重点。

如何加强素质教育?素质教育的着眼点、落脚点究竟是什么?不同学校有不同的思考和尝试。其中,加强大学生人文素质教育是当前各高校特别是理工科高等学校的热门话题,也取得了不少成功的经验,效果究竟如何还有待时日。但是,弘扬中华文化优良传统、提高学生人文素质和文化艺术修养总是正确的,也应该是高校加强素质教育的重要内涵。

任何重大问题的提出总有其历史背景和现实意义,当前大学强调人文素质教育除教育自身的需求外,还有如下几个重要的因素:

第一,从国际教育背景看,各国经历了工业化和科学技术现代化的过程后发现物质文明的高度发展并没有给人类带来充

---

* 原文系2003年11月在中山大学珠海校区召开的中国高教学会的大学文化素质教育大会上的发言,作者时任教育部高等学校文化素质教育指导委员会副主任。

分的幸福，却伴生着许多新的灾难和麻烦，如资源掠夺性地消耗、生态环境的日益恶化、国际社会关系依旧紧张、充满危机等等。人们反思，科学技术的高度发展不能完全解决人的生存问题，更不能解决人的人生观问题。因此，科学的发展呼唤重视人文精神，希望用人文精神来重新构建人与人、人与自然间的和谐关系及推进社会和经济的可持续发展。反映在大学教育中，各国都普遍强调加强人文科学的教育和提升学生的文化艺术素养。

近代知识经济的发展，更加突显人在社会经济发展中的作用；经济全球化又催生培养具有国际视野的人才，这种人才首要的素质就是能正确地理解不同国家、不同民族的文化，这进一步拓展了大学生文化素质教育的内涵。因此，"以人为本"，重视人的文化素质和创造、创新能力的培养也就成为各国教育改革、教育发展关注的重点。

第二，从我国社会发展历史背景来看，"文化大革命"这场浩劫对中国优秀传统文化和文明的灾难性破坏的后遗症远远没有消除。伴随着改革开放，也有许多负面的东西夹杂在人们的多元化价值倾向之中，包括官员和社会中的腐败、腐朽现象。人们期盼传统的文明道德和优秀的中国文化来净化社会思想领域，振兴民族精神，构建现代中国社会文明道德基准。学校责无旁贷地应当成为宣传和传播现代文明、弘扬中华优秀传统文化的场所，承担起发展先进文化的历史重任。

第三，从我国教育自身特点来看，高中文理分科，使得高中毕业生不论文科或是理科都有知识的缺陷，必须在大学阶段适当地补充和完善。

综上所述，加强人文素质教育是整个素质教育的重要组成部分，是实现人的全面发展的需要，也是社会文化建设发展的要求。

但是，究竟如何加强文化素质教育，有许多观点必须澄清。这里就几个问题的看法和大家商榷。

第一，文化素质教育的核心是用先进文化观念进行教育，落脚点是通过教育落实到学生素质的提高上来。

文化素质教育不能单纯追求课程化和知识化，不是书读得越多其文化素养就一定高，课程只是传授文化知识的一种途径，更重要的是要创造良好的校园文化氛围、文化环境，让学生处处感受到优秀、先进文化精神的熏陶。另一方面，不是每个学生都能成为科学大师，也不是所有学生都能喜好棋琴诗画。因此，文化素质教育同样要遵循个性化原则，尊重学生的选择；其课程必须精选，不能增加学生的学习负担，"倒了所谓文化的胃口"。

提升学生文化素质，关键是加强和重视校园文化建设，提炼和培植学校的文化传统和文化精神，要让学生感悟文化、沐浴文化、享用文化。在牛津大学校园里，800年的历史培养过25位英国首相和一批诺贝尔奖获得者，生活在这种环境中，学生感悟到这里曾经出过许多伟人和大师，这种历史文化的积淀，更加激励学生对学术和自身发展的追求。要让学生学会选择和实践自己的文化操守，形成正确的人生观、价值观、世界观，要重视学生的修身养性，提高文化品味，培养文明、高尚的品格。

中山大学在世纪之交开展了学校人文精神大讨论。历时三年，许多老师、同学参与讨论、发表见解。我们不追求最后形成统一的结论而注重过程，在于对历史传统的认同和对新时代人文精神的追求和期盼。在此基础上，对每位新教工及每位博士生，进校教育第一堂课都是"学校的传统和我们的责任"，用学校传统文化感召、激励每一位新中大人。

因此，我的第一个观点是文化素质教育的重点不是课程，而是氛围；不是知识的传授，而是校园文化氛围的熏陶；不是简单的说教和灌输，而是感悟文化精神，沐浴文化传统，潜移默化、耳濡目染。

第二，在人文素质教育中，我们不能只讲文化的继承，更应当重视文化的批判，只有在批判、比较之中才能继承和发展我国和世界的优秀文化传统。

文化素质教育的目的不仅仅是让学生增长文化知识和文学功底，更重要的是感悟中外文化之精髓，提高鉴赏能力和选择能力，并透过文化加深对社会发展的认识，明确自己的历史责任。

英国学者李约瑟在其著作《中国科学技术史》中系统介绍了中国古代科学文化之成就，同时提出这样一个问题："近代科学为什么没有在中国产生？"也就是说，中国5000年的文明并没有和西方同步孕育出现代的科学和工业革命。中国的落后不仅仅是帝国主义列强的侵略，而且还是在已经落后之后无力抵御西方帝国主义列强的侵略而变得更加落后。原因是多方面的。从文化角度来看，中国传统文化与西方科学文化有明显的不同。中国文化的着眼点是"人"而不是"物"，靠人来处理和解决人的事情，发展人的"伦理"关系和"道德"标准，社会运作以"德治"为主，"法治"次之，主要以人的内在力量来规范个人的思想行为，所谓"正心、修身、齐家、治国、平天下"，人生的主要意义首先在于"做人"而不是"做事"。

西方宗教文化吸取了古希腊的"逻辑文化"，经历了从"神治"到"法治"的发展历程，使得西方文化受到宗教和科学的双重影响，历史上许多著名的哲学家同时也是伟大的科学家。古希腊自然哲学家亚里士多德的四本生物学专著，在科学史上有着显著的地位。欧几里德几何学是希腊理性精神和埃及古文明相结合的产物，也成为西方哲学、认识论史唯理论的源泉。笛卡尔、莱布尼兹都是著名的哲学家同时又在数学史上留下丰功伟绩。直到近代的黑格尔、罗素、马克思等，在社会科学和自然科学上都有着深刻的造诣。

在西方文化中，科学必须按照文化理性的要求去模仿和运用数学的模式，而数学则成为对文化系统起主导作用的理想解释系统。在中国传统文化中，着重社会伦理而轻视自然科学，极少会出现数学化的理性规范模式。

冯友兰先生认为："中国哲学家们没有科学的确实性的需要，他们所要知道的是他们自己；同样情况下，哲学家也不需要科学的力量，因为他们所要征服的也是他们自己。"这就是以"人"为中心的文化特色。

李约瑟认为中国古代科学技术主要起源于道教，老子以

"道"的要领解释宇宙物质或元素，荀子以"气"解释宇宙构造，"道"与"气"均属哲学概念，但都不去追求实验论证或理论规则。

中国传统文化中的大学者，包括近现代的哲学家们对自然科学的原理所知甚少，更谈不上伟大的发明和创造了。

从教育的角度上看，西方公认的现代大学其直接源头是欧洲中古世纪大学，其中以法国巴黎大学、意大利勃隆那大学为最早，后者始于1088年，有欧洲大学之母之称，其他如牛津、剑桥及海德堡、科隆等都是中古时期大学之佼佼者。牛津、剑桥大学从一开始就沿用法国、意大利模式，先用3年时间学习语法、逻辑和修辞，打下拉丁文基础，再用4年时间学习算术、音乐（乐理）、几何和天文四门学科，在此基础上如果再进修神学、法律或医学就能成为博士。可见，西方大学比较多地讲授数学、天文及医学等自然科学知识，重视逻辑、推理的科学思维训练，培养的学者虽然有些也是作为官吏或神职人员，但大都具有自然科学或技术科学、医学的知识。天文学家哥白尼和神曲作者但丁都是从勃隆那大学出来的。直到现在，在西方的博雅教育中，这些被称为"智慧课程"的内容仍然是素质教育的主要内涵。

而在中国的历史上，现代意义的大学是在19世纪末期才出现的。官方认定的第一所现代大学是1895年建立的"北洋公学"（即天津大学前身），1905年清朝正式废除科举，1901年清政府明令各省所有"书院"于省城者改为大学堂，各府、所、直辖州改中学堂，州、县改为小学堂。在此之前，中国旧式书院主要讲授的仅是人文知识和伦理道德。

在中国历史上，无论是官吏或是学者，主要拥有人文知识、四书、五经以及写八股文、吟诗作画，缺乏科学修养，轻视技术实践。

因此，在中国的历史上，建筑业由于缺乏几何、力学和微积分作为科学基础，只能靠工匠们的实际经验。能工巧匠只具备建筑技巧、技术，也有建筑艺术，虽能造出千篇一律的庙宇，却很少有像罗马圣彼德教堂、伦敦圣保罗教堂、科隆大教堂那样依靠建筑科学造出的气势宏伟的建筑杰作。

正由于中国传统教育缺乏对科学文明的研究和传承，使得中国古代科学技术的发展得不到强大的理论支撑。

英国学者坦普尔（Robert Temple）在其著作《中国——发现与发明的摇篮》一书中利用李约瑟提供的资料列举了中国古代科技的"100个世界第一"，得出"在现代世界赖以生存的重要大发明创造中有一半来自中国"的结论，但这些发现或发明只是停留在应用技术层面上，并没有发展成为科学的原理，正如著名的四大发明：指南针、火药、造纸和印刷术。指南针在中国广泛用于勘测风水，传到西方后成为航海和地理等的原动力和开拓海路向外拓展的基础条件。

对中外文化的比较，丝毫无意否定中国传统文化。中国传统文化是四大古文化（古巴比伦、古埃及、古印度、古中国）能完整保存流传至今的文化，中华文化孕育了中华民族炎黄子孙，有许多文化精髓构成中华文明之精华，铸造了民族之灵魂。

西方文化也不是没有缺陷，西方科学文明并没有阻止西方列强通过战争巧取豪夺掠夺别国资源换取资本的原始积累。在20世纪初期曾任中山大学教授的著名学者张君劢在周游列国多年之后，于1915年提出："值此民族危亡之际，民族复兴的前提是民族的大彻大悟，民族复兴的基础就在于民族文化学术的发展，而文化学术的发展，则必须对文化历史有所了解。今日的中华民族正处于生死存亡的关头，因此必须探求以往之所以失败，才能知道所以自处之道；必须比较各民族在历史中的长短得失，才能明确自己今后行动的方向。"

我们每个中国人都和中华文化有着不解之缘，我们无权选择历史，但是我们完全可以创造未来。

因此，我们加强文化素质教育必须弘扬的是中国优秀之传统文化，同时吸取世界各国之文化精髓，以弥补我们之不足。其中最核心的问题是如何看待科学与文化的关系及如何看待中国传统文化和西方科学文化之异同。

泰勒（Edward Burneff Tylooy）曾给出"文化"的定义：文化或文明，就其广泛的民族学意义来讲，包括知识、信誉、美术、道德、法律、习俗。其中，科学作为知识包括在文化范畴之中。卡西儿（Ernst Cassirer，德国哲学家）说得更明确，他认为，人类的文化包括语言、神话、宗教、艺术和科学等。在上述人类文化的各种形式中，卡西尔特别推崇科学，他指出："科学是人的智力发展的最后一步，并且可以被看成是人类文化最高最独特的成就。"

在中国文化中必须突出科学的地位，阐发科学之精神，特别是批判精神、求实精神和理论原则，要教育学生崇尚真理，坚持理性的思维和科学的实践，把科学精神与人文精神结合起来。20世纪初，"五四"运动正是高举起"科学和民主"的大旗，今天对我们仍然有着实际的意义。

第三，在文化素质教育中，要重视激发学生对创新和求变的渴求。

古希腊哲学的第一命题是"水是万物的始基"，在西方宫廷和园林中总是能看到层层叠叠地流动的水，包括人造的各种各样的喷泉。水的流动，象征着变化、活力、生命，水的有形与无形的变化给人们以无穷的遐想。

中国民间讲究风水，特别是很重视水对环境的影响。缺水的大学校园环境往往给人以一种沉闷闭塞、缺乏灵气的感觉。

从这里折射出西方文化中对"变化"的积极态度，而微积分正是研究变化、变量中提炼出来的数学工具。微积分经牛顿、莱布尼兹的发现和完善形成数学理论，并成为西方科技进步重要的理论基础。

在中国传统文化中，孔子哲学以"仁"为核心，视中庸为道德，并提到"至德"境界，使中庸成为人们安身行事的最高标准，对待一切事物不偏不倚，既不可超过，又不可不及，做到中和。在儒家学说中主有命，承认命运的存在。孔子云："唯上智与下愚不移。"子夏云："死生有命，富贵在天。"讲的都是人之贤愚、生死、贫富非由人力所决定。所以儒家要求安命、立命和顺命，主张尽人事，以待天命。儒家这些思想已侵润到中华民族的文化之中，影响到一代代中国人的思想和性格。反映在科学上，中国古代科学对求积术达到精致地步，有许多技巧解决求积问题，但是就是没有最终跳出常量数学进入变量数学范畴，无穷逼近思想也没最终形成极限和微积分理论。"中庸"的文化观念束缚了对变化中事物的研究，当然客观上也就影响和限制了科学和技术的发展。

从教育的角度上讲，我们深感在中国传统文化背景之上，要培养学生的创新、创造能力是何等之难。孩子尚未出世父母已替他们包办了一切，学校教师最喜欢循规蹈矩的学生，领导最喜欢听话的部下，这绝不是哪个人的问题，而是长期传统文化渗透在我们民族思想、思维及学习、生活和工作之中。相比之下，西方文化更加鼓励学生提出问题、发现问题、自己去解决问题，在中外大学校长论坛上，斯坦福大学校长说，他认为课堂上最激动人心的时刻是有学生在课堂上对他讲："卡斯帕尔教授，你错了。"他说："我是谁？我长年从事研究，我对课题最熟悉，我知道所有情况，但是这些天真的学生会突然让我意识到我的认识并不如我认为的那么全面，他们让我吃惊并改变我的看法。要让本科生、年青的大学一年级学生经常地、充满好奇地、有强烈的愿望，对老师说：'你错了'。"该校长还认为，一所大学的竞争优势在于一种能力，这种能力体现在对教师和学生多方面的追求给予鼓励和自由上。哈佛大学校长陆登庭认为，从学生一入学，大学的主要努力方向就是使他们能够成为参与发现、解释和创造新知识或形成新思想的人。

我想，这两位校长的讲话就是文化素质教育的重要内涵，体现的是这两所名校的文化精神，实现的是培养具有创新精神和创业能力的人。

所以我的第三个观点是，在文化素质教育中必须重视引导学生求新、求变，善于发现问题，尝试自己解决问题，永不满足，从而形成对创新和更新的渴求。

总之，大学文化素质教育要明确它的目的，寻求最佳的实现途径，了解它的本质内核，而绝不仅仅是开设有多少门课和多少个讲座的形式。我们不仅要培养和提高学生的文化素质，更要树立人文精神、科学素养和创新能力相统一的教育观，坚持教育中知识、能力和素质培养的协调一致，及教育学生做学问、做事与做人的协调一致。同时，我们也要提升教师和领导者、管理者的文化素质，发展和完善校园的传统文化，促进全社会代表时代前进方向的先进文化的健康发展。

参考文献

[1] 张华夏，张志林，叶侨健. 科学、哲学、文化. 广州：中山大学出版社，1996

[2] 叶侨健. 试论李约瑟的科学史观. 自然辩证法通讯，1995，(5)

[3] 张君励. 明日之中国文化. 济南：山东人民出版社，1998

[4] 吕乃基. 科学与文化的足迹. 西安：陕西人民教育出版社，1995

[5] 章海山，李平，梁庆寅. 哲学与时代. 广州：中山大学出版社，1999

[6] 卡西尔. 人伦. 上海：上海译文出版社，1985

一、求索篇

着力构建创新型人才生成的教育培养体系*

胡锦涛同志在两院院士大会上提出：把培养造就创新型科技人才作为建设创新型国家的战略举措，加紧建设一支宏大的创新型科技人才队伍。并指出：首先要从教育这个源头抓起。努力建设有利于创新型科技人才生成的教育培养体系。这是从国家发展战略的高度，围绕如何生成创新型科技人才的目标构建新的教育培养体系，对高等学校提出了历史性的要求。

中国的高等教育已经取得了举世瞩目的成就和发展，成为世界上高等教育的大国，但还不是高等教育的强国。其中，重要的因素并不是我们目前还没有培养出获得诺贝尔科技奖的人才，主要还是培养的人才在以自主知识产权和科技创新能力为标志的国家科技竞争力上所能提供的支持与服务离国家和社会的期望相距甚远。尽管我们对培养学生创新精神、创新能力的重要性有着高度的共识，多年来许多高校已经为此做了很大的努力，但问题并没有根本解决。从整体上讲，中国高等教育的软肋仍然是学生创新意识不强，创造力的潜力培育不够。对中国来说，培养大批具有创新精神、富有创造力的创新型人才是一项必须动员全社会共同关注并付诸实施的系统工程，关乎教育观念的创新、文化观念的创新、社会观念的创新，是一场深刻的思想革命和浩大的社会创新工程。其核心是共同构建国家

---

* 原文发表于《中国高等教育》2006年第15、16期"前沿话题"专栏。

创新人才教育和培养的体系，高等学校在其中承担着义不容辞的历史责任。当前紧迫的任务是，高等学校要找准培养创新型科技人才的抓手，认真总结历史经验教训，进一步深化教育教学改革，力争在培养学生创新意识、创造力潜能的体系上取得实质性突破。

"创新性"是指包括创造力和创新意识在内的一种素质特性。对国家来讲是民族的素质、民族的灵魂的反映，对个人来讲是科技创新人才必备的素质。人生来具有好奇心和创造力，这也是人类文明得以发展最本质的基础。教育的责任应当是通过传授知识满足学生日益增长的好奇心，进而增强学生的求知欲和想象力；同时，通过教育的实践激发和培植学生的创造力，让学生学会综合运用已有知识去发现新问题、提出新观点、创造新事物，最终达到学会超越自我、超越前人，通过实践取得有实际意义的创新性成果。我们能否把这种旨在培养学生创新性潜能的素质教育称为"创新型教育"，以区别于以继承性为特征的"传统型教育"。"创新型教育"培养学生具备的创新性潜质突出表现在：敢于质疑、发现问题；善于综合、正确思辨；锲而不舍、勤于实践；求真、求实，服从真理。

实施"创新型教育"，必须有扎实的基础理论知识和宽广的知识面，这是创新型人才的知识基础；要培养创新的勇气和表达的习惯，这是创新型人才的文化基础；要有富于创造的思维方法和实践能力，这是创新型人才的方法论基础。而推动"创新型教育"的关键是"教育的创新"。

近年来，许多高校在"教育的创新"上已经采取了一系列有效的举措，如：推进教学方式和课堂教学模式的改革，开展"研究式教学"、"互动式教学"等，鼓励师生互动，培养学生独立思考和批判思维能力，力图在知识传授中加大学生参与"研究"的成分，变"被动学习"为"主动学习和探求"；构建新的"基础科学实验教学体系"、"工程设计教学体系"，开设体现"开放性、探索性、研究性"的实验课、实习课及课程设计等实验、实践性课程，培养学生自主精神、创新意识和创造能力；制定大学生科技创新培养方案，建立大学生科技训练基地，开展全方位的科技创新活动，给学生提供更多的团队合作科研活动和独立科研探索的机会；同时，在构建多样化的创新人才培养模式、对优秀学生实行个性化培养、实行导师制、完善学分制等方面给学生提供更大的学习空间和更多的选择机会。特别是在尊重学生合理选择，满足学生学习兴趣，调动学生学习主动性、积极性方面有了许多的招数。其中，扩大学生对知识结构乃至专业的选择权是最受学生欢迎，也是符合培养创新型人才的基本宗旨。

但是，我国高校"创新型教育"还刚刚起步，并没有取得实质性的突破，更谈不上建立生成创新型科技人才的教育体系。在许多高校真正关注教育教学改革的还只是少数骨干教师，有限的改革并没有对传统的教育模式给予根本性的触动。教育主管部门和高校有关领导想出许多举措试图促动改革的深化，效果似乎并不明显。

综观近50年来我国高等教育发展的历程，高校的教育教学改革从未停顿过。撇开一些政治因素外，在20世纪50年代就提出"要因材施教、实施启发式教学"，主张"理论联系实际"、"教育和生产劳动相结合"；60年代初毛泽东关于教育的谈话中就指出：教改的问题主要是教员问题。大学生，尤其是高年级学生主要是自己研究问题，要反对注入式教学方法，连资产阶级教育家还在"五四"时期就已提出来了，我们为什么不能反。"文革"十年，教育改革上升为"教育革命"，在提出一些"极左"口号的同时，提出了破除"三中心"（教师中心、课堂中心、书本中心）和"老三基"（基础理论、基本知识、基本技能），要以社会为工厂，以典型产品、典型课题带动教学等等，中国传统教育被彻底否定和批判。即便是经过这种近乎毁灭性的破坏，"文革"后随着拨乱反正，传统继承性教育迅速恢复。几十年前提出的问题，我们至今仍未真正解决。当然，今天我们的高等教育和过去任何时期相比早已不能同日而语，在许多方面已经取得了很大的进步，唯独在培养创新性人才方面，传统的继承性教育表现了顽强的生命力，说明我们高校内部也还没有完全找到突破症结的抓手。

抓手究竟在哪里？仁者见仁，智者见智。我认为，大学领导的教育理念和大学的文化精神、大学教师的教育观念和创新素质这两个问题十分关键。

在推进教育的创新时，我们在学术层面和管理技术层面上考虑得比较多，往往忽视了学校的文化精神、文化传统和校园文化环境对培养创新人才的影响。我们培养的创新型人才应当是具有健全的人格，有追求真理、献身科学的精神，有高度的社会责任感和服务社会的奉献精神，有创造性思维能力和不惧挫折的坚强毅力，有科学的世界观和正确的人生观、价值观等等。因此，培养创新型人才不仅和大学的学术水平、培养模式相关，同时和大学的学风、大学的文化熏陶密切相关。

近年来，在学术界的不正之风及大学内的学风浮躁、急功近利、弄虚作假都严重地毁坏了学术圣殿的风气，有些已经侵蚀到大学的制度和培养体系之中，直接影响到学生的培养，让人们感到忧虑。整治学风，以学校优秀的文化精神熏陶和教育学生已成为培养创新型人才的必要前提和基础性工作。

我们讲的"大学精神"，是指大学在办学的历史中形成的办学理念和大学人共同的价值追求，是大学文化的精髓、核心，是大学之魂；而校风、学风正是学校独有的精神、气质的外在表现。大学精神反映了学校独有的价值取向，呈现了大学的品格。大学精神也是指导大学行为的基本信念、基本准则。大学的领导应该有体现创新精神的办学思路和科学的教育理念，从培养创新性人才来讲，应具备如下一些基本观点：

（1）进一步树立人文精神、科学素养和创新能力相统一的教育观。坚持教育中知识、能力和素质培养的协调一致，人文素质教育、科学素养培养、实践能力训练的协调一致及教育学生做学问、做事与做人的协调一致。创新意识和创造力潜能是反映学生综合素质的特有资质，包括具备广博专精的知识和理论基础，具备科学的思维方法，具有较好的人文艺术修养，并具备对科学精神领悟的潜质。人文艺术修养不仅为学生塑造健全的人格奠定基础，同时也使学生视野开阔、触类旁通，激发灵感，在顿悟中有所发现、有所突破。而科学精神，特别是批判精神、求实精神及科学的方法论，培育学生求真、求实、崇尚真理，坚持理性的思维和科学的实践，有利于抵制一切伪科学及学风浮躁、急功近利、学术腐败等不正之风。

（2）进一步明确"以学生为中心、以学习为中心"的教学观，重视激发学生对创新和求变的渴求，注重学生学习能力潜质的培养。教学的根本目的是教会学生学，学生学好是根本。当前教学观的转变就是要从以教为主回归到以学为主，教师的角色由知识传播者转为学习指导者。学生从老师那里学到的不仅是知识，而且学到思考的技能。"以学生学为中心"，更深层的含义是体现对人的个性的尊重，激发人的潜力。斯坦福大学校长在中外大学校长论坛上讲到，课堂上最激动人心的时刻是有学生在课堂上对我说："卡斯帕尔教授，你错了。""我是谁？我长年从事研究，我对课题最熟悉，我知道所有情况，但是这些天真的学生会突然让我意识到我的知识并不如我认为的那么全面，他们让我吃惊并改变我的看法。要让本科生、年轻的大学一年级学生经常地、充满好奇地、有强烈的愿望，对老师说：'你错了'。"他还认为，一所大学的竞争优势在于一种能力，这种能力体现在对教师和学生多方面的鼓励和自由上。哈佛大学校长陆登庭认为，从学生一入学，大学主要的努力方向就是使他们能够成为参与发现、解释和创造新知识或形成新思想的人。

（3）要转变以"管"为主的"育人观"，要突出以教育、启迪为宗旨，通过参与和实践培养学生的自主性、独立性和责任心。大学以"育人"为本职，但育人不仅仅是以"管"为特征，应当是教育、引导、启迪、感悟，给学生更多的平等的尊重、更多的宽容和鼓励。当前，要重点解决学生对学校的依赖性和对教师的依赖性，培养学生的自主精神、独立意识。要充分发挥学生群体本身蕴藏的教育功能，培养学生的自主精神、独立意识和责任意识；通过各种讨论式、开放式、研究式教学形式激发学生学习的主动性，开发学生的思考能力。我们讲自主性、独立性，是指有清晰的自我认识、有理性的思考，学会自主判断、自主选择，勇于承担责任；而且要强化学生群体的"自主性"，相信同学，由学生共同讨论、决定来管好自己生活中自己的事。自主性、独立性既是个性张扬的重要表征，更是创新性人才应具备的基本品质。

（4）大学教学管理制度要体现多样化、分类指导原则的"人才观"，给学生提供更多的选择机会，促使学生个性发展。培养创新性人才，必须基于调动学生的兴趣和激发学生学习的潜力。因此，要构建多样化的人才培养模式，适应不同类型特长学生选择的需求，为培养"学术研究型"、"应用实践型"、"交叉复合型"等各类人才，提供不同的鼓励创造和创新的学习环境。要推行更加完善的学分制和选课制；设立更多的学科、专业之间的"立交桥"，给学生提供专业、课程及实验、实践等更大的选择空间；要鼓励教师因材施教，关注有个性和特长的学生；在学校有关条例和制度中要给具有个性特长的"偏才"留有生存和发展的空间。要着力改革以强化"同一性"、"规范性"而束缚学生创造力发展的管理制度。

（5）要重视大学校园文化建设，凝聚大学文化精神，创造开放、包容的校园文化环境，欣赏、宽容、鼓励人的创新意识，培植学生的创新能力。当前，学校领导特别要重视审视学校有关制度中体现的价值取向，如各种评价制度、人事和分配制度及教育、教学管理制度等。通过制度的创新，让教师远离名利场，让学校少一些急功近利的行为，少一些浮躁的风气，更不能容忍学术上的作假和投机取巧，让大学回复她应有的矜持和品位，真正成为培养创新型科技人才的学术圣殿而不是名利角逐的战场。

同样，大学教师的教育观念和创新素质直接关系着创新型科技人才的培养。要改变以教师授课为中心的传统教育制度，转变制约学生创新能力发展的教学方法；启迪学生科学思维，培养学生的好奇心、求知欲；注重学生的个性发展，等等，都离不开具有正确教育观念和关爱学生成长的教师。

大学的教育教学工作是具有教师个性特征的创造性工作，大学的教育教学改革必须动员全体教师认真对待、积极参与才能真正取得成效。有激情的教师才能带出有激情的学生，具有创新性的教师才会懂得如何培养学生的创新性。因此，创新型人才培养的关键在教师。建立生成创新型科技人才培养的教育体系，应当包括建立一支具有创新精神、掌握科学的教育思想和方法、热心于人才培养的教师队伍。而且，在教师的职业素质、职业要求中除了教学和科研外，要突出指导学生创新思维和创新能力的培养。

当前，从培养创新型人才、推进教育的创新角度来看，高校教师队伍状况并不令人乐观。许多教师的心思和主要精力并没有用在教学上，更谈不上深入思考教学改革和学生创造性的培养，甚至教育思想、教育观念都还没有认真地清理和转变。当然，问题的责任不在教师。各级管理者应该尽快让每一位教师都明白自己在学生创新性培养上的责任，并成为进一步深化教育教学改革的源动力。

诚然，培养大批具有创新精神、富有创造力的人才是全社会的共同使命，既不是一门课程、一个专业，或一所学校的努力就能达到，也不是仅仅依靠高等教育的改革就能实现，它涉及整个教育系统的变革和社会系统、文化体系的支持。关键是要从"大教育"和"系统工程"的角度，由国家、社会、学校及科研院所共同构建创新人才教育和培养体系，并且纳入"国家创新工程"之中。要从娃娃抓起，在幼儿园就要保护孩子的童真，不要用过多的、过深的知识教育扼杀了孩子学习的兴趣；在中小学就要重视激发学生的好奇心、培养学生的观察力和实践动手能力；要用国内外优秀传统、经典文化精品开阔学生的视野，提升文化鉴别、欣赏能力，包括在小学阶段就要认真学习硬、软笔书法，及熟读优秀唐诗、宋词等名词名句；要尽快解决高中文理分科的问题，使素质教育落到实处。在家庭和社会文化理念中，对年轻人求新、求异、求变要给予更多的宽容，不要总以成人的思维去束缚他们。我们都知道，在中国传统文化背景下，要培养学生的创新、创造能力是何等之难。孩子尚未出世，父母已替他们包办了一切，孩子的发展不是尊重孩子的意愿而是去实现父母自己未曾实现的梦想；学校老师最喜欢循规蹈矩的学生，领导最喜欢听话的部下，这绝不是哪个人的问题，而是长期传统的文化渗透在我们民族思想、思维及学习、生活和工作之中。在中国，培养学生的创新精神和能力还真正需要从鼓励学生提问题、发表不同见解开始。大学更应当鼓励学生发表不同的学术见解，有更多的选择权利，允许失败，给予更多的宽容和理解。

我国高等教育要构建创新型科技人才生成的教育培养体系，还需要政府和全社会的更多支持，真正变为国家的行为、国家的意志，成为全社会共同支持的行动纲领，才能取得实质性的突破，取得预期的成效。在已经出台的"国家创新工程"及"985工程建设项目"中都没有把培养生成创新型科技人才专列其中；高校理工科教育中长期未能很好解决的科学实验和工程训练不足问题需要社会机制的扶持；社会上各种非学术性的评奖和激励政策导致过早地拔苗助长、过强的物资刺激、过高的荣誉和地位扰乱了原本平静的学术圣地和教学殿堂，使得许多科学家、教授甚至年轻的学者，越来越远离大学的基础教育，阻碍了创新型教师队伍的建设；等等。

因此，有必要由教育部、科技部、国家自然科学基金委、中科院、工程院等部门组成"国家创新型人才工程委员会"，负责组织专家制定具体的实施计划，并负责组织研究、交流、合作与监督实施。委员会要加强吸纳科学家、教授、工程师、企业家及社会各方面顶级专家的智慧和广大师生及社会的民意，为政府提供咨询报告和政策建议，特别要针对教育自身难以解决的问题，由政府决策提出有效的解决方案等。

关于高水平大学建设的思考

——兼谈现代大学文化建设*

世纪之交中国高等教育取得了快速发展，不仅规模上已成为世界上高等教育之大国，步入大众化高等教育历史阶段，内涵发展上也有了长足的进步，中国大学整体水平在不断提高。其中，至少有三件事影响深远：

一是"211工程"。近百所高校通过"211工程"建设，强化了学科建设的意识，有了明确的学科发展目标和实施规划，落实了重点建设学科的启动经费，形成了学术团队，带动了学校学术水平和科研能力的提高，对全国高校增强学科建设的意识、推动我国高校学科水平起到了积极的作用。

二是"985工程"。通过对以北大、清华为首的少数综合实力强、影响力大的学校重点支持，明确了中国大学必须跻身于世界名校之列的历史使命，瞄准科技前沿和社会经济发展重大问题，构建了一批科技创新平台和人文社科创新基地。

三是"全力推进素质教育"和"新世纪教育质量工程"，明确了全力推进素质教育的教育观和指导原则，并且把提高教育教学质量作为学校人才培养工作的基石。从2003年起，对600多所本科院校开展"本科教学工作水平评估"就是其中的重要举措之一。学校按照国家制定的质量保障基本要求进行建

---

* 原文为2007年10月11日在作为国家教育行政学院兼职教授时的授课内容，发表于《中山大学学报》（社会科学版）2008年第1期。

设，政府组织了4000多名熟习高教规律的专家进行评估验收，这对理顺办学指导思想、改善办学条件、加强教学管理、建立健全本科教学质量保障和监控体系具有基础性、奠基性作用。

虽然，这三件事的落脚点都是学校具体的教学、科研和学科建设工作，但实际意义远非如此，它引发了教育思想、教育观念的深入研究和发展。其中：

从"211工程"建设引出了关于"研究型大学"概念的讨论，一段时间内出现了许多关于什么是研究型大学及如何建设研究型大学的文章和书刊。

"985工程"又激发起对建设世界一流大学和高水平大学的议论，包括世界一流大学的特征、标准及中国何时才能建成世界一流大学等问题的研究和讨论。

"本科教学工作水平评估"很大程度上改善了本科教学的"硬条件"和"软环境"，但同时，人们更关注的是究竟如何评价中国本科教学质量及如何进一步深化本科教育教学的改革。

教育界和社会舆论广泛地参与各种问题的讨论，每年"两会"代表和委员对教育问题的讨论更是层出不穷，其中既有学术性、建设性的意见，也有许多批评性、质疑性的看法，众说纷纭，甚是热闹。杨振宁博士和丘成桐教授曾经从不同的范畴和角度对中国本科基础教学质量做出了完全不同的评价。

尽管中国的高等教育确实是取得了举世瞩目的发展和成就，也得到国际教育界同行的认可和关注，但是我国社会舆论总的倾向是对中国大学的现状不满意，准确地讲是对中国大学在中国社会发展中所发挥的作用与人们的期望相比感到不满足。其中，主要问题是：

（1）在以自主知识产权和科技创新能力为标志的国际科技竞争力上，大学所能提供的支持与服务与国家和社会的期望相距甚远。在知识经济初现端倪的时代，中国的大学不仅没有走进社会的中心，反而被边缘化了。

（2）我国提出要建成创新型国家的发展战略，必须拥有一支宏大的创新型科技人才队伍，这就要求高校尽快构建创新型人才生成的教育培养体系。但是，从整体上讲，中国高等教育的软助仍然是学生创新意识不强,创造力的潜力培养不够。

进入21世纪,科技创新将成为国际竞争中成败的主导因素,科技竞争力将决定一个国家在未来世界竞争格局中的命运和前途,建设国家创新体系、促进科技创新,成为世界各国共同关心的重要问题。新的世纪,中国将逐步实现从农业经济、工业经济向知识经济的过渡;经济的发展从依靠物力资源为主向以人力资源为主转变。当前,中国经济要保持长期快速增长,面临着社会经济结构的调整和产业、产品结构的调整以及升级换代的关键时期,急需大批能掌握现代科技、具有创新精神和创造能力的专业人才。

当前,中国高校特别是重点大学面临的形势可以概括为:政府高度重视、社会密切关注、学校十分努力、"问题"尚未解决。一方面,我们的高校得到很多发展的机遇,学校有了前所未有的快速发展;另一方面,为在我国科技发展、社会进步关键核心问题上担纲负重,为能整体上提升大学生的创新能力和全面素质,需要进一步从更加本质的层面上去探索成功之路。

采取"走出去,请进来"的方式,向世界先进教育学习,是教育行政部门和许多高校采用的具体举措之一。三届"中外大学校长论坛"打开了中外大学校长们对话的渠道。许多高校也把推进教育的"国际化"作为学校进一步发展的战略举措。其实,改革开放以来,中国的高校早已走出国门,已和世界各国的大学建立了广泛的联系和合作,大批"海归派"也已成为大学的领导或学术的骨干,高校之间的合作、交流已深入到教学、科研、学科发展及师资培养、学生交流等各个方面。在这些合作与交往中增进了中外大学的相互了解,有了一些共同对话的"语言"。

但是,从中国大学承担的历史使命来看,我们仍然有必要认真地思考:我们究竟要向世界先进教育学习什么?或者说:我们建设现代大学,特别是现代高水平大学最缺的是什么?近年来,我国部分重点大学明确以建设世界著名高水平大学为奋斗目标后,分析了诸多必要的因素,但往往忽视了建设现代大学教育理念这个关键的因素,没有把建设现代大学制度、现代大学文化乃至现代大学的文化精神真正纳入到"211 工程"、"985 工程"的发展规划之中，并认真地付诸实施。

纵观中国现代大学发展的历史，特别是西南联大的历史经验给我们的启示是，建设一流大学有诸多因素，拥有一批大师级学者、教授和拥有良好的学校人文环境是其中最核心的因素。我们在建设一流大学的过程中，千万不能忽视大学文化的建设，要把大学文化环境和文化精神的建设作为学校的基础事业，从学校文化精神中汲取力量，推动学校的发展。我们在考虑学校发展的核心竞争力时，除了一些用数据指标反映的"硬实力"以外，还应当考虑学校文化精神、文化传统中反映的"软实力"，并通过大学的文化建设来提高学校发展和竞争的"软实力"。

当然，要想有效地推动大学文化建设还必须解决一些认识问题，特别是必须认清一些束缚我们思想和行动的误区，找到正确的思考途径。

这就涉及如何看待我们的教育，及如何看待哺育我国教育的文化基础和文化环境。

一、中国现代意义大学起步晚，深受各国教育的影响，本身就是教育国际化的产物

大学是世界上承续时间最久的社会组织之一。在中国历史上，大学教育至少可追溯到 2500 年前的孔子讲学，包括汉朝的太学、宋朝的书院、明朝的国子监及清朝的学府等等，讲授的主要是人文知识，讲求修身养性，培养"正心、修身、齐家、治国、平天下"的本领，培养的人才大多是文人墨客和官吏。欧洲中古世纪大学是西方公认的现代大学确的直接源头，至今有近千年的历史。其中，意大利勃隆那（bologna）大学始建于 1088 年，有"欧洲大学之母"之称，巴黎大学建于 1100 年，其他如牛津、剑桥大学均有 800 多年的历史。在欧洲大学早期发展的历程中逐步形成了一套教学体系，先用 3 年时间学习语法、

逻辑和修辞，打下拉丁文基础，再用4年时间学习算术、音乐（乐理）、几何和天文四门自然和艺术学科，在此基础上如果再进修神学、法律或医学就能成为"博士"。可见，西方大学比较多地讲授数学、天文学及医学等自然科学知识，重视逻辑、推理的科学思维训练，培养的学者即便是官吏或神职人员，但大多都具有系统的自然科学或技术科学、医学等知识。例如，波兰天文学家哥白尼和神曲作者但丁都是从勃隆那大学出来的，笛卡儿和莱布尼兹不仅是伟大的哲学家也是伟大的数学家。哥白尼的《天体运行论》、比利时医生维萨里的《人体构造论》及牛顿的《自然哲学的数学原理》等著作把天文学、生理学、物理学分别建立在观察和实验的基础上，并且同数学的逻辑推理相结合，开创了近代科学，使科学成为一个理论化、系统化的知识体系，并且使人们用数学方式来表达自然规律。

西方大学在其发展的历史进程中逐步形成集"教学、研究和为社会服务"为一体的现代大学三大社会功能，为社会培养了大批科学家、工程师、艺术家和医生等人才，也直接推动了近代科学的诞生和工业革命的发展，成为社会进步的重要动力源泉和人类文明的标志。

哈佛大学沿袭并发展了欧洲大学的模式，在她的师生中拥有44位诺贝尔奖获得者和30多位普利策奖获得者；培养出8位美国总统。"先有哈佛，后有美利坚"不仅指出哈佛建校早于美国建国，更是强调哈佛大学在美国国家发展中的重大影响和重要地位。

中国5000年的文明并没有和世界同步孕育出近代科学和工业革命有诸多的原因，旧式教育培养的人缺乏数学和自然科学知识应当也是其中的缘由之一。而且，更可悲的是，在东西方文化贸易的交往中，西方的近代科学知识和技术成果也曾传到中国，但很长时期并未得到重视，只是成为皇室和贵族们的摆设和玩物，导致中国国力和西方工业化国家距离越来越大，这也反映了旧式教育培养的人才无法承接现代科技文明导致国家衰败的悲哀，中国的近代历史是在落后之后被挨打，以致变得更加落后。

在中国历史上，现代意义的大学是 19 世纪末期才逐渐出现的。其源头有两支主脉：一支是传统的"书院"，这是官方体系，1901 年清政府下令将官办的旧式书院分别改为大学堂、中学堂和小学堂，并使教育制度化、系统化；1905 年废除科举制度，彻底抛弃旧式教育，才真正开始包含科学教育和人文教育在内的现代大学教育。另一支是主要由西方传教士举办的教会学校，这是"西学"体系，1917 年全国高等学校中，教会大学约占 80%，1924 年反对教会奴化教育收回教育主权运动在全国展开，1926 年后逐步收回国人自办。中山大学的前身院校就包括孙中山在 1924 年把广东三所公立大学组建的广东大学，也包括先由外国传教士举办后收回教育主权的岭南大学。

如今，官方认定的第一所现代大学是 1895 年建立的"北洋公学"（即天津大学前身），次年有"南洋公学"（即交通大学前身），1898 年建立了"京师大学堂"（即北京大学前身）等，起初追逐东京大学模式，"五四"运动后，中国开始从学习日本转向学习欧洲和美国。近百年来，日、德、英、美、苏的大学模式都曾深刻地影响过中国的大学，以至于现今中国大学的教育模式可以说是各国教育模式的混合型。其中：

"学制"——本科四年类同于美国，适合于通才教育。但是，对培养工科人才，学制嫌短，只能培养工程师的坯子。美国有较为完善的岗前工程训练体系。中国曾想改回五年，鉴于经费等问题而只能作罢，至今工科教育中工程训练不足，工程理念、创新设计和实践教学环节薄弱仍是十分突出的问题。

"专业教育"——沿袭苏联"专业"模式。近些年来，中国高校一直在努力淡化专业，拓宽专业口径，实施在素质教育基础上宽口径的专业教育。但几十年的计划经济使"专业"概念不仅在学校，而且在社会有着根深蒂固的影响。

"人事制度"——类同于英国等欧洲国家，将教师和公务员同等看待，享受公务员的部分福利。有趣的是，几年前香港高校为了不减薪而要求和公务员体系脱钩；与此同时，广东高校却在努力争取享受公务员的补贴和医疗保障待遇。

"管理"——和日本相似，政府集权管理，逐步放权给学校。日本政府近些年来也一直在研究如何下放权力给大学，包括对大学的合并、分类重组、质量评估等等。

而中国的医学和法学教育至今尚未理清。医科有三年制、五年制、七年制、八年制等，医学科学人才和临床医学人才的培养模式尚未完全界定清晰；而法学本科专业几乎遍布所有600多所本科院校，似乎只要有几个教师就能举办法学专业；也没弄清学科性人才还是专业性人才的区别。

总之，中国现代意义的大学从一开始就是开放的，重视吸纳各国教育的经验，是教育国际化的产物，同时也存在着中国社会环境和历史演变使中国大学具有许多本土特有的品质。其中，中国大学具有办学机构和社区管理的双重属性，这是其他国家和地区的大学所不具有的基本特征。

学校和社区是两个不同概念的社会群体和组织。"学校"要坚持发展是硬道理，要有所为、有所不为，要实行精英政策，以"扶优"为主，坚持学术导向，要有激励和约束的机制。评价"学校"的主要指标是人才培养的质量、学科水平、科技贡献率等量化和物化指标。"社区"是稳定要求压倒一切，要构建人人心情舒畅的和谐社会，要坚持公平、公正、公道，要关注弱势群体。评价社区的主要指标是和谐、稳定、不出事。学校领导要在这二者之间寻求"平衡"确实不易，这也是世界上其他国家大学所没有的情况。

从办现代大学角度上讲，学校发展以"扶优"为基本特征；但要建立和谐社区，"扶弱"往往成为工作的重心，这就是中国特色的大学。"全心全意地办好大学和全心全意地为人民服务"要两者兼备，这是中国大学为什么需要庞大的党政领导班子及为什么所有领导都会感到很辛苦的主要原因。

综上所述，我的第一个观点是：中国的现代大学是年轻的、开放的，本身就是教育国际化的产物；同时又是具备中国独特教育模式的办学机构和国家机构。她有着办学机构的一切需求，也存在着国家机构的许多弊病。这是中国大学的现实，我们必须在这个现实的基础上去研究建设现代高水平的大学。

二、中国现代大学深受中国社会背景和传统文化的影响，缺乏现代大学的文化精神

早期中国现代大学的领导大多是留学回国，带回西方大学的办学理念和科学知识，相对于中国旧式传统教育来讲是全新的、革命性的，也是奠基性的。最著名的人物是蔡元培，他倡导"兼容并包主义"，认为"大学者，囊括大典网罗众家之学府也"，主张大学实行"教授自治"制度，提出："大学应当是独立的和自主的，大学应当具有思想自由和学术自由，大学学术和思想自由需要相应的自由的社会政治环境。"这三个基本原则，由于在当时社会背景下无法实现而作为"不肯再任北大校长的宣言"（1919.6.15）。蔡元培和梅贻琦、胡适、蒋梦麟、郭秉文、张伯苓、茅以升、许崇清等人作为现代大学的开拓者，被人们公认为现代"教育家"。

与此同时，20世纪20～30年代，一批留学归来的学者在大学讲授西方现代科学课程，引进先进科技知识，成为中国现代科学教育的开拓者和奠基者。如姜立夫教授回国时发现当时中国懂得现代数学的人不足几十个，于是先后在南开大学、岭南大学建立数学系，一门一门地讲授现代数学课程，后又在中央研究院开创数学研究所。这些教育家以及学者更大程度上为引进和介绍西方现代教育和科技起到启蒙作用。

但是，由于中国现代大学是建立在经济落后且封建主义十分顽固的社会基础之上，又经历20世纪20年代的军阀混战，30～40年代的抗日战争和解放战争，50年代的全盘苏化，60～70年代的文化大革命等等，因此这些教育家的办学理念在中国大学发展中从未真正彻底地实现过。中国现代意义大学的年轻和先天不足，也是中国大学教育理论混乱和脆弱的缘由之一。

正如美国原加州大学伯克利分校校长克拉克·克尔（Clark Kerr）博士在《高等教育不能回避历史》一书中讲到中世纪大学自由精神时指出："无论如何，那阶段的高等教育的真正历

史，几乎完全不像现在在天真的回顾中要暴露的那样乌托邦。例如，苏格拉底的审判和伽利略的被迫放弃信仰；高深的学习常常受到国家的教会教义的限制，像巴黎大学、牛津大学、剑桥大学早期的历史那样，受到国王和王子个人欲望的限制；像在英国，受到明确规定为富裕贵族和牧师服务的限制。"

同样，从一开始就和中国社会紧密联系的大学从来就不曾是"理想的乌托邦"。仔细研究中国大学的历史，不难发现当年的大学校长们并没有如今人们想象的那么潇洒。中山大学首任校长邹鲁为了筹集经费，"除了下跪，几乎什么都做了。"尽管如此，在各个时期的中国大学确实为国家培养了大批人才，其中不乏优秀的栋梁之才。

中山大学诞生于"五四"之后，又由孙中山先生亲自组建，在创办初期的35名筹备委员中，31位有着海外留学的经历，因此从建校初就融入了"科学、民主"的精神，奠定了"开放、进步"的传统。三次主掌中山大学的校长许崇清先生，学贯中西，是最早从德文版马克思原著中领悟和讲授"辩证唯物主义和历史唯物主义"的学者。他在20世纪20年代和30年代两次出任广东省教育厅长，第一次反对在大学讲"圣经"，第二次反对在学校讲"孝经"，他不愧是一位杰出的教育家。但是，中山大学的发展历史从未脱离过中国的现实：20年代反对西方奴化教育；30~40年代投身抗战，先后西迁云南澄江和粤北坪石，抗战后又积极参加"反饥饿、反内战、反迫害"等爱国民主运动；在1927年、1947年及1949年曾三次被国民党警察包围，逮捕了大批师生。

东南大学和南京大学共同的前身院校"中央大学"和中山大学几乎有着相同的经历，如今南京大学的校庆日"5·20"，是纪念1947年学生运动中央大学师生惨遭国民党警察镇压的历史。

即便是教会学校和私立大学，由于规模不大，也很难成为中国现代大学的典范。

因此，如果用西方传统的大学精神来看待中国现代意义的大学，则当代中国大学和近百年历史上的中国现代大学是一脉相承的。正如中国没有经历过成熟的资本主义阶段一样，中国现代大学也从来没有拥有过西方近千年大学发展史中形成的较成熟的大学文化精神。这不是中国没有"教育家"，而是中国现代大学的先天不足和国情所致。

另一方面，尽管中国现代大学借鉴了各国大学的教育模式和经验，但因为植根在中国社会这块土壤和中国文化环境之中，没有也不可能完全照搬西方大学的一套，特别是教育观念、教学方法和文化习俗有着鲜明的中国特色，中国的文化传统和社会习俗通过大学的制度和大学管理者及师生的文化素养始终深刻地影响着学校的发展。因此，中国现代大学本质上仍然是中国传统教育的延伸。从这个角度上讲，中国现代大学可算是当年"洋务派"主张"中学为体，西学为用"留存的典型范例。

其中，中国当代文化背景和大学教育发展密切相关的，有两个十分突出的问题：

一是社会浮躁风气和实用主义对大学的渗透和影响。

二是中国文化传统对培养学生创新精神、创造能力的影响。

自鸦片战争以来，饱经沧桑、遭受欺辱的历史强烈地刺激着每一个中国人，无数爱国志士为中国的独立、自由、富强和进步不屈不挠、努力奋斗。在新中国成立后，一代代中国人更把改变落后、贫穷的面貌，尽快赶上世界先进发达国家作为毕生的历史使命。中国需要这种拼搏、奋斗的精神，中国的面貌也确实在日新月异。但是正是这种太想尽快改变现状的心态，使得急噪、浮躁和实用主义、急于求成甚至急功近利的思想从上到下有着广泛的社会基础，包括当年"大跃进"、"刮共产风"及"一天等于二十年"、"××年赶超英、美"等荒唐的口号；也包括如今有些地区大搞劳民伤财的"政绩工程"、"豆腐渣工程"及对环境、资源的掠夺性破坏；在百姓中也普遍存在尽快致富甚至"暴富"的心态。

中国何时会有诺贝尔奖与中国足球何时能踢进世界杯是社会舆论时常关注且时常抱怨的话题。

正像当年获得体育世界冠军、改变了中国"东亚病夫"形象而举国欢腾一样，今天人们更希望看到如同"两弹一星"等科技成就来证明中国科技实力的强大。

但是，社会发展有着自身不以人们意志为转移的客观规律。有些事情可以在很短的时间内发生。例如，城市建设经过20～30年可以变得十分现代化，但城市的管理和文明却不是短期能改观的。大学可以在不长的时期内扩大规模，建设全新校区，但即便是一个本科专业，没有三五十年是不会形成自己的特色和品牌的，更谈不上学科的水平。

香港的大学是按照西方现代大学模式运行的，办学经费远远多于内地任何一所大学，但至今还未能跻身世界名校，也没有产生诺贝尔奖，这是因为社会环境、学术研究、科学技术的整体水平也还没有达到质的飞跃的程度。

中国从文盲大国转变成为世界高等教育规模最大的教育大国，是十分了不起的历史性跨越，但还远远不是教育的强国。

西方科学教育已有了近千年的历史，16～17世纪诞生的第一次科学革命是天文学革命，到18～19世纪产生了两次技术革命：第一次是18世纪蒸汽机发明形成的工业革命；第二次是19世纪电动机、发电机发明后形成的电力革命。19世纪末所谓实验物理学的三大发现，即X射线、放射性元素、电子，引发了20世纪头30年的第二次科学革命，即物理学革命，并成就了相对论和量子力学两大理论体系，引导了其后几十年科学和技术的发展，形成了所谓的四大科学模型（宇宙的大爆炸模型、物质结构的夸克模型、全球大地结构的板块模型、遗传基因DNA分子结构的双螺旋模型）和八大高新技术（核技术、航空航天技术、生物技术、环境保护技术、激光技术、信息技术、新材料技术、新能源技术等）。20世纪人类进入了原子能时代、宇宙空间时代，更是信息时代。21世纪，以物质科学和生命科学的突破，信息技术、生物技术、纳米技术和新能源的广泛应用为代表会有一场新的综合性的科学技术革命。

中国古代的科学成就曾经对世界文明的发展做出过贡献。英国哲学家弗兰西斯·培根在1620年曾经指出，指南针、印刷术和火药这三大发明改变了整个世界的面貌和状态，没有一个帝国、没有一个教派、没有一个大人物对人类事物的影响能像三大发明那样巨大和深远。马克思说过:"火药把骑士阶层炸得粉碎,印刷术则变成新教传播的工具,而指南针使世界航海和殖民成为可能。"然而,后来历史的发展使中国科技落后世界几百年。

中国现在仅仅是制造大国而不是发明大国,中国经济增长很大程度依赖于引进技术,有些行业存在着产业技术空心化的危险。

另据南京大学陈骏校长调查,目前中国科技人力资源数量已属世界第一,但在国际科学组织中参与领导层的学者仅占2.22%,说明能够进入国际视野的学者、专家数量还很少。

人类科学技术的成果是智慧、金钱和时间的结合体。我国政府正在逐步加大包括大学在内的科技投入,"211工程"、"985工程"是其中的代表,这对加速大学学科水平、科技能力的提升起到奠基性作用。但是试图在三年一期的验收检查时就能看到世界级的成果,可能是"天方夜谭"。其实,目前验收的成果在立项时就已经基本成熟。从整体上讲,我国一流大学的科技创新能力和学术竞争力还比较弱,原创性技术成果少,真正改观还有待时日。对待科学、技术的研究和发展社会舆论要宽容,政府要有耐心,学校既要有紧迫感,更要有定力,要坚持科学、技术发展的规律有序地推进,韩国基因科学家造假事件不应在中国重演。

但是,中国高校有责任为建设科技强国、教育强国而不懈努力。特别地,要尽快改变中国大学发展滞后社会进步的被动局面,为国家当前发展中的重大问题、关键技术排忧解难,真正起到引领科技进步、社会发展的作用。

在大学内部,学风浮躁、急功近利的现象普遍存在,而且已经渗透到各种政策、制度和管理的文化理念之中。过多的评估、过早的拔苗助长、过细的量化指标、过强的物质刺激、过分功利的荣誉和地位,搅乱了原本平静的学术圣地,搅乱了人心,驱使人们考虑不是去做长期的、可能会失败的深刻的探索和研究,而是寻求如何早出成果、多出成果的捷径,潜心研究、淡泊名利、追求原创性研究的人少了。

许多部门的关心,把年轻学者推进了功利的角逐场,似乎很热闹,大家都在关心教育,都在关心青年人成长,实际上损害了学风,违背了现代大学精神。关心教师、支持教育的关键还是让学者、教授们有体面、安静的学习、工作和生活的条件。学校在对社会发展强化责任、增强服务的同时,还是应当有她的矜持和超脱,有大学的品味和品格,这也是向世界先进教育学习、建设高水平大学时必须认真思考的问题。

另一方面,21世纪中华民族要实现伟大复兴,必须要有大批热爱国家、具有创新精神和创造能力的优秀人才,这方面大学有着不可推卸的历史责任。但是,如何从体系上解决提升学生的创新意识和创新能力问题,一直是中国大学教育苦苦探索而未能解决的软肋。

纵观近50年我国高等教育发展的历程,高校的教育教学改革从未停顿过。撇开一些政治因素外,在20世纪50年代就提出"要因材施教、实施启发式教学",主张"理论联系实际"、"教育和生产劳动相结合";60年代初毛泽东关于教育谈话中就指出:教改问题主要是教员问题。大学生,尤其是高年级主要是自己研究问题,要反对注入式教学方法,连资产阶级教育家还在"五四"时期就已提出来了,我们为什么不能反。"文革"十年,教育改革上升为"教育革命",在提出一些"极左"口号的同时,提出了破除"三中心"(教师中心、课堂中心、课本中心)和拆除"三层楼"(基础理论、基本知识、基本技能),要以社会为工厂,以典型产品,典型课题带动教学等等,中国传统教育被彻底否定和批判,教师也走出课堂、走出校门到实践中去。即便是经过这种近乎毁灭性的破坏,"文革"后随着拨乱反正,传统继承性教育迅速恢复,几十年前提出的问题,我们至今仍未真正解决。特别是改革开放以来,大学的教育教学改革在不断地深化:无论是人才培养模式的多样化,或是专业、课程、教材内涵的变化,包括构建创新人才培养体系和各种创新能力培养的实验、实践基地等等。

许多改革从方法论角度看已达到十分精致的地步,"五轮"国家级优秀教学成果奖和大批教学改革的精品成果是最好的体现。但是，从总体上讲，培养学生创新精神和创造力问题并没有取得实质性进展，仍然是国家和社会对大学教育改革关注的焦点。

一方面说明传统的继承性教育有其合理性和稳定性一面。稳定性来自传统教育依托中国文化传统，有文化传统稳定性的背景；合理性在于中国大学的教育基础扎实，是从学习苏联教育衍生而来的，苏联也曾培养出大批世界一流的科学家、工程师、发明家等优秀人才。另一方面，也说明我们高校内部还没有真正找到突破创造性人才培养症结的抓手。尤其是我们在学术层面和管理技术层面上考虑得比较多，往往忽视了学校的文化精神、文化传统和校园文化环境对培养创新人才的影响。

从中国教育传统来看，"师道尊严"和"轻视实践"是束缚学生创造力的重要因素。在中国传统文化背景下，要培养学生创新、创造能力是何等之难。孩子尚未出世，父母已替他们包办了一切，孩子的发展不是尊重他们自己的兴趣和意愿而去实现父母自己未曾实现的梦想；学校老师喜欢循规蹈矩的学生，领导喜欢听话的部下。这绝不是哪个人的问题，而是由于长期的文化传统渗透在我们民族思想、思维及学习、生活、工作之中。培养学生的创新精神和创造潜能应当是全社会的责任，需要从孩童起就要维护他们的好奇心，鼓励他们提问题，发表不同见解。大学更应当鼓励学生思考和提问，进而培植求新、求异和学术批判精神，并勇于实践，给学生更多选择的权利，允许失败，给予更多的宽容和理解。

因此，我的第二个观点是：作为现代大学，中国的大学缺少西方大学凝练的文化精神，且受中国文化传统的影响很深，这是导致50余年的教育改革未能真正解决创新型人才培养体系问题的重要缘由。

三、如何从文化建设的角度推进高水平大学的建设

（一）什么是"大学精神"，大学文化建设的内涵是什么

首先，什么是"大学文化"？"文化"一词本身定义有200多种。

由于"文化"概念的不确定性，教育界对大学文化的理解也有诸多解释，一般比较认同的观点是：

由价值观、理想追求、思维模式、道德情感等构成的精神文化。

由大学的组织架构及其规则构成的制度文化。

由大学的物理空间、设备、设施等构成的环境文化。

即，大学文化通常包括大学的精神文化、制度文化和环境文化。其他，如学术文化、道德文化等等都蕴含其中。

从而，"大学精神、管理制度、人文环境"就成为大学文化建设的重要内涵。

在建设一流大学的进程中，是否具备先进的办学理念、完善的制度规范、鲜明的传统特色就成为评价大学文化建设水平的重要内涵，也是建设现代大学的文化标准。

"文化"至少有四重表现形式：文化符号；人物及事件；礼仪、习俗、传统；信念和价值。

名人轶事是大学文化传统中最生动、最具感染力和教化力的部分，是大学精神的具体体现。

当我们身处在牛津、剑桥大学的校园，看到一栋栋古朴的建筑，会感到一种心灵的震撼，我们和历史伟人同在。正是在这些古老的建筑里培养出那么多影响社会、影响世界的伟人，这正是大学文化对人的影响和作用。

所谓"大学精神"，是大学在办学的历史过程中形成的办学

理念和大学人的共同价值追求，是大学文化的精髓、核心，是大学之魂。

大学精神是比校风、学风更深刻的学校文化特征，校风、学风只是大学精神的外在表现。

大学精神反映了学校特有的价值取向，呈现了大学的品格，也是影响和指导大学人的基本信念、基本准则。

大学精神的核心是办学理念和价值追求。"教育理念"是建立在对教育规律和时代特征深刻认识基础之上的理想模式，教育理念也受时代和文化背景的影响。科学的教育理念能正确地反映教育的本质和时代的特征，指明教育前进的方向。当然，教育理念不等于教育的现实，实现教育理念是一个长期奋斗的过程。

大学领导者的基本素质是既要有明确的教育思想、办学思路，又要有科学的教育理念，高瞻远瞩，把握教育的发展方向，并力求两者之间的协调和统一。

世界一流大学都是具有自己的、明确的、相对稳定的教育理念，表达在学校校训或办学宗旨之中，并被社会所认同，融入进学校的大学精神。

大学精神蕴含大学的"价值判断"，并通过学校的文化传统传授于后人。

欧洲大学最根本的价值观是自治权和学术自由，人们常把"学术自由、学校自治、教授治校"看成现代大学普适之精神。纵观大学发展的历史，我们会发现一个事实：大学的办学理念是一个不断发展、不断调整、不断充实的过程，不是一成不变的纯粹的观念；大学的价值追求也是一种理想的追求和现实之间不断抗争和协调过程的反映。

大学的理念经历过从定位为"教育的机构"到"研究中心"，到直接与社会联系并为社会服务的历史嬗变，使得"教学、研究和为社会直接服务"成为现代大学的三大功能。

所谓"学术自由、学校自治、教授治校"，更大程度上还只是大学领导者和学者教授们的理想追求和理想模式。

正如美国加州大学伯克利分校原校长克拉克·克尔讲到大

学处在一个神秘的学术天堂和一个相对现实的人间地狱之间，这种双重身份定位在什么地方？又如何影响它们的行动？他还说，早期世界主义的大学在地球上消失了近500年。如今，"大学不仅要为国家的行政和经济的利益服务，成为国家的一个工具，而且要成为社会的灵魂和人民大众的有机组成部分。"

克拉克进一步讲到，自第二次世界大战后，各国极大地强化了它们对高等教育的兴趣，并使加强干预大学有足够的理由，大学已经越来越少地成为国中之国。他指出：

"500年前大学的学者，首先是一个学者，然而现在越来越成为首先是一个公民。铁的事实是，大学首先是国家的机构。我们的信念是，纯粹的学习生活模式的至高无上这个方向和国家的合理指导一致，这是非常长期的趋势。但是，一些矛盾和冲突是不可避免的。"

现代大学应当承继优秀传统文化，吸纳世界先进文化之精髓，推动各国文化的交融。

大学是崇尚真理、讲求科学的学术殿堂，在科学实践和论证的基础上发现真理、发展真理，在学术批判中推陈出新、创新知识。

大学应当鼓励不同学术见解、不同学术流派的研究，发表不同的意见是学术民主的重要标志。要允许失败，尊重一些"孤独的思考者"，宽容一些学术上的"狂妄者"。对真理的追求和认识是大学发展的永恒活力和动力，是一个曲折的但又生动鲜活的历史过程。

大学在本质上是希望减少来自各方面的干预和影响，给教授的学术研究、教学工作有更多更大的自由空间。从这个意义上讲，"学术自由、学校自治"是培养大学创新、求真精神的具体要求，因为学术自由的气氛是研究工作最有效的环境，也是学者从事探索和传授他所认识的真理之工作所必需的。但是，大学和社会是互动的，大学需要社会的支持，培养的人才又会影响到社会的发展。因此，任何时候，大学总会受到政治的、文化的、经济的乃至宗教的等各方面的影响，现实生活中只存在着有条件、有约束的自由和自治。

克拉克在文章中讲：如果大学的唯一目的是为大学教师的无所事事的好奇服务，那么可以问：谁应该提供资金给大学？

曾经担任十多年斯坦福大学校长职务的肯尼迪在书中写道：为何我们言必称"学术自由却不常提到学术责任"？他引用美国公众领袖盖德纳的一段话："自由与责任，权力和义务，这是一种约定，缺一不可。"

刚卸任不久的另一位斯坦福大学校长杰拉德·卡斯帕尔教授在"中外大学校长论坛"上讲："世界上最强大的大学就是盼望能够得益于政府给予确实自主的大学。我这样说而不使用完全自由这个概念，是因为完全自由是不可能的、不现实的，虽然完全自由是大家所渴望的。"

我们建设高水平现代大学，必须坚持把"创新、求真"作为教育人、培养人和学术研究的主旋律，形成我们现代大学的精神品质。我们主张的现代大学精神是：学术自由、办学自主、管理民主。

具体讲：

（1）鼓励学术创新，维护学术的尊严和学术研究的自由，同时也要讲求学术的规范、学术责任和科学道德。提倡："独立之精神，自由之思想，社会之责任"三者的统一。

（2）依照法律、法规和学校的社会责任，独立自主办学。

（3）实行民主管理，坚持依法治校，以德兴校。

教师既是学者，又是学生的导师，既教书又育人。我们提倡教师独立思考，以创新精神从事教学和科研，享有学术自由的权力，学术研究无禁区。但教师作为对社会负有责任的社会公民，也要以国家法律为底线、以教师的职业道德为纪律约束自己。

我们对现代大学精神的认识是共同的，也是与时俱进的。但是，每一所学校体现的大学精神是个性的，是在该校发展历史中积淀的文化传统、文化精神所表现出来的学校特色和品格。我们要努力在大学营造融"包容性、开放性、批判性"为一体的校园文化氛围，培植"崇尚科学，鼓励创新，兼容并包"的现代大学文化精神，形成"开放、和谐、严谨、求实"的学风和校风。

当前,在大学文化精神的建设中,要格外突出科学的地位,阐发科学之精神,特别是批判精神、求实精神及科学的方法论;崇尚真理,坚持理性的思维和科学的实践,把科学精神和人文精神紧密结合起来,反对一切伪科学及学风浮躁、急功近利、学术腐败等不正之风。

校风、学风、大学精神及它们在校内文化各方面的具体表现汇聚成学校的文化传统,成为学校的精神财富、不竭的源泉。

由于学校的文化传统是在历史的积淀中凝练聚集起来的,因此它具有很强的生命力,能超越历史时代传承于后世,成为学校被社会认可的特色和属性。

中国现代大学的历史并不很长,但一批名牌的百年高校也都有自己发展的历史文脉,形成了各具特色的文化传统,成为学校的品牌,赢得了社会的声誉。

当前,在建设高水平大学的过程中,千万不能忽视大学文化的建设,要把大学文化环境和文化精神的建设作为学校的基础事业,从学校文化精神中吸取力量,推动学校事业的发展。

近年来,不论是从落实"以人为本",还是强调"人的全面发展",或是构建"和谐校园",都要求我们把创造有利于师生全面发展的人文环境放到学校工作的重要位置上来。大学管理要提倡重视人文管理,其中包含:对人的尊重,对学术的敬畏,对遵守规则的自觉。大学是学术单位,不是行政机关;大学是社会文明的窗口,是先进文化、文明的策源地;大学应当成为法制化、现代化的先行区。

大学要坚持:学术主导、科学决策、民主管理、依法治校。

在当前大学管理体制下要努力完善:党委领导、行政管理、教授治学、民主治校。

党委领导是强调集体领导,实行民主集中制下的分工负责的合作机制;党委领导下的校长负责制和校长负责制都要体现党对高校的领导,两者并没有本质差异;差异只是实行民主集中制下的集体分工负责还是实行首长负责制。当前,在学校发展面临比较复杂的社会背景、学校管理比较难的情况下,还是实行集体领导，发挥集体作用比较好。

行政管理是充分尊重和发挥校长在学校行政上的领导负责作用；让行政部门按照有关规章制度积极开展工作。

教授治学是充分尊重教师在学术评价、学术发展、学校管理中的专家主导作用，吸引更多教师关心学校事业的发展。

民主治校是进一步推进政务公开，校务公开、群众监督，特别是对各级主要领导的监督和约束。要逐步完善：权力的规范、法律的制约、理性的自律和责任的追究。使每位领导和管理者珍惜手中的权力，为群众做更多有益的工作。

从文化层面上讲，大学应当强调"教授治校"，因为大学是学术单位，应当实行学术主导，弱化行政干预，反对"官本位"，充分尊重教授们在学术评价、学科发展、人才培养及其他教学、科研领域中的主导作用，尊重教师的合法权益。但是，从大学的管理运作角度来看，国外大学也不轻易强调"教授治校"，更多地提教授和行政管理的"共治"，力求妥善处理专家决策系统和学校行政决策系统相互制衡和协调的关系。

通常，科学家的思维是求变，不怕失败，勇于实践；管理者的思维是求稳，追求系统平衡，把握一个"度"，担心失误，慎言慎行。

因此，由教授们组成的专家决策系统特点是开放的、发散的，追求有新意、有创意，寻求碰撞出思想的火花，并不太注重可操作性，最适合进行前瞻性、战略性的学术研究；而学校行政决策往往离不开在有限资源下的优化配置，要有所为有所不为；还必须讲求效率和效益，讲求操作性和适度的平衡。

国外及我国台湾高校发展的经历告诉我们，单纯强调"教授治校"，过度地运用专家决策系统代替行政决策系统，学校的行政工作将是低效率的。实践表明，在明确反对"官本位"、强调"学术主导"的前提下，还是推行"政务公开、群众参与、教授治学、民主治校"更为妥当，进而创造适合中国国情、行之有效的"教授治学、教授治教、教授治校"的科学管理模式。

我们提出，要把"尊重教师、善待学生、关心教工、直面问题、排忧解难"作为管理工作的文化理念，渗透到学校每一位管理工作者的头脑之中；要以"是否有利于教师与同学的根本利益，是否有利于教学、科研和学科发展，是否有利于学校事业的长远发展"作为大学管理工作的价值取向。

大学的制度文化是大学文化建设的重要组成部分。从文化角度上讲，建立制度、规则的目的是：

保护学校、教工和学生的三方利益，明晰各自的责任；

服从学校的价值导向，建立完善的校园文化环境；

建立工作秩序、"游戏规则"，提高办事效率；

确保公平、公正规则，树立良好风尚。

制度建设既要符合依法治校的目的，又要体现人文管理的精神；制度建设的水平能看出学校的品位和价值取向。

当前，社会上急功近利、形式主义甚至弄虚作假成风，大学也早已不是"世外桃源"。

我们要认真审视学校有关制度中体现的价值取向，如各种评价制度、人事和分配制度、各种奖励政策及教育、教学管理制度等。通过制度的创新，让教师脱离名利场，让校内少一些急功近利的行为，少一些浮躁的风气，更不能容忍学术上作假和投机取巧，要让"诚信"品质重新成为中国大学师生乃至中华民族的基本品质，要通过制度使"不诚信"付出沉重代价。让大学回复到她应有的矜持和品味，真正成为学术的圣殿而不是名利角逐的战场。

总之，大学的管理要着眼于文化的内涵，大学管理的创新要基于大学的理念和价值追求。

（二）大学文化与创新型人才培养

近年来，许多高校在构建创新型人才培养体系上采取了一系列有效措施。例如，推行"研究式教学"、"互动式教学"等，鼓励师生互动、共同探究，培养学生独立思考和批判的思维能力，力图在知识传授中加大学生参与"研究、讨论"的成分，变被动学习为主动学习和探求；开设体现"开放性、探索性、研究性"的实验课、实习课以及课程设计和"工程设计教学体系"等；制定大学生科技创新培养方案，建立科技训练基地；构建多样化的人才培养模式，给学生提供更多选择空间和机会；等等。

培养创新型人才不仅需要有扎实的理论基础、广博的知识面、较强的动手能力，还必须具有创新性思维能力，善于发现问题，敢于提出问题，勇于实践；有不惧权威、不怕挫折的勇气和毅力。

培养创新型人才除了考虑智力性因素外，意志品质、思维模式、文化素养等非智力因素有格外重要的作用。创新或创造的过程实质是人的综合素质的释放过程。因此，培养学生创新精神和能力不仅仅是改善人才培养模式和教学方法，也不是一门课、一个专业的改革就能达到目的，重要的是营造鼓励创新、勇于实践的校园文化环境，要从鼓励学生乐于提问题、敢于发表不同见解开始。正如斯坦福大学校长卡斯帕尔在中外大学校长论坛上讲到，他认为课上最激动人心的时刻是有学生在课堂上对他说："卡斯帕尔教授，你错了。"要让本科生、年青的大学一年级学生经常地、充满好奇地、有强烈的愿望，对老师说："你错了！"他还认为，一所大学的竞争优势在于一种能力，这种能力体现在对教师和学生多方面的鼓励和自由上。

哈佛大学校长陆登廷认为，从学生一入学，大学主要的努力方向就是使他们能够成为参与发现、解释和创造知识或形成新思想的人。

因此，研究如何培养大批优秀的具有创新精神、创造能力的人才时，我们不仅要创新教育教学方法，更重要的是创新校园文化环境，使之成为适宜于创新型人才生长的土壤。从而，大学领导的教育理念和大学的文化精神，大学教师的教育观念和教师自身的创新素养应当是进一步推进创新教育的抓手。没有大学文化的创新，就很难达到培养创新人才的目标。

著名科学家、教育家钱伟长先生在回顾他20多年的校长经历时，最满意的是用他自己的思想、教育理念办了一所大学；最不满意的是学校教师队伍的素质还达不到他的要求。可见，学校领导和教师的人文素养、思想观念直接关系到教育的成效，关系到创新型人才的培养。

一、求索篇

当前，我国高校和世界各国著名大学之间交往、联系越来越多，应当重视本科层面上的交流，包括互派交换生及互派教师给本科生授课。学生亲身经历不同文化背景的大学教育，有利于开拓学生的视野。在多元文化的交流中，我们的学生提升了文化视野，学会选择、学会沟通、学会合作，也会增强自信心和民族自尊心；互派教师授课能潜移默化地沟通教育观念和教学方法。这对改善我们教育的文化环境、培养创新型人才具有深远的意义。

（三）高水平大学的文化建设要向世界先进教育学习什么

历史上，提倡"中学为体、西学为用"的洋务运动失败了，在当时社会背景下仅仅学习西方先进的知识和技术、搬用西方的管理方法是救不了中国的。这才有了后来"西用"也要有"西体"的戊戌变法；变法失败后，中国知识分子深感要改造社会，必须改造精神层面，摆脱几千年封建主义的思想束缚，兴起了20世纪初的新文化运动，爆发了"五四"运动，提出了"打倒孔家店"的口号，中国现代大学还是在这个时期之后才有了新的面貌、新的发展。

一个多世纪以来，在中国教育界如何看待中国传统文化和西方文明一直存在着争论，对中国教育发展也有着深刻的影响。20世纪初期，陈序经先生曾在《中国文化的出路》和《东西文化观》的著作中深入而全面地介绍了对待中西文化问题的三个派别，即主张全盘接受西方文化的、主张复返中国固有文化的、主张折衷办法的。1921年梁漱溟发表《东西文化及其哲学》，指出：东西文化其实各有优缺点，而且是不同类型的文化。1935年有10位著名教授发表了《中国本位文化的建设宣言》，提出：中国要有自我的意识，要有世界的眼光，既不要闭关自守，也不要盲目地模仿。要不守旧、不盲从，根据中国的本位，采取批评的态度，应用科学的方法检讨过去、把握现在、创造未来。

联系到当今时代，如何进一步深化大学教育教学改革，提升大学的整体办学水平，跻身世界先进教育之列，有如下两点基本看法：

第一，要继续坚定地坚持开放的原则，认真向世界先进教育学习，推进教育的"国际化"进程；要在大学多元文化的交融中营造富有生机和创造活力的中国大学文化精神。世界一流大学都十分重视"教育的国际化"，包括教师、学生及教育过程的国际化程度。

在经济全球化及信息化、网络化时代，"国际化"反映了世界就像一个"地球村"，各国之间各种交往、交流十分密切而且相互影响。但是，教育的"国际化"似乎常常受到质疑。教育是不讲"国际接轨"的，因为不同国家的教育制度不尽相同，无轨可接。但是，科学和知识是无国界的，高等教育也有许多共同的规律，培养的人才同时也是"世界的公民"。要教育学生学会在"地球村"中与人沟通、与人交流，学会与他人的和谐、与社会的和谐、与自然的和谐。因此，当前各国大学之间的交流已经不仅仅是科研和学科之间的交流与合作，更多的是教育理念、大学文化及培植这种现代大学文化的各种管理制度和机制的相互借鉴和交流，包括学习世界著名大学维护学术神圣的管理思想和管理制度的文化理念，而不仅仅是方法、技巧。结合国情，认真吸取国际成功的经验，构建体现现代大学文化精神的制度体系。其中突出的是要体现讲求规则、淡化功利，构建公正、平等、合理的机制。

美国加州的公立大学中有9所研究型大学、23所本科院校，其他是社区大学等。近年来州政府准备再建一所研究型大学，不是从23所中选一所，而是另建一所。所有学校定位十分清晰，在各自位置上争取办得最好，成为名校，而不是像中国高校目前始终牵挂着升等升级而忽略了学校发展的本质问题。

美国为推动产学研合作，有一套比较完整的科技经费资助体系，通过国家和企业两方面提供经费，学校和企业共同研究科技发展中的重大问题，使学校始终和社会紧密结合在一起，学校得到经费和项目，企业得到技术和发明，学校真正进入社会的中心。

美国通过捐赠和减税制度开拓了社会资金对大学的资助、捐赠渠道。大学专门设立基金会向校友和社会筹募资金,同时也合理地使用和运作基金。这些制度和管理模式迟早会引进中国,这是解决大学经费的重要来源。

西方大学文化精神中十分强调"人"的作用。强调对人的尊重,包括对教师和学生的权利的尊重;强调"人"的价值,人力资源上付出的代价占据学校财政经费的绝大部分;强调不同岗位"人"的分工和责任,不少研究型大学从母校层面上讲每位教师平均有 5~6 位管理人员、教辅人员为他提供服务。

西方大学的管理和发展理念也是随着时代发展而在不断调整和变化,特别近年来为压缩学校开支,许多学校专职教师的比例在缩小,兼职教师的比例在扩大,这对中国大学未来发展也具有启示作用。

西方大学并不是一切都好,美国科学院院士、工程院院士曾有一份联合调查报告,认为美国研究型大学本科教育是失败的,其中原因之一是研究型大学的教师没有把精力放在本科教育上。但世界一流大学、历史悠久的名牌大学确实有许多可学习和借鉴之处,而且它们目前遇到的问题可能是我们今后发展中就会碰到的问题。

通过"教育国际化",扩大学校办学的视野,改进学校办学的理念,提升学科和科研的水平,营造多元文化的氛围,构建现代大学的制度,共享人类文明的资源。

推进教育"国际化",通过逐步扩大留学生和少数民族学生的比例,营造多民族和国际化校园环境,培养学生在多元文化背景下交流、沟通、认识和选择的能力。吸取多元文化之精神,有利于提升学生的文化视野,开拓学生追求真理的胸怀,培植学生勇于发现问题、敢于提出问题并且善于解决问题的品质和能力。培养大批创新型人才不仅要靠教育的创新,更要靠文化理念的创新,教育国际化为我们提供了文化理念变革创新的机遇。

第二,对中国现实的高等教育和中国文化传统要有充分的自信。我国的大学和整个高等教育都已经取得了伟大的进步,奠定了蓄势待发的很好基础，具备和世界高等教育平等对话的地位；我们的文化传统经受了改革开放后世界多元文化的大浪淘沙，其优秀成分更加璀璨，成为世界文明的重要组成部分。

如今，中国高等教育和历史上任何时期相比都不可同日而语。

中国大学的办学理念、教育教学改革也逐步进入深层次、集约化、系统化的提升时期，符合新世纪大学教育发展的总趋势。例如，以美国为代表的大学本科教育经历了如下发展的历史阶段：博雅教育→有学科和应用背景的专业教育→重视学生自由选课的通才教育→构建通识课程体系（分类课程、核心课程）下的通才教育。

而中国现代意义下的大学教育经历了从旧式书院式教育到现代专业化教育再学习苏联实行行业特色鲜明的专门化教育，改革开放后又逐步深化了人才培养模式的改革，从专门化特征的专业教育→宽口径的专业教育（选修制、分类选修）→注重人文素质教育下的宽口径专业教育→注重素质教育前提下的宽口径专业教育。其中，通才教育和专业教育强调的是教育的模式；而通识教育和素质教育反映的主要是教育的理念、教育的思想。

通才教育和专业教育并无本质区别。如今美国的通才教育并不是完全的自由选修，仍然是有一定的学科或职业应用背景的教育，让学生在某一知识领域有更深入的了解和研究；中国的专业教育也已不再过分强调专门化方向和就业导向，而是拓宽专业的基础，使学生在更广泛的领域内具有适应性和发展能力。

而通识教育和素质教育的共同点，是把"人的培养"放到"人的全面发展"或"完整的、有教养的人"的平台上，和专业知识教育互相协调地发展。

哈佛大学老校长德里克·博克在《美国高等教育》一书中指出：培养不受条条框框束缚，具有批判能力，能够吸收人类价值观念的丰富营养，具有应付不断变化、十分复杂社会的能力的大学生，是高等教育的重要目标。哈佛大学的核心课程体现了通识教育下通才教育的思想，对美国大学教育起到极大的推动作用，其中占大学四年学习计划总量25%的基础课程，强调的是基本技能、思考和研究方法，是对本科教育基础的重新定义。

中国大学教育从1995年开始在52所高等学校开展加强大学文化素质教育的试点工作；1999年第三次全国教育工作会议上，提出了深化教育改革、全面推进素质教育的目标，并颁发了《中共中央国务院关于深化教育改革全面推进素质教育的决定》正式拉开素质教育的序幕。"素质教育"的核心就是实现"人的全面发展"，是一种更加注重人文精神的养成和提高，重视人才的人格不断健全和完善，也就是更加重视使学生学会"做人"的教育理念。

从重视传授知识、培养能力到重视知识、能力的同时更加注重素质的提高，是教育思想的一大突破。

"通识教育"和"素质教育"有着共同的教育目标，都强调在大学教育中要树立人文精神、科学素养和创新能力相统一的教育观。坚持教育中知识、能力和素质培养的协调一致，人文素质教育、科学素养培养、实践能力训练的协调一致及教育学生做学问、做事与做人的协调一致。

但是，"通识教育"更注重围绕教育的目标构建科学的核心课程体系，并始终要在以博雅教育为特征的古典主义传统和以专业教育为主旨的实用主义传统中寻求平衡。

"素质教育"更关注通过教育和环境的影响，促使知识内化和升华成为学生内在的、稳定的心理品质。素质教育思想所强调的，是在人才培养过程中融传授知识、培养能力和提高素质为一体，正确处理好知识、能力、素质的关系，促进三者协调发展。

人的素质包括思想道德素质、文化素质、科学素质和身体心理素质四个方面，文化素质是其中重要的组成部分，是当前切实推进素质教育的切入点和突破口。

十多年来，中国大学教育中的文化素质教育取得了长足的进步，并带动了大学文化和大学文化精神的建设，为全面推进素质教育奠定了基础。

中国大学的本科教育总体上是应当肯定的,不仅有明确的教育思想、教育理念,也有东方文化特色的教学传统。例如,注重基础、注重课堂教学、注重教学的系统性、注重学生的全面教育等等,我们的学生无论作为交换生还是毕业后出国读研究生,都具备和世界各国大学生竞争的能力和潜力。随着国力的增强,中外大学领导和教授们的交往中,"话语权"越来越多、越来越丰富。对中国的大学教育的发展,我们应该充满自信,这种"自信"应当成为我们坚持开放、坚持向世界先进教育学习的基础,而不是盲目自大、固步自封历史的翻版。

同时,在教育国际化进程中,对中华文明也要充满自信。"开放"、"多元化"背景下的中华文明只会摒弃我们文化传统中落后的东西,通过吸取世界文化、文明的精髓,会使中华文化与时俱进,更具活力、魅力。

中华文化的"包容性"和"稳定性"已被历史所证明,文化的"封闭"只能使中华文明失去她的先进性。

文化是一个民族的灵魂和尊严,是一个民族区别于其他民族的标志和特征。文化凝聚了民族的价值观、思维方法、生活样式、信仰习俗。文化价值观不是靠强制性"输出"就能如愿的,强权可以用武力占领其他国家,但实现"文化征服"几乎是不可能的。

因此,在教育国际化过程中,我们要注重引导,但不必过分担心"西化"、"同化"。当今世界,孤立、封闭的民族文化是难以自存的。改革开放后,西方文化已经对中国传统文化有了很多影响,包括婚姻观、就业观、人才观等等,社会习俗都有很多变化。个性化、多样化已成为当代文化的基本特征。但是中国文化传统的本质没有也不可能被"西化"掉,文化传递是一个长期的、互相认同和选择的过程,没有净化能力的文化是没有希望的,没有发展能力的文化同样也不会是先进的。中国文化源远流长,经历历史长河发展至今,有着丰厚的文化积淀,具有很强的包容性和自我更新发展、净化、升华的能力。改革开放,不仅西方文化对中国文化传统有影响,同时中国文化传统包括中国人的勤奋、智慧、节俭、注重家庭和教育的品质也带往世界各地，影响了西方的文化。

在这种观念下，我们要继续加大教育的开放，包括文化的开放，让中国大学在多元文化的碰撞下，形成基于中国传统文化精神之上的新的现代大学文化精神。要让大学生在开放的环境下，纵向看待历史，横向看清世界，增强民族自信心和历史使命感。只有坚持开放，以"时代为体、历史为用"，融合东西方文化之精华，吸纳各国文明之所长，学习先进、走自己的路，才能培养大批具有国际眼光、基础坚实、素质全面、富有创新精神和创造能力的优秀人才，使中国的大学教育真正融入到世界先进教育的主流之中。当然，这是一个逐步实现和发展的历史过程，关键是方向要明确，措施要落实。

二 认识篇

珍视传统　凝聚精神

——代序《凝聚中大精神》[*]

一所学校是一部历史，沉积着各个时期的校园文化生活，记载和延续着学校的学术传统和文化精神。从某种意义上说，学校的发展可视为这种历史文化的传承和开拓。在新世纪，我们从历史的角度来认识学校人文精神的发展脉络和潜在质素，目的是要更深刻地理解学校近80年来所积淀的文化传统和逐步形成的学校特色、品格，并从新世纪中山大学要建成世界著名的高水平大学的角度，去积极推动校园文化环境和人文精神的建设。

学校一切活动最重要的因素是人。学校的根本任务是培养人。发展学校最重要的是调动全体教职员工的积极性、创造性，凝聚中大精神，形成有活力、有生气、宽松和谐、开拓奋进的校园文化氛围，在潜移默化中教育人、熏陶人，造就中大人所特有的品格和气质。

中大的历史遗产是很丰厚的。首先因为她是由20世纪伟人孙中山先生亲手创办的。为把中山先生救国救民的思想倾注到办教育培养人才之中，中山大学在礼堂孙中山像两侧悬挂"把世界文化迎头赶上去，把中华民族从根救起来"的对联，作为

---

[*] 原文系《凝集中大精神——"中大精神与校园文化建设"大讨论文集》序。《凝集中大精神——"中大精神与校园文化建设"大讨论文集》一书，收入学校近两年来开展校园人文精神大讨论的部分成果，由中山大学出版社于2001年出版。

全校师生员工的座右铭。孙中山先生要求学生读书不忘革命，革命不忘读书，"立志要做大事，不可要做大官"，这些思想影响了一代代中大的学子。他亲笔题写的校训"博学、审问、慎思、明辨、笃行"成为中大办学的理念和治学的传统。中大历史遗产的丰厚还反映在和中国共产党发展的历史紧密相连并深受党的影响。中山大学及其前身院校是中国共产党早期活动的重要阵地，也是广东共产党组织的发源地之一。史料显示，中共一大召开时全国57名共产党员中，有18位曾先后到中山大学任教或开展革命活动。到1949年止，中大师生为中国革命献身的已知姓名的就有105位。他们中大部分是优秀的共产党员，其中包括1928年英勇就义的文学院女生陈铁军烈士，她和周文雍烈士举行"刑场上的婚礼"的壮举，教育了一代代年青人。

中大的历史也是广东高等教育发展历史的缩影，是中国及华南地区高等教育史上的重要篇章。中国现代意义的高等教育只有100年左右的历史。1905年清政府正式宣布废除科举，在中国实行了1300多年的科举制度总算退出历史舞台。在此前后，清政府举办了一些具有现代教育内涵的新式学堂，广东高等师范就是其中较早设立的一所。西方在华教会也用西方教育模式创办了一些教会性质的学校，1904年正式在广州康乐村建立的岭南大学便是其中一所。1924年孙中山先生将当时广东几所公立学校——广东高师、法科大学、农业专门学校合并筹建广东大学，孙先生去世后更名为中山大学，到1949年已成为国内学科门类最齐全，拥有大批名师、教授的综合性大学之一。1952年院系调整，将工、农、医、师等学科整建制地分出成为独立的学校，老中大文理学科搬到康乐园，同岭南大学等校的文理学科合并成为现今的中山大学。因此，在我们中山大学的血脉中流淌着来自广东高师、法科大学、农业专门学校及岭南大学等校的血液，同样在广东的其他许多学校，包括华南理工大学、华南农业大学、华南师范大学、暨南大学、广东外语外贸大学及中山医科大学等，都和中山大学有着亲密的血缘关系。显而易见，中大在广东的地位和作用正是在这种分分合合中形成的。了解这段历史，我们的办学思路会更加开放，心胸会更加博大。

中大近80年的历史形成了学校优良的办学传统，其中最突出的是革命性、科学性和开放性。

中山大学是孙中山先生为培养革命人才而创办的。中山先生"天下为公"、"革命尚未成功，同志仍须努力"的革命精神激励着每一个中大人。在中大的教育传统中，历届领导都十分重视爱国教育和人格教育，强调民族精神，培养国家观念和伦理的观念。一位老校友说："在中大的优良传统与成就中，最突出者，则为中大与国民革命关系之密切。"鲁迅先生在1927年中大开学致语中说："在平静的空气中，度着探求学术的生活。但这平静的空气，必须为革命的精神所弥漫……否则，革命的后方便成为懒人享福的地方，中山大学也还是无意义。"即便是康乐园内的岭南大学，早期虽为教会所办，但是，1924年前后，反对教会教育与收回教育权运动在全国各地展开，岭南大学于1927年率先收回国人自办，首任华人校长钟荣光先生早年加入兴中会，是中山先生民主革命的追随者，也是中山先生的挚友。中山先生曾三次莅临康乐园，在今天的中山大学校园留下珍贵的遗迹。岭大的校友中不乏爱国志士，其中包括兴中会领导人之一陈少白和欲炸两广总督而被捕牺牲的史坚如烈士。

1925年岭南学生300多人参加反英示威游行，其中区励周老师、许跃章同学在沙基惨案中遇难。今天康乐园中的惺亭和中心区的几棵大树就是当年为纪念史坚如烈士和沙基惨案遇难的师生而兴建和种植的。

在中国共产党的领导下，中大"革命性"传统得到进一步发扬。抗战初期，中大进步学生响应党的号召到农村去发动民众、组织民众、教育民众，扩大抗日救国力量，其中就包括中大老书记、老校长黄焕秋同志和广东省老领导曾生、杨康华同志等。

近80年的风风雨雨，中大人以中山先生为楷模，以中山先生的革命思想为办学理念，培养了大批优秀人才，形成了以国家兴亡和民族振兴为己任的优良传统。江泽民总书记在中山大学70周年校庆时题写的"发扬中山先生革命精神，办好中山大学,做出更大贡献",正是对中大"革命性"传统的很好的概括。

中大的历史是和一批大师级教授、学者联系在一起的,他们的治学精神和方法铸就了中山大学讲求"科学性"的优良传统。

在中大的办学宗旨中,从一开始就把发展教学和科研、办成名校作为目标。邹鲁主政广东大学时常以中山先生"要革命不能不读书"的话来勉励学生,强调"革命非有学问不可",并注重抓好教学、科研两项工作。1933年,重新修订的《国立中山大学组织大纲》,确立"以阐扬三民主义,研究高深学问,培植专门人才,发展社会文化为宗旨",突出了教学、科研两大中心工作。重视基础、重视质量、重视人才培养的科学规律已成为中山大学的教学传统。教师们言传身教、严谨治学的科学作风和开创学术新领域的勇气给中大这座科学殿堂留下许多精神财富。

傅斯年在中大创立了语言历史学,他和顾颉刚、钟敬文、杨成志等人为我国民俗学的发展做出了突出贡献。王力教授是我国近代最卓越的语言学家之一,是中国现代语言学的奠基人、开拓者,他在中大创办语言学系,营造出一种求新务实的学术气氛,推动了语言学科的发展。

著名国学大师陈寅恪教授,精通十多国文字和梵文,在历史学、宗教学、语言学、考据学、文化学及中国古典文学等领域取得卓越成果。他双目失明之后,历经十余年的功夫,旁征博引各种文史典籍600种以上,在75岁时完成了传世之作《柳如是别传》。陈先生致力于做真正的学问,不图虚名,坚持学术研究中"三个不讲":书上有的不讲;别人讲过的不讲;自己讲过的也不讲。所讲内容必是在学术研究中所发现的问题,以及为解决这些问题所进行的探索和思考。

在中国,谈到人类学都不能不提中山大学杨成志教授等人的历史贡献。他为了研究人类学,在20世纪20年代末只身一人,冒着生命危险深入云南、四川交界的凉山彝族地区达两年之久,学习彝文彝语,收集了130多种彝文经书,写出了20多种有关著作，后来获得法国巴黎大学民族学博士学位，回到中大后协助校长主持中山大学研究院，并亲自培养了一批人类学、民俗学、考古学等各方面的著名学者。他的治学思想是：民族学的路是靠两条腿走出来的。杨成志教授和他的学生梁钊韬教授在学术研究中坚持：不经过深思熟虑的观点不写；不经过自己核实的材料不用。并以此严格要求他们的弟子和学生。

在中大历任校长中，张云是国际著名的天文学家；许崇清学贯中西，精通多国文字，是最早向国内介绍爱因斯坦相对论的学者，他直接从马克思、恩格斯原著中领悟精髓，亲授辩证唯物主义和历史唯物主义课程；曾经担任过岭南大学校长和中山大学副校长的陈序经是首批国家一级教授，他重视人才，广揽名师，在他的努力下，现代数学大师姜立夫、史学大师陈寅恪陆续任教于岭南大学；岭南大学医学院接纳了大批著名的医学专家，建国后成为国内一级教授最多的医学院。

"重视学术、讲求科学性"是一所大学的灵魂，更是名牌大学的基本品格，我们要格外珍视前辈为我们建立的"科学性"的优良传统。

广州历来是中国对外开放的门户，是内地联系海外的桥梁。这是中山大学"开放性"传统的地缘背景。从筹办广东大学起，在35名筹备委员中有31人是从海外留学归来、通晓国际先进教育的专家。中山先生要求大学以"研究世界日新之学理、技术为主"，办学伊始便在法国里昂市建立大学海外部并实行开放性办学，向全国招聘名师来校任教。

改革开放以来，学校坚持开放性办学传统，及时调整专业结构和人才培养模式，适应社会主义市场经济和广东经济发展的快速增长。学校从只有文理科的综合性大学调整为拥有人文科学、社会科学、自然科学、技术科学和管理科学等多学科的综合性大学，为社会培养了大批基础型、复合型及应用型的各类优秀人才。学校精英教育的传统和企业文化的交融使中大的毕业生能较快地适应社会并被社会所欢迎。学校与国内外学术交流日益频繁，一批海外学者到中大任教，加强了传统教育与国际先进教育之间的沟通和联系。港澳同胞、社会各界和校友对中大的支持，拓宽了办学经费筹措的渠道，改善了办学条件。中大珠海校区的建成既体现了学校"开放性"的办学传统，更是我校进一步扩大对外开放的开始。珠海校区已逐步成为中山大学乃至广东高等教育对外合作与交流的窗口，成为办成高水平国际著名大学的新起点。

学校的办学传统体现在历届领导者的言论、管理制度、学术研究、教学规范及校园文化等各方面，并被师生员工所理解和接受，在历史的传承中不断赋予时代的新内涵。但是，学校人文精神的传统却是潜在的、无形的，它是由一代代中大人的共同价值观、共有的品格和气质表现出来的，体现了中大人特有的素质，也反映在中大的校风包括教风和学风上，成为学校被社会认同的基本特色。

什么是中大人文精神的传统？或者说，什么是中大精神？在过去办学历史中已有过多次的讨论，也留下许多极精辟、有见地的文章，本书就汇集了其中的一部分。1943年严永晃先生讲："据我看来，我们中山大学的校风是自由的、创造的、革命的。"

1948年，曾任中大法学院院长的郑彦棻教授著文《发扬石牌精神》。他提出：石牌所表现的精神，第一是"筚路蓝缕，以启山林"的创业精神；第二是共同生活、共同学习的集体精神；第三是向民众学习、为民众谋福利的服务精神。

在近两年的讨论中，也是仁者见仁、智者见智。有的人认为中大是中山先生创办的，因此，中山先生"天下为公"应当是中大的一贯精神。也有人认为"博学、审问、慎思、明辨、笃行"是中山先生为中大奠定的精神等等。所有讨论都是有意义的，从不同角度、不同侧面会有各种体会和感受。我们认为讨论中大人文精神并不在于一定要有一句话的概括或被大家完全认同的结论，我们更看重所有参与讨论的依据都是对中大人特有素质的全面分析和挖掘。而且讨论的过程是最有意义的，不仅仅是得到各种总结，更多地是反映了当代中大人的期盼和追求。

作为年资尚浅的中大人，我不敢妄言"中大精神"，但也正

二、认识篇

因为是新人,反倒会有更直觉的感受。我从中大的教师及校友们身上得到的印象最深的是:民主的精神、务实的作风、爱校的情结。

"学术民主、思想自由"是现代大学的精神。"五四"运动奠定了中国大学"科学、民主""的文化传统。中大的民主精神体现在学术研究上的包容性、创造性,教师教学上的自主性及学生学习上的选择性。在中大的历史上,学阀学霸作风鲜见,对学术研究和教学活动行政干预也不多,学校一切显得是那么平淡,很少看到领导者强烈的行政影响,学校却不断发展进步。在这种近乎"无为而治"的宽松环境下,各个院系逐步形成各有特色的教学与科研的传统。同时,学校教工特别是教授,通过教代会及各种专业委员会、领导小组,在学校各项事务中发挥着越来越大的作用。

尊重人的选择,尊重人的创造,尊重教师和学生的基本权益,是学校民主精神的基础,学校领导者的责任是在强调"学术民主"的同时,和教授们一起重视强调科学的道德、学术的责任及教师的职业道德。

中大的"务实作风"和岭南民风中"务实"的传统是分不开的。中大人不尚空谈,也不喜欢夸大宣传或"作秀"。中大有许多工作或成就可以成为展示的"亮点",但往往被人看得似乎十分平淡,就连体育上的世界冠军、全国冠军,在学校里也过着相当平静的学习生活。正是在这样的环境下,不少杰出的中青年学者不会感到荣誉和光环给自己带来过多的麻烦或干扰,相反会以平常的心态继续自己的科学事业,保持对学术的敬畏,孜孜不倦地追求着学术领域的新境界。中山先生曾经提出:"诸君立志,是要做大事,不可要做大官","无论哪一件事,只要从头至尾,彻底做成功,便是大事。"这也是一种"务实精神"。我希望也相信中大人在保持务实作风的同时,树立更高的目标,并扎扎实实地为之拼搏、奋斗,在务实的基础上,力争做成大事。

海内外的中大校友对学校的感情是极其真挚的,为学校的进步而骄傲,为母校遇到挫折而焦虑。中大的校友在各个岗位上做出成绩，增添了学校的光彩。作为中山大学的领导或教师，不论走到南粤大地的哪个角落，都会感受到沐浴在中大校友对学校的真诚友爱之中，都会感受到作为一个中大人的骄傲。从中大校友浓得化不开的爱校情结中，可以看出中大凝结着一种团结的精神，一种由对学校深厚的爱而形成的内聚力，这是学校事业能够发展甚至超常规发展的重要基础。

学校属于每一个中大人，包括历史上的中大人或未来的中大人。每一个中大人，都应该珍爱中山大学。凝聚中大人的力量，塑造中大人的品格，让中山大学的人文精神充满活力和清新的气息，成为中山大学发展的永恒的精神支柱。

现代大学精神和大学的
文化传统与品格*

进入新的世纪，许多高校提出要建设国内外知名的高水平大学，并把"综合性、研究型、国际化"作为学校发展战略的定位目标。这表明中国的高等教育将进一步走入世界舞台，中国的大学终将在世界著名大学之林中占据一定的地位。

建设具有国际水准的现代大学，不仅要有高深的学问，要有一批名师，要有对科技发展、社会进步具有重大影响的成果，同时也应有现代大学制度为支撑，包括现代大学的办学理念、管理体制和高效的运行机制。其中，认真研究现代大学精神及其内涵的确切含义对明确现代大学的办学理念、建设高水平大学的校园文化传统有着重要的意义。

所谓"大学精神"，是大学的一种办学理念和价值追求。科学的大学精神是建立在对教育的本质、办学规律和时代特征的深刻认识的基础之上。[3]

"大学的传统"是与这所大学历史密切相关的独有的文化精神的传承。优秀的并被社会公认的传统是学校的特色和品格。

欧洲大学最根本的价值观是自治权和学术自由，因此人们常常把"学术自由、学校自治、教授治校"看成是现代大学普适之精神，并以此来比照中国的大学，甚至怀疑中国的大学是否称得上是现代大学。

---

* 原文发表于《中国大学教学》2002年第5期。

□ 沟通：大学管理中的文化视角

纵观大学发展的历史和当今世界各国的大学，我们会发现一个事实：大学的办学理念是一个不断发展、不断调整、不断充实的过程，不是一成不变的纯粹的观念；大学的价值追求是一种理想的追求和现实之间不断抗争和协调过程的反映，所谓"学术自由，学校自治和教授治校"，更大的程度上还只是大学的学者、教授们的理想追求和理想模式。

大学的理念经历过从定位为"教育的机构"到"研究中心"，到与社会直接联系、为社会服务的演变。

西方公认的现代大学的直接源头是欧洲中古世纪的大学，其中以法国的巴黎大学、意大利的勃隆那（Bologna）为最早，是所谓"中古大学"之原型，始于12世纪；其他如英国的牛津、剑桥及德国的海德堡、科隆等都是中古时期大学之佼佼者，牛津大学经历七八百年的历史，至今仍保留其古典风格。[1]

1852年牛津学者纽曼在其著作《大学的理念》中，明确地提出大学的目的在"传授"学问而不在"发展"知识，大学是一个提供博雅教育（liberal education）、培育绅士的地方。纽曼的大学观念是把大学看成"教学的机构"，是纯粹培育"人才"的机构。

19世纪末，大学的特征开始发生巨大变化，在德国，以洪堡（Von Humboldt）为代表在柏林大学首先提出以大学为"研究中心"的新观念，认为教师的首要任务是自由地从事于"创造性的学问"，教学仍然是大学的功能，但重要的在于"发展"知识，而不在于"传授"知识。

进入20世纪，特别是"二战"后，美国大学的兴起，大学的社会职能充实到大学的观念之中。首先由威斯康星大学进行了深刻的改革，把教学、科研同直接为社会服务紧密结合起来，这种办学模式被美国称为"威斯康星思想"。大学的观念中包含了"教学、研究和为社会直接服务"，成为现代大学的三大社会功能。

人类进入21世纪，知识经济的发展、经济全球化及信息技术的快速发展缩短了时空的距离，使得当今的大学发生着深刻的变化，其中最重要的有两点：一是大学的世界精神，超国界的品格,这恰恰是"中古大学"的办学理念。教师和学生可以自由地云游四方,但后来因拉丁语的衰落及宗教分裂而被改变。现今,大学之间的国际交流、学术活动、信息沟通已成为一流大学的基本品格。二是大学越来越重视人的作用,"以人为本"逐步从口号变成现实。知识经济时代,社会发展更加依靠人对知识的创新,因此争夺人才、为优秀人才提供最好的发展空间成为大学领导者们的自觉行为,这和工业经济时代对人才的重视有着本质上的差别。

因此,从大学的办学观念上讲,经历了从重视人才的培养,到同时重视学者的研究,到格外重视学者的本身这样的历史过程;也经历了从注重学校自身的完善,到注重学校与社会的联系,到注重学校与世界的联系和在国际上发挥作用,这也是一个历史发展的过程。"国际化"已成为我国高等学校建设高水平大学的重要内涵,"以人为本"也成为建设现代大学的基本策略。

另一方面,因为大学是从事高深学问的教学与研究,在知识的传承和研究中创新知识,探索和发现真理,大学精神的本质是"创新、求真"。

要真正做到创新知识、发现和发展真理,大学的教授和学者们需要有独立的思考,有自由的思维,有宽松的环境,因此"学术自由、学校自治"是现代大学教授、学者们的理想追求。但是,大学存在于现实生活之中,不可能脱离社会的政治、经济、文化、宗教等各方面的联系而独立地存在。

中古时期以来,大学为求学术独立自由,经过无数的奋斗与努力,它们向教会争自由,向皇室争自由,向一切世俗的权势争自由。但实际上,中古大学是教会的附属品,学术受制于宗教教义与权威,即使翻开剑桥和海德堡这两个中古大学的校史,也会感受到学术理性在宗教教条下难以透发的窒息。

到17世纪,科学研究进入大学,学术自由观念在大学萌芽,但即便是在有较高自由度的德国,政府对教授聘用也有过很多的干预,到了希特勒当政时彻底地摧毁了大学的独立自由。1933年,1684位有犹太血统的教师全部被解职,在洪堡大学门

□ 沟通：大学管理中的文化视角

口烧毁了两万多册包括爱因斯坦、弗洛伊德在内的所谓"非日尔曼影响力"的书。

在现代大学，大学有更多"学术自由、学校自治"的权，但仍然会受到政府、社会团体或投资者等多方面的影响，也会受到宗教、文化、社会、道德等多方面甚至学术研究本身的制约。

美国大学曾经对学术自由思想展开激烈的争论，争论的结果奠定了美国现代大学特有的理论知识和实践并举，即既重视职业知识又重视学术知识的大学办学模式。[2] 近年来，美国社会对大学的期望和大学的自我定位之间的矛盾日渐突出，当人们找不到适当的尺度来衡量大学的表现时，自然会怀疑大学是否享有过多的自由，却毫无方向可言。曾经担任十多年斯坦福大学校长职务的肯尼迪著书写道：为何我们言必称"学术自由却不常提到学术的责任"？他引用美国公众领袖盖德纳（Tohn Gardner）的一段话："自由与责任，权利与义务，这是一种约定，缺一不可。"

在中国历史上，现代意义的大学是在 19 世纪末才逐渐出现的，官方认定的第一所现代大学是 1895 年建立的"北洋大学"（天津大学前身）。1898 年成立京师大学堂，它起初追随东京大学模式。"五四"运动后，中国开始从学习日本转向学习美国和欧洲，中国才开始致力于建立一种具有自治权和学术精神的现代大学。在这个过程中，最著名的人物是蔡元培，他主张学术争论中采取"兼容并包"政策，主张大学实行"教授自治"制度，但很快被政府取消，每所大学设立了一个美国式的综合领导管理者。

蔡元培先生在《答林琴甫书》中，提出了他办大学的两种主张：

其一，对于学说，仿世界各国大学通例，循"思想自由"原则，取兼容并包主义。无论何种学派，苟其言之成理，持之有故，尚不达自然淘汰之运命者（即，仍具有学术上之价值，而未经科学证明其为谬误者），虽彼此相反，而意取其自由发展。

其二，对于教师，以学诣为主。在校讲授，以无背于第一种之主张为界限。其在校外之言论，悉听自由。本校从不过问，亦不能代负其责任。例如复辟主义，民国所排斥也，本校教员中，有拖长辫而持复辟论者，以其所授为英国文学，与政治无涉，则听之。筹委会之发起人，清议所指为罪人者也，本校教员中有其人，以其所授为古代文学，与政治无涉，则听之。嫖赌娶妾等事，本校进德会所戒也，教员中间有喜作侧艳之诗词，以纳妾狎妓为韵事，以赌为消遣者，苟其功课不荒，并不诱学生而堕落，则姑听之。夫人才至为难得，苟求全责备，则学校殆难成立。

这篇文章反映了蔡元培作为教育家的胸怀和气度，及在学术定位之后，再讲学术的自由与学术伦理的观点。这种把"学术归学术、政治归政治、道德归道德"的办学观念，使北大结聚了许多优秀的学问家、思想家。

但是蔡元培的主张也是有前提的，一是要有真正的学问，二是要有一定的界限，如"与政治无涉"及"不诱学生而堕落"才则听之。反之，蔡先生虽未明说，也不是没有顾忌的。

另一方面，蔡先生的主张要真正实行，除了担心政府的干预外，也和中国文化传统能否接受密切相关。中国传统文化向来把"尊德性"和"道问学"并提，主张道德与学术合二而一。即使是现今比较开放的时代，很难设想一位嫖娼的教师会受到学生和家长的信赖和尊重。

因此，蔡元培先生的教育观也只是一种理想，是一种教育理念，实际上也并没能得到真正的实行，当然他的兼容并包、有容乃大的教育思想是近代中国大学办学理念的典范。蔡元培先生也是中国近代最杰出的教育家、思想家。

改革开放以来，出现了一批私立大学，包括由海外华人捐办的大学，一些长期从事大学教育的专家担起这些学校的领导职务，并期望用全新的教育观念办好学校。但实践的结果正如剑桥大学艾雪培爵士在研究报告中曾经指出的："在今天，没有一间大学可以期望有完全的自主，犹如一个独立国家或一个自治的市（镇）一样。"他还说："在文明的国家里，学术自由已发展为一种受到特别保护之思想自由的角落。它并不是学术界有些人士所宣称的个人的特权。学术自由是一种工作的条件。大学教师之所以享有学术自由乃基于一种信念，即这种自由是学者从事传授与探索他所见到的真理之工作所必需的，也因为学术自由的气氛是研究最有效的环境。"[1]

综上所述，大学精神的本质是创新、求真，不仅要通过大学的教授创新知识、发现和发展真理，同时也要培养具有创新精神和能力的学生。因此，大学的本能是希望减少来自各方面的干预和影响，给大学的研究和教学有更多、更大的自由空间，从这点上讲，"学术自由、学校自治"是培育大学创新精神的具体要求。

但是，大学是和社会互动的，大学需要社会的支持，培养的人才又会影响社会的发展，因此，任何时候，大学总会受到政治、文化、经济乃至宗教等各方面的影响，只不过影响的程度大小不一而同。不久前，全世界都在关心同一个问题，即能否从事克隆人的研究，单纯从学术研究来看，这是具有极大挑战性和实践性的问题，但从人类共同的伦理道德角度来讲，是不能够容忍从事"克隆人"研究的，科学家的学术研究终究应服从伦理道德的约束。因此，"学术自由、学校自治"也只是一种理想的信念，现实生活中只存在着有条件、有约束的自由和自治。

我们建设高水平现代大学，必须坚持把"创新、求真"作为教育人、培养人和学术研究的主旋律，形成我们现代大学的精神品质。

我们主张现代大学精神是：学术自由、自主办学、民主管理。

具体阐述如下：

（1）要鼓励学术创新，必须维护学术的尊严和学术研究的自由，但同时也要讲求学术规范、学术责任及科学道德。

原子弹的研究、克隆人技术的研究都说明学术自由不是没有限制的，蔡元培的著名讲话中也阐明一个学者和一个教师两种身份之间的关系及作为一名学者和作为社会人之间的关系，大学学者同时也是传授科学知识、人类先进文化的教师。凡是做真正的学问我们都应支持，评判学术问题应由同行专家们按照"百花齐放、百家争鸣"的方针处理，但作为教师和社会的一员也必须遵纪守法，遵守教师教学纪律和社会法律的约束。

（2）按照政府法律、法规和学校的社会责任独立自主办学。

《高等教育法》明确规定大学可以"依法自主办学"。近年来，随着管理体制的改革，我国高校办学自主权有很大的增强，除了在争取政府资源配置及在与社会接轨的有关方面，如招生、收费、人才流动等还受到一定限制外，校内事务，包括干部的任免、教师职务聘任、教师津贴、专业设置、研究方向等方面基本上由学校自主决定。学校领导对高校教师的教学、研究也给予很大的自主权。应当讲，这些方面和西方大学之间已无多少差别。中国大学教授的思想从来没有像现在这样自由和宽松，当然，违反法律和社会道德的言行是和社会上其他人一样要受到束缚和限制的。

问题是，我们要充分认识学校已有的办学自主权，充分用好这个权利发展学校，培育学校的特色和个性。同时，要在校内强化"依法办学"的理念，健全学校法治系统，强化制度规范。

学校要坚定不移地支持和推动学校的法治化建设，促进学校科学、合理、规范地制定各项规章制度，坚决改"人治"为"法治"，真正做到依法治校。

规章制度的建立既要和国家大法协调，同时要注意兼顾国外一流大学的先进经验和学校自身的文化传统，要使法律有可操作性，有激励和警示作用，起到维护教师、学生和学校的正当权益，保护教师的创造性劳动，保护学生学习和选择的权利的作用。

"法律和制度"也是学校文化传统和价值取向的反映，是学校开放和进步的标志，是学校真正建立现代大学制度的门槛。这方面，学校必须有足够的重视，花足够的气力。

（3）实行民主管理，依法治校。

美国在20世纪60年代和90年代对"教授治校"问题展开

过激烈的辩论。1979年美国最高法院曾对这一问题进行法庭辩论并作出判决。其中，最高法官鲍尔（当时代表多数人意见）认为：大学老师在决定学校的学术事务上享有最高的决策权，他们决定学校的课程、授课时间、授课对象、教学方法、评分制度、新生入学标准及学生的升级、毕业等。主张教授治校者还认为，以学术作为职业的大学教师最有资格评判学术的好坏，因此也是审核学校决策结果的最佳裁判。

另一法官苏里南（少数派）认为：大学有双重的指挥系统，其中学校行政当局拥有权力与指挥系统，从校务会议通过各级行政官员，往下延伸至教职员与全体学生。与此同时，又有一个专业指挥的架构与此并存，以便借助大学老师的专业素养，把他们纳入到学校整体的决策过程中。因此，大学老师在学校决策体系中的影响力是源于他们整体的专业知识，而非他们在体系中的管理或督导地位。学校行政当局应当永远握有最高与最后的裁决权，并且视其实际需要与追求目标决定给予大学老师的集体决策结果多少分量与尊重。

到20世纪90年代，人们的观点发生了变化。因为美国大学设有董事会（特别是私立大学），校董会在决策时，不仅要考虑经济效益，同时也必须考虑学校未来的发展，强调政策的前瞻性。从某种程度上讲，校董会是为尚未踏入校门的学生、教师及尚未列入的课程、实验负责，也就是对学校未来的发展负责，这与仅仅强调必须尊重现在师生利益的"教授治校"观点有差异。[2]

美国关于"教授治校"的争论与我国现行大学如何正确地发挥教授的作用非常类似。我们主张，教授积极参与学校民主管理，通过各种委员会、领导小组发挥教授在学科建设、教学、科研上的专家作用，在职务聘任、人才引进等学术水平评价方面更要听取同行专家、教授的意见，在与群众生活密切相关的重大决策中，让教工有更多的知情权、参与权。但教授参与民主管理并不能代替行政系统的最后决策选择，更不能代替学校党委对学校发展战略、重大改革的决定。同时学校党委和行政必须接受教授们的监督和批评，要加强学校政务公开、校务公开并形成制度，创造中国大学行之有效的"教授治学、教授治教、教授治校"的管理模式。

高校实行民主监督、民主管理也是我们党的群众路线在高校的具体体现。一方面，正确的思想、正确的决策要从群众中来；另一方面，学校各项改革与发展的重大决策的贯彻要深入到群众中去，要接受群众的监督和批评。

中国大学经历了近一个世纪的发展，从学习西方，到学习苏联，到经历"文革"的灾难，到改革开放后20余年的进步，已成为世界上最大的大学群体，我们完全有可能按照中国的文化传统，吸取世界先进教育的经验，建设起中国特色的高水平的现代大学。

学校在抓学校发展的同时，必须抓好学校的文化精神的建设，要形成学校自己的品格和传统。

中山大学党委明确提出，中山大学作为科学的殿堂、培养人才的摇篮，应当坚持：崇尚科学，尊重知识，尊重人才，尊重教师的创造性活动，尊重学生学习和选择的权力、尊重所有人的人格和应有的权益。要努力做到：不唯上、不唯权、不唯官，只唯实、唯民、唯学、唯德。要以是否有利于学校事业的发展，是否有利于教学、科研和学科建设，是否有利于中大的教工和学生的根本利益作为判断事情的价值标准，这也是落实"三个代表"的具体体现。学校领导班子必须坚持：不说假话、不搞形式主义、绝不整人，等等，要让每一个中大人感到是有自尊的、自信的、自豪的；只要自己努力，是有发展空间的；要形成爱校、敬业、拼搏、创新的校园文化氛围。

我们要把校园人文精神、文化传统融入到教育和管理工作的全过程，形成学校特有的时代精神和文化传统。

参考文献

[1] 金耀基. 大学之理念. 北京：生活·读书·新知三联书店，2001

[2] （美）唐纳·肯尼迪. 学术这一行（中译本）. 台北：天下文化书坊，2001

[3] 王冀生著. 宏观高等教育学. 北京：高等教育出版社，2000

关于大学的管理[*]

一、大学之为大学：历史与现状

欧洲中古世纪的大学是西方公认的现代大学的直接源头，其中以法国的巴黎大学、意大利的勃隆那大学为最早，其他如牛津、剑桥及海德堡、科隆等都是中古时期大学之佼佼者。牛津大学经历800多年历史，至今仍保持其古典风格。1852年，牛津学者纽曼在他的著作《大学的理念》中，明确地提出大学的目的在于传授学问而不在于发展知识，大学是一个提供博雅教育（liberal education）、培育绅士的地方。19世纪末，大学的特征开始发生巨大变化。在德国，以洪堡为代表的大学高层决策者在柏林大学首先提出以大学为"研究中心"的新观念，认为教师的首要任务是自由地从事于"创造性"的学问，教学仍然是大学的功能，但重要的是在于"发展"知识而不在于"传授"知识。进入20世纪，特别是"二战"后，美国大学兴起，社会职能充实到大学的观念之中。1904年前后，海斯就任威斯康星大学校长时提出"州的边界就是大学的边界"的思想，把教学、科研同直接为社会服务紧密结合起来，强调大学必须为社会或社区服务，认为"教学、科研和服务都是大学的主要职能"。这种办学模式被美国称为"威斯康星思想"，教学、研究

---

[*] 原文发表于《中山大学学报》（社会科学版）2004年第1期，本文已有删节。

和为社会直接服务成为现代大学的三大社会功能，使得大学与社会、政府关系异常密切。

人类进入21世纪，知识经济的发展、经济全球化及信息技术快速发展缩短了时空的距离，使得当今的大学也正在发生着深刻的变化，其中最重要的有两点：一是大学的世界精神、超国界的品格。大学之间的国际交流、学术活动、信息沟通已成为一流大学的基本品格。2002年，由教育部组织邀请包括哈佛、牛津、斯坦福等17所世界顶尖大学的校长、教育家和国内82所重点大学的校长们共同研讨建设一流大学问题。全方位地推进"国际化"，已成为各国高等教育建设高水平大学的重要内涵。二是大学越来越重视人的作用，"以人为本"和"注重人的全面发展"逐步从口号变成现实。知识经济时代，社会发展更加依靠人对知识的创新，因此争夺人才、为优秀人才提供最好的发展空间已成为大学校长们的自觉行动。牛津大学校长卢卡斯认为："如果创新能带来未来发展的繁荣与稳定，我们必须承认创新活动只能源于有创新思维和能力的人。因此，大学应当是这样一个场所，在这里能够培养独立思考能力、清晰的头脑、想象力等个人成功所必备的品质，而具有这类品质的人，是社会发展进步的保证。"[1]哈佛大学陆登庭校长认为：大学的使命在于发现和产生各领域的新知识，传承、传播、再阐述、校准已有知识；在于提供探寻真理的氛围，培养学生的探究精神和创造性思考的能力，使他们获得终身学习的能力，在毕业后50年都仍能从中受益，要帮助学生学习对复杂世界进行分析和道德判断，使他们对自己、对其他社会成员有更好的理解。[1]总之，世界一流大学的校长们共同认为，21世纪的大学，应当按照以学生为中心的新思路和新模式，重新组织教学、设置课程，提供更加宽松的学习环境，为向社会成员提供各种形式的终身教育机会创造条件，使学习者拥有更加灵活的受教育的选择权。

现代意义的大学在中国历史上是19世纪末期才逐渐出现的，至今的历史只有100年左右，在世界各国中算是十分年轻的。但是，在这100余年中，我们的先行者和同行不断借鉴国外经验，逐步建立起了中国的大学体系。简单地说，前期，主要借鉴日本、德国之经验；20世纪30~40年代，主要借鉴美国教育模式；20世纪50~60年代，全盘吸收苏联教育模式；20世纪80年代以来，全方位借鉴各国教育的先进经验。这样，1949年，全国高等学校（内地高校）总数207所，本、专科人数15万；2003年，全国普通高等学校1394所，在校学生数已过千万。

教育的本质是社会的文化活动。大学是文化单位，是掌握高深学问的高等学府。现代大学是实施包括人文社会科学与自然科学在内的高等教育的机构，承担着培养人才、发展科学、直接为社会服务的功能。无疑，正是在传承文明、研讨科学、创新知识、探求真理、培育英才、服务社会的古老历史和现代发展中，大学逐步并不断地实现着"大学之为大学"的人类厚望。

二、现代大学管理中的"精神"和"制度"

从现代大学管理的宏观高度看，现代大学必须异常重视建设现代大学精神和建立现代大学制度。

如何建立现代大学制度？

大学应当有"大学章程"，建立现代大学制度是建设现代一流大学的必备基础，是实现教育现代化的重要标志。多年来，大学主要靠思想政治工作来维护学校的秩序，而进入法治时代，人们更多地考虑如何维护自己应有的权益，即便现在也很难再用"大道理"、"思想教育"来解决教工、学生中涉及个人权益的实际问题，因此必须靠科学、合理、合法的严密制度来规范人们的行为，建立公平的秩序。从某种程度上讲，今后处理问题应当更加看重和依据制度、合同、协议是怎么规定的，现在又是怎么执行的，一切按章办事，同时辅之以心理疏导。今后应当鼓励用法律手段解决教工、学生及学校中发生的难以协商解决的问题和纠纷。建立现代大学制度的目的就是改"人治"为"法治"，真正实现"依法治校"，这是保证学校稳定、和谐与高效的关键之举。

建设现代大学制度包括以下几个方面问题：①什么是现代大学制度？现代大学制度的内涵是什么？②如何建立现代大学制度？特别是如何把办学理念、国家大法及学校传统融入到各项制度条文中去，建立刚柔并济、具有活力与权威性的制度规范？要重视通过制度体系本身反映以德兴校及教育国际化、现代化的发展观念，使制度真正成为具有先进性、共通性的现代大学制度。③如何保证和监督制度的执行，真正使"人治"变为"法治"？例如，学校规划就要纳入制度的保障体系，特别是校园规划一旦按程序确定，一草一木都不能随意处置，不以长官个人意志为转移，树立"规划"执行的严肃性、权威性、法规性。

在建设现代大学制度时，要处理好以下几个问题或关系：

一是要明确学生的权益（和义务）、教师的权益（和义务）、学校的权益（和义务），核心是"以人为本"，体现学校的办学理念、伦理精神、共同价值观，真正把尊重教师创造性劳动和培养全面发展的人放在首位。例如，在学校允许的条件下给学生提供高质量的教学资源，给予学生在学习、专业等方面充分的选择权，尊重学生在学校的基本权益。同时，遵守学校制定的规章制度应该是学生承诺的义务和纪律要求。又如，对教师来说，除了按规定给予相应的工作、生活条件外，很重要的是对涉及教师自己利益及学校发展事务的知情权和参与权。而且，通过什么方式予以保证，都应当体现在现代大学制度之中。除了权利外，应尽义务也必须规范、可操作、可检查。

二是明确政府、学校、社会的相互关系，实现依法"自主办学"，核心是明确学校的社会责任，诚信守法。

三是学校党委和行政关系、行政决策体系和专家决策体系关系、教师队伍建设和管理干部队伍建设关系等等需要进一步从理念上、制度上理清、理顺，核心是解决"官本位"，坚持"学术主导"，实现教授治教、治学。

四是如何协调学校各类群体的相互关系，给出各种岗位科学、合理的定位，优化和平衡各种资源配置的关系，以激发全体员工的积极性，开拓学校发展的全面工作，核心是"科学、合理、规范"。"尊重教师、善待学生"是学校领导和管理工作的基本出发点，也是高等学校"以人为本"的具体体现。但是，学校发展既要调动各方积极性，又要有所为和有所不为，不是每个学科都能成为国内外领先学科，也不是每个人都能进行学科原创性工作。其实，在每个岗位上都能为学校发展做出更大的贡献、更好的成绩，甚至也能成为国内同类工作的一流水平。有些人从事管理，有些人从事教学，有些人从事科技开发，都要对他们给予尊重，做出成绩的给予鼓励，对做出突出成绩者同样要给予崇高的荣誉。学校的社会声誉是学校学术水平和教学质量的综合评价，学校学术水平的显示度靠大师，靠最优秀的名师、专家，但学校的教学质量和综合发展要靠全体教职员工，要让每一个人都感到作为学校成员的自豪感、责任感。

五是学校制度的执行和监督也要建立在诚信和以人为本的基础上，同时要建立规范的约束机制。制度体现领导者办学的理念，制度反映学校的传统，制度中蕴含着丰富的学校人文精神，在建设现代大学制度时必须融入学校一以贯之的人文精神和办学传统。近80年来，中山大学秉承孙中山先生"天下为公"的思想，以"博学、审问、慎思、明辨、笃行"为校训，形成了讲求革命性、科学性和开放性的办学传统，奠定了培育社会英才的团结、民主、务实的浓郁的校园文化。这些也是现代大学的包容性、创新性和开放性在中山大学的具体体现。在新的世纪，我们要把校园人文精神、文化传统融入到教育和管理工作的全过程，形成学校特有的时代精神和文化传统。

当前，我国大学管理的基本格局是"党委领导、行政管理、自主办学"和"学术主导、教授治学、依法治校"的规范模式，但在此基础上我们要努力建立起学校师生员工共同认可的"秩序"，最终达到"无为而治"的理想境界，也就是现阶段所谓"思想自由、学术自由、自主办学"的现代大学精神的理想境界。

三、大学管理者的"岗位意识"

一流的大学必须有一流的管理,一流的管理有赖于一流的管理队伍。因此,除了抓好校级领导班子建设外,还必须抓好中层党政领导班子的建设,并以此带动全校管理干部队伍的建设,这是学校党委的一项重要的、长期的工作。而且,要以学校事业的发展及教职工的评价,特别是广大教师的评价,作为检验我们党政管理干部队伍建设水平的标准。

(一) 明确定位

什么是大学管理工作?邓小平同志认为"领导就是服务",而且表示要当好科教事业的"后勤部长";李岚清同志在全国党建工作会议上指出:"小平同志讲当后勤部长,朱镕基总理讲当后勤处长,我只能当后勤副处长,你们大学书记、校长应当做教学、科研和教师的后勤科长。"领导尚且如此,我们作为基层的领导从事党政管理工作,首先要明确工作的定位是"管理即服务",要树立全心全意为教师服务的思想,为教学、科研服务的思想,要把为群众排忧解难、办实事时时放在心上,努力提高服务质量和服务水平。

大学管理是一门综合性很强的学问,行政管理是门科学,因此应当看到"管理即科学",必须结合工作实践学习和掌握管理工作的科学规律,提高管理工作的科学含量,用科学思维来开展和开拓管理工作,使我们各项工作更加规范化、制度化和科学化,并随着时代的发展不断完善和优化。每一个管理干部,不论原本的专业知识掌握得多么高深,都应当努力成为教育管理专家,把自己的知识、才能和智慧变成从事管理工作的基本素质,形成科学管理的基本理念,就一定能在学校管理工作中有所作为、做出成绩,真正成为通晓全局的管理专家。

当前特别要重视"知识管理"在学校工作中的具体体现。笔者在管理工作实践中也琢磨出一些体会,如凡涉及全校性改革问题要坚持"五个一",至今仍感收益很大。"五个一"就是:第一,要有一套明晰的具有改革创意的思路;第二,要有一套对涉及改革目标的资源配置的可行性论证分析;第三,要有一套可操作的程序,使思路变成改革的实施办法;第四,要有一套可运行的软件,使实施办法能用计算机管理;第五,要有一篇总结性的理论文章。因为,一所大学涉及全校性的改革必然是一项较为复杂的系统工程,按照"五个一"能把正确的思想变成可操作的现实。

在高校,许多管理干部都是从教师队伍中选拔出来的,舍弃了原来从事的专业,集中主要精力从事党政管理工作。这意味着,"管理即事业",就是要把自己的事业和学校的事业紧密地联系起来,并为之而奋斗。人的一生是短暂的,学校的发展是永恒的,能以自己毕生的精力和才智推动学校事业发展是我们的荣幸,也是我们的责任。20世纪的中大人使中山大学成为国内的一所名校,我们这代人要为中山大学在21世纪成为世界知名的高水平一流大学而努力,每个管理干部都应当树立这种"事业观",把搞好管理工作当成毕生事业去追求和拼搏。

(二)树立形象

管理工作也是一门艺术,不同的管理者有不同的风格和形象。高校党政中层干部基本上都有着本科以上的学历,有些还是硕士、博士、教授、博导,因此高校党政管理干部应当是高知识管理层次,要树立学者型、专家型的做事风格和做人风范。其基本特点应当包括文明、务实、大度、开拓、自律。

"文明"体现在尊重教师,尊重人才,尊重知识;崇尚科学,服从真理;树立以人为本、以人才为本的观念,重视和发挥人的作用,特别是发挥教师的作用。"敬老尊贤,崇文尚德"及"一日为师,终身为父"是中国文化的优良传统,高校的文明首先要体现对"教师"的尊重、对"人才"的重视和爱护。建国初期,农村小学教师在农民家吃派饭,农民再穷也要给老师吃点米饭和打个鸡蛋。我们学校的领导和每一位管理干部都要把"尊重教师,尊重人才"放到首位,这也是对我们文明程度的检验。当然,"文明"还有许多内涵,在此不一一列举。

"务实"是知识分子、科学工作者应有的基本品质,不务实做不好学问,不务实同样也绝对做不好管理工作。在其位必须谋其政,每个管理干部必须清楚自己工作的目标是什么、存在什么问题,每年要就努力目标和存在问题做几件实事,逐年积累就有进步。要讲究解决问题,讲究质量,讲究各个方面的有进步、有超越的标志性成果,今后干部考核主要考核实绩,特别是通过努力取得改善和进步的实绩。

"大度"体现了高知识层管理干部"知书达礼"的气质。从事学校管理工作会遇到很多困难,要解决复杂的问题和矛盾也会遇到很多阻力甚至受到委屈,领导干部必须学会宽容,学会合作,学会换位思考。"对事讲原则,对人要宽容"是笔者自己信奉的准则。做领导要准备吃亏,准备挨骂、受委屈。只要我们以诚相待,不以牙还牙、以血还血,总能取得别人的理解和支持。领导者的气度往往是一个单位能否开创团结、和谐局面的关键。做领导的大忌是对人、对事意气用事,更不能亲一批、疏一批,结帮结派。特别是单位的"一把手",除了没有私心、不搞拉帮结派外,最重要的品质就是心胸宽大、宽容大度。

"开拓"是时代对高知识层管理人员的要求。在市场经济时代,"竞争"成了社会发展的主旋律,没有开拓的意识就很难把握住发展的机遇,就会使学校在竞争中落伍。因此,光靠经验管理已经不能适应学校发展的要求。"追求卓越、永不满足"是优秀领导者的基本素质。"与时俱进、不断创新"是时代对我们的要求。学校竞争力的提升,需要各级领导和管理干部能树立开拓进取的精神,又有严谨务实的作风,学校的发展就一定会有希望。

"自律"是中国知识分子的特点。中国知识分子历来讲究洁身自好、淡泊名利、修身养性、严于律己。有人说"高校还是市场经济大潮下的一块净土",但是,如果不注意,这块净土上也会落下不少灰尘。作为高校党政领导干部,不论从知识分子的"人品、脸面"出发,还是从党性出发,都要严格要求自己,自尊、自重、不贪不沾、不谋私利,做一个让群众看得起、领导信得过的干部。

（三）强化责任

每个中层领导干部都有一定的权力，有权就有责任，必须又讲权力又讲责任。每个干部都要有承担责任的意识。我们承担着中大发展的历史责任。围绕实现学校发展的战略目标，每一个干部都要树立一流意识、机遇意识和竞争意识，抓住学校发展的每一个机遇，捕捉有利于学校发展的每一个信息。承担责任还意味着，每个领导都要对自己分管的工作敢于负责，对棘手的问题敢于挑担，对本职工作精益求精，不断提高工作质量和水平。承担责任还包括对自己的部下"敢抓敢管"，一级管好一级，这是关心、爱护部下，对工作负责的表现。

当然，对领导来讲，还必须明白自己分管的权力是在围绕学校发展目标、集体决策总任务下的权力，是有限职权。学校办学有自主权也是讲按照政府有关法令、法规面向社会自主办学。每个中层领导，特别是正职领导，在运用被赋予的权力时，要自觉地加以约束，接受监督，并通过修订和完善规章、制度来保障。作为中山大学党委书记，笔者就应当自觉地接受党委常委会、全委会按民主集中制原则进行约束及接受纪委对我的监督，在党办接受秘书监督，我也愿意接受全体中层干部和教师的监督。常言道："其身正，不令而行；其身不正，虽令不行。"希望不要出现滥用职权、导致"巴林银行"倒闭的类似情况。

（四）注重文化

正如华中理工大学前任校长讲他们校园是"只有房子，没有建筑"让人深思一样，有位艺术学专家批评某校领导"你们没有文化"，曾经引起笔者思想上的震动。从更深的含义上讲，"有房子不等于有建筑，有知识不等于有文化"。近年来，高等教育强调提高学生的全面素质，其中对理工科学生来讲包括提高文化素质的教育。这绝不仅仅意味着要上很多的课，而更重要的是要营造浓郁的校园文化。到过华为集团的人都会感到他们那种催人奋进的企业文化，这是一种集传统和现代价值观念、群体意识和行为规范于一体的综合体，它既是无形的氛围，又是能体现在各个方面的文化精神。企业文化强调企业精神，强调全体员工共同的价值取向及在此基础上形成的凝聚力、向心力。这对我们有着借鉴意义。

希望各个部门也要有意识地加强部门文化的建设，要逐步就部门的价值观、行为规范、信念、服务观、责任观、群体观等形成共识、形成特色，使每一个工作单位成为团结、和谐、合作共事的"乐园"，而不是陷于无穷无尽烦恼、痛苦的"战场"。要鼓励各部门开展一些强化文化氛围的活动，包括明确"部训"和部门工作环境的文化提升等等。文化精神应当成为学校和每个部门的"魂"和"精神支柱"的重要组成部分。

（五）要做"义勇军"

笔者曾经对机关部门领导同志讲，我们判断一件事是否该做及怎么做的价值标准应当坚持"三个有利于"：是否有利于学校教学质量和学科水平的提高（这是学校的生命线）；是否有利于保护教职工和学生的根本利益（这是学校工作的基础和服务的主体）；是否有利于学校整体实力的增强和学校长远的利益（这是学校发展的基础）。学校的改革与发展关键是靠人、靠人才、靠人气，要有一批赤胆忠心、忠心耿耿为学校拼搏、奉献的中坚骨干，就像抗日义勇军、苏联的近卫军那样，为了事业、为了学校奋勇直前、在所不惜。只有学校事业兴旺发达，才会增强学校的地位，同时对每一个中大人，其事业发展，包括工作条件、生活待遇的改善都是和学校发展紧密联系在一起的。

管理干部队伍和教师队伍是学校的两支主力军，缺一不可。一所著名的大学不但应当出专家、学者，出高水平的科研成果和教学质量，也应当出管理专家、领导人才，出办学经验，因此建设一支训练有素、精明强干的党政管理干部队伍是党委一项极其重要的工作。笔者到中大工作后有两位教授分别给我赠言：一位讲道"治校先治吏，安教先安民"；另一位写道"深入调查研究，找出中大病根，对症巧用新药，促使中大康健。坚持实事求是，紧紧依靠群众，善待不同意见，敢于承担责任"。这些话也是对我们每一位领导和管理干部寄托的期望，因为我们手中有权，要很好地用好权，真正为学校、为群众做些实事、做些好事。我们要做好"公仆"，同时也要立志成为管理的专家、里手。

参考文献

[1] 刘继安，储召生．向世界一流大学学什么．中国教育报，2002-08-11

[2] （美）唐纳·肯尼迪．学术这一行（中译本）．台北：天下文化书坊，2001

现代大学文化精神与历史传承*

一般意义下，现代大学是传承人类文明和科学知识并推动科学技术发展、文化创新的机构。建设一流大学有诸多因素。拥有一批大师级的学者、教授和拥有良好的学校人文环境应该是其中最核心的因素。

抗战时期，由北大、清华、南开三所著名大学临时组建的西南联大，就是典型的范例。在异常艰苦的条件下，西南联大利用十分简陋的设施，却为国家培养了大批爱国的栋梁之才，其中不乏一大批优秀的学者和专家。据不完全统计，出自西南联大的师生中，先后被聘为两院（科学院、工程院）院士或（文科）学部委员的达160人之多。学生中还拥有获得诺贝尔奖的杨振宁、李政道，两弹元勋邓稼先、朱光亚及一批国际、国内的著名学者。

当年，西南联大经费极其匮乏，师生温饱都不能保障，许多教师只能靠出售或转让自己的衣物、书籍勉强维生。闻一多治印、吴大猷摆摊、梅贻琦校长的夫人出售自制点心……国学大师陈寅恪形容当时的困境为："淮南米价惊心问，中统钱钞入手空。"学校依靠的只有三校聚集的名师和文化传统及在抗战特殊时期凝炼的人文精神。西南联大集中的三校著名教授，人才荟萃，风格有异。他们不仅为本科生上课，学术研究同样卓越。

---

* 原文为2004年6月在中山大学—牛津大学"研究型大学高级管理人员培训研讨班"上的讲话，整理后发表于《中山大学学报》（社会科学版）2004年第6期，《新华文摘》2005年第5期全文转载。

华罗庚、周培源、吴大猷等在这一时期的学术成果都达到国际前沿的水平。

西南联大的校园文化以"刚毅艰卓"为校训,揉合了北大的宽容自由、南开的吃苦耐劳、清华的严谨认真,被喻为"山、海、云"的风格。学术上讲求民主、兼容并包,教学上严谨治学、严格要求,考试考核,淘汰率很高,使联大培养出来的学生几乎个个优秀、人人成才。

西南联大的历史经验给我们的启示是,在建设一流大学的过程中,千万不能忽视大学文化的建设,要把大学文化环境和文化精神的建设作为学校的基础事业,从学校文化精神中汲取力量,推动学校的发展。从根本意义上讲,大学就是一个文化的中心,不仅传承文化,还要发展和创新文化。大学以学校积淀的文化精神熏陶、教育学生,同时也会影响社会,引导社会的文化发展。大学的文化精神在历史的发展中逐步凝炼成学校独有的风格、气质和传统,成为一所学校的社会品格,鲁迅先生称之为"校格"。

一、什么是大学的文化

什么是"文化"?20世纪50年代开展扫盲运动,提倡"学文化",是指识字,学知识;某校一位艺术学教授批评领导"没有文化",意指知识虽多但缺乏文化底蕴和人文管理理念;当前,大学文化素质教育要求提升教师的文化素养,包含了艺术和人文的修养。诸如此类,可见"文化"概念的宽泛和不确定。

在西方,"文化"一词源于拉丁文"cultura",是指培育、耕种、居住、练习等,以后又延伸出文雅、修养、高尚等含义。近代,西方对文化的释义先后借助人类文化学、文化哲学、生物学、地理学、心理学等相关学科的视角展开讨论,产生了各种不同的定义。其中,泰勒(Eolward Burheff Tylooy)曾给出"文化"的定义:文化或文明,就其广泛的民族学意义来讲,是包括知识、信誉、美术、道德法律、习俗。其中,科学作为知识包含在文化的范畴之中。德国哲学家卡西尔（Ernst Cassirer）认为，人类的文化包括语言、神话、宗教、艺术和科学等。他还指出：科学是人的智力发展的最后一步，并且可以被看成是人类文化最高最独特的成就。马克思、恩格斯是从广义、狭义两个角度来理解和运用"文化"概念的。"广义文化"包括物质、精神、制度、生活方式等多种因素，是人的社会生活实践及其产物的同义语；"狭义文化"主要指人类社会活动的精神产物。

近年来，随着"三个代表"重要思想的学习，国内学术界对"文化"、"先进文化"的含义展开了讨论。比较多的观点是把"文化"概念分成大、中、小三类。其中："大文化"与自然相对应，人的所有创造物都是文化，是人类创造的物质财富和精神财富的总和；"中文化"指思想、理论、道德、科学、宗教等精神文化和组织机构、制度和规范等制度文化；"小文化"指文学、艺术等文化产业和文化事业。

"大学文化"，或者更确切地讲大学的校园文化，是社会文化的子集，是依附在大学这一特定载体上的社会文化。由于"文化"概念的不确定性，教育界对大学（校园）文化的理解也有诸多解释。一般比较认同的观点是：由价值观、理想追求、思维模式、道德情感等构成的精神文化；由大学的组织架构及其运行规则构成的制度文化；由大学的物理空间、设施等构成的环境文化。大学校园文化主要指精神文化、制度文化、环境文化，从而"大学精神、人文环境、管理制度"成为大学文化建设的重要内涵。在建设一流大学的进程中，是否具备先进的办学理念、完善的制度规范、鲜明的传统特色，也就成为评价大学文化建设水平的重要标准。

大学校园文化的内在特点是以学术文化和道德文化为主线，通过制度、规则、礼仪、管理、社团、体育、艺术及教学、科研、校园环境等形成特有的学术传统、价值观念和校园文化氛围，并在领导者们的思想方法、治学态度、办学举措及师生员工身上具有的普遍性意义的行为、气质和观念等方面呈现出来，成为有别于其他学校的校风和学风。

大学校园文化的外在特点是稳定性和多样性。大学校园文化在历史的积淀中逐步形成学校的校风、学风,成为具有学校个性特色的学校文化传统,成为有别于他校的文化特征,并存在于大学人的潜意识之中,打上了学校的"文化烙印"——就像名酒的香型定位一样,一闻便知其品牌。正是大学文化的稳定性,使得大学校园文化具有特殊的教育功能,陶冶、教化学生,潜移默化地影响学校的师生。另外,大学作为学术文化单位,始终追逐思想、文化和科学技术的潮流,从而导引产生各种新的校园文化现象。如伴随着网络技术的发展,网络文化已成为大学校园文化的新景点,对大学教育有着深刻的影响;随着教育国际化的发展,跨国度、多民族的文化沟通成为大学校园文化的新内涵。

认识到大学文化对育人的重要性,认识到大学文化在学校发展中的地位,我们会格外重视学校传统文化的继承和发展,重视新时期校园文化的创新,就会自觉地把大学的文化建设纳入到学校发展的战略规划之中,用优秀的、充满活力和生气的校园文化,推动学校的发展,从而成为促进学校快速发展的重要因素。

二、大学文化与大学发展

(一)大学文化与大学精神、学校传统

所谓"大学精神",是大学在办学的历史过程中形成的办学理念和大学人共同的价值追求,是大学文化的精髓、核心,是大学之魂;是比校风、学风更深刻的文化特征,而校风、学风只是学校精神的外在表现。如同"品味、格调、行为方式、价值取向"是评价一个人的重要因素一样,大学精神反映了学校独有的价值取向,呈现了大学的品格。大学精神是指导大学行为的基本信念、基本准则,是在学校办学历史中形成的,和时代、地域密切相关,是学校和社会互动的产物,也是学校各种

文化碰撞的结晶，并会随着时代的发展与时俱进。国内外每一所名牌大学，在其发展的历史进程中，大学校园文化逐渐积淀出特色鲜明的校风、学风，逐步锤炼出具有独特品格的大学精神。校风、学风及大学精神和它们在校内文化各方面的具体表现汇聚成学校的文化传统，成为学校的精神财富、不竭的源泉。

大学精神的核心是办学理念和价值追求。人文社会科学中许多概念有很丰富的内涵，可以从不同角度、不同范畴、不同程度上去理解和运用，不能像数学定义那样精确或哲学概念那样咬文嚼字。但是，为了表达出教育管理层次上的清晰性，也不妨尝试做些界定。我认为：办学思路、办学举措可以看成是教育管理当前具体实施的方式或途径；办学思想、教育方针可以看成是教育管理在一个历史阶段的具体指导原则和实现目标；办学理念、教育理念应当看成是人们在教育管理中长期追求的教育理想和期望。

教育的本质是培养人的社会文化活动。教育思想是人们对这个社会文化现象比较系统、理性的认识，特别是如何认识和处理教育与社会、人、文化发展之间的基本关系。教育思想的核心是确定教育的目标和价值观。教育思想既受教育规律的约束，又与一定的时代背景和人们的个体条件有关。因此，不同国度、不同学校不同时期的教育思想都可能会有较大的差异。

教育理念是建立在对教育规律和时代特征深刻认识的基础之上的理想模式，也受时代和文化背景的影响。科学的教育理念能正确地反映教育的本质和时代的特征，指明教育前进的方向。当然，教育理念不等于教育的现实，实现教育理念是一个长期奋斗的过程。

大学领导者的基本素质是既要有明确的教育思想、办学思路，又要有科学的教育理念，高瞻远瞩，把握教育的发展方向，并力求两者之间的协调和统一。

自古以来，我国就有自己的教育理念。《大学》是孔子的学生曾子（参）所写，其开宗明义第一句话就是"大学之道，在明明德，在亲民，在止于至善"，其意思为："作为一个成熟的人的学习之精神，首先要懂得人格是最基本也是最高的标准，然后才能深入到群众中去做工作，并且达到很高的境界。"即，首先要懂得如何做人，才能算作一个成熟的人。

世界一流大学都具有自己明确的、相对稳定的教育理念，并被社会所认同，融入到大学精神之中。哈佛大学的校训是"以柏拉图为友，以亚里士多德为友，更要以真理为友"，以探求真理和学问作为大学的理想追求和核心价值。英国剑桥大学以"思想和表达的自由，避免歧视"为自己的核心价值观，反映了对思想、学术自由的教育理念。MIT提出"培养领导者"，东京大学创建初期提出"向最优者学习"……

19世纪，中国最早接受西方现代教育、获得耶鲁大学博士学位的容闳提出：要培养有别于中国传统的独立精神和自由思想。蔡元培先生对旧北大实行革故鼎新，提出办学的理念是"仿世界各大学之通例，循'思想自由'原则，取兼容并包主义"，奠定了北大"兼容并包、海纳百川"的传统。清华前身清华学堂是由"庚子赔款"创办的留美预备学校，早期校长唐国安、周诒春就重视学生品格，注重培育"清华精神"。周诒春提出"德、智、体三育并进"的教育方针；1914年提出"自强不息，厚德载物"作为校训，这一校训出自梁启超的一次讲演，日益凝炼成为清华的传统精神。

英国的后起之秀沃里克大学创建于1965年，现在已成为欧洲新大学的明星，它的教育理念是用"企业家精神"和"追求卓越"来培植"乐观向上、敢冒风险、敢为天下先"的学校人文精神，并以"走规模不断拓展的研究型大学发展之路"作为学校的发展目标，并取得成功。

除了办学理念会融入到大学精神之中，大学的价值判断也反映在大学精神之中，或受大学精神之影响。欧洲大学最根本的价值观是自治权和学术自由，人们常把"学术自由、学校自治、教授治校"看成现代大学普适之精神。事实上，"学校自治，学术自由"表达了大学的独立精神，也是探求真理和学问的核心价值观的具体要求。

大学的办学理念是一个不断发展、不断调整、不断充实的过程，不是一成不变的纯粹的观念；大学的价值追求是理想追求和现实之间不断抗争和协调过程的反映,所谓"学术自由、学校自治、教授治校",更大程度上还只是大学的学者、教授们的理想追求和理想模式。

我认为,作为集聚学者、研究高深学问、培养社会精英的大学,其精神本质是创新、求真,包括:创新知识、追求真理以促进科技、文化的发展;培养具有创新精神和能力的人,推动社会进步;通过教育创新,不断提升学校的社会作用和影响力。

体现大学创新、求真本质的文化特征是大学文化精神中的包容性、开放性和批判性。现代大学应当承继优秀传统文化,吸纳世界文化之精髓,推动各国文化的交融;大学是崇尚真理、讲求科学的学术殿堂,在科学实践和论证的基础上发现真理、发展真理,在学术批判中推陈出新、创新知识;大学应当鼓励不同学术见解、不同学术流派的研究,允许失败,尊重一些"孤独的思考者",宽容一些学术上的"狂妄者"。对真理的追求和认识是大学发展的永恒活力和动力,是一个曲折的但又生动鲜活的历史过程。

大学在本然上是希望减少来自各方面的干预和影响,给教授的学术研究、教学工作有更多、更大的自由空间。从这个意义上讲,"学术自由、学校自治"是培育大学创新、求真精神的具体要求,因为学术自由的气氛是研究最有效的环境。但是,大学是和社会互动的,大学需要社会的支持,培养的人才又会影响社会的发展。因此,任何时候,大学总会受到政治、文化、经济乃至宗教等各方面的影响,现实生活中只存在着有条件、有约束的自由和自治。

我们建设高水平的现代大学,必须坚持把"创新、求真"作为教育人、培养人和学术研究的主旋律,形成我们现代大学的精神品质。我们主张的现代大学精神是:学术自由、办学自主、管理民主。具体讲:①鼓励学术创新,维护学术的尊严和学术研究的自由,同时也要讲求学术规范、学术责任和科学道德,提倡独立之人格、自由之精神、社会之责任三者的统一;②按照法律、法规和学校的社会责任,独立自主办学;③实行民主管理，坚持依法治校、以德兴校。

教师既是学者，又是学生的导师，既教书又育人。我们提倡教师独立思考，以创新精神从事教学和科研，享有学术自由的权力，学术研究无禁区；教师作为对社会负有责任的社会人，也要以国家法律为底线，以教师的职业道德为纪律约束自己。

我们对现代大学精神的认识是共同的，也是与时俱进的，但是，每一所学校体现的大学精神是个性的，是经由该校发展历史中积淀的文化传统、文化精神所表现出来的学校特色和品格。我们要努力在大学营造融"包容性、开放性、批判性"为一体的校园文化氛围，培植"崇尚科学、鼓励创新、兼容并包"的现代大学文化精神，形成"开放、和谐、严谨、创新"的学风和校风。

当前，在大学文化精神的建设中，要格外突出科学的地位，阐发科学之精神，特别是批判精神、求实精神及科学的方法论；要崇尚真理，坚持理性的思维和科学的实践，把科学精神和人文精神紧密地结合起来，批判一切伪科学及学风浮躁、急功近利、学术腐败等不正之风。

重温居里夫妇发现镭的过程是能让我们领悟真正的科学家的人格魅力。正是他们用科学精神对待研究，对待他人的批评，对待来自领导的压力和自身的精神压力和疲劳，才最终发现了新的放射性元素镭。

中大著名国学大师陈寅恪先生为我们树立一个淡泊名利、做真正学问、做高深学问的典范。陈寅恪在国外留学期间，刻意求学，哪里有好大学，哪里藏书丰富，他便去哪里拜师、听课和研究，但对"学位"之类却淡然处之。他一生在十多所大学读过书、做过研究，但不曾听说有过"博士"、"硕士"学位。一代学界大师，学问之大，却没有什么学位文凭，这是陈先生一大奇特之处。1925年，清华大学创办国学研究院，梁启超推荐他为国学院导师。校长问："陈是哪一国博士？"梁答："他既不是博士，也不是硕士。"又问："他有没有著作？"梁答："也没有著作。"校长说，既不是博士，又没有著作，这就难了。梁启超很生气，说：我梁某也没有博士学位，著作算是等身了，但还不如陈先生寥寥数百字的文章有价值。接着梁提出了柏林大学、巴黎大学几位名教授对陈寅恪的推荐，最终清华聘请陈为清华国学研究院四大导师之一。

陈寅恪治学态度非常严谨，有人评述他"是一个辛勤的恳荒者，他不多说话，尤其不唱高调，只是一个接一个地解决历史的疑案，用很简练的笔法写出一篇篇短论文，登在学术水准很高的杂志上。文章虽小，但其内容分量却不是许多'大书'能望其项背"。"陈寅恪先生学问确实渊博得很"，被人称为"教授中的教授"。以语言为例，他通晓的有二三十种之多。学生问他一个问题，他叫学生到图书馆借某一本书，翻到哪一页，下面的注释里所列材料可作线索去查资料。陈被称为"活字典"，四书、五经、二十四史都滚瓜烂熟、如数家珍。由于经常帮助外国著名学者解决难题，陈寅恪在国际学术界具有很高声望，是剑桥大学聘请的第一位华籍讲座教授。

著名学者季羡林在"纪念陈寅恪教授国际学术讨论会"上说："陈先生是学术巨人，在他领域之内，无法超越，原因就是我们今后不可能有他那样的条件。总的倾向是可以超越的，但又不可以超越。"陈寅恪正是以那种淡泊名利追求做真正学问的精神才筑起了一座后人难以超越的学术巅峰。今天，中大历史系的教授们仍坚持那种对学术的"敬畏"，孜孜不倦地攀登着学术的高峰，连续两篇"百篇"优秀博士论文也应该算是这种学风的必然结果。

（二）大学文化和大学教育

从教育理念上讲，大学的教育功能是培养具有全面素质的人才和促进人的全面发展。这里，既包括要重视学生的全面发展，使之成为素质全面的人才；同时，也包括对所有大学人，特别是教师，要为他们的全面可持续发展创造良好的环境。这是大学"以人为本"的具体要求，也符合"三个代表"重要思想和科学发展观的基本精神。大学培养的对象是学生，但在大学里生活的是所有大学人都存在着寻求全面发展的需求。教师不仅要教好学生，也要用自己的智慧、知识去发展科技、文化，直接服务社会。不论是"以人为本",还是"以育人为本",都要把创造学生和教师全面发展的人文环境放到学校工作的重要位置上来。

对于学生,要在大学生素质教育中坚持人文精神、科学素养和创新能力相统一的教育观;重视校园文化氛围的熏陶;重视在批判和比较中继承和发展我国和世界优秀文化传统,提高文化的鉴赏能力和选择能力;要重视激发和保护学生对创新和求变的渴求。大学的教育管理要坚持"教育为主"的原则。所有的制度和规则都是为了有利于学生自主学习和建立必要的"秩序",而不是以束缚学生或惩戒学生为目的。关爱学生、善待学生,最重要的工作是给学生最优质的教学资源和宽松自由的学习环境。其中,包括由学校最优秀的教授给本科生上基础课;增加教师特别是名师和学生接触交流的机会;提供各种学习选择的机会,并给予必要的指导;开放图书馆、实验室;开展丰富多彩的校园文化和社团活动;满足学生个性发展的需求;等等。

大学教师不仅要有高深的专业知识和科研能力,也要有教书育人的职业素养和关爱学生的职业道德。要给教师创新教育更多的自由、更大的空间。教师也要着力提升学术水平、教学水平、创新能力和人格魅力。

要重视校园环境、社团活动、礼仪文化、荣誉制度、学术传统、体育、艺术等等对学生成才的影响,要重视博物馆、校史馆、校内人文景观的建设,要赋予学校一砖一瓦、一草一木都有文化的气息、文化的内涵。要重视网络文化、教育国际化对学生的深刻影响,提升学生在多元文化下的理解、沟通和选择的"文化能力"。要重视社会思潮在大学校园文化中的反映,引导学生学会分析、学会选择,维护健康、进步的大学校园文化。

当前,在大学生的思想政治教育中,要特别重视诚信、守法、文明及自信、自尊的教育,培养有健全人格和历史使命感的优秀人才,要让"爱国、责任、诚信、自律"成为校园文化的主旋律。中国的高等教育已经进入大众化教育阶段,但作为研究型大学,招收到的仍然是最优秀的学生。因此,研究型大学的本科教育仍然应该是坚持精英教育,为社会培养高层次人才,为国家探索培养精英人才的客观规律。

教育在发展,我们的教育观点必须适应教育的变化,还是不妨引用几位教育家的话来审视我们的教育观。教育学家保罗·郎格郎(poul lengromd)提出:"教育不再是为了传递知识,而是促进人的发展。在终身教育背景下,教师的作用不再是传授知识,而应注重培养学生的自学能力,发掘学生的特长,形成良好的个性品质。"斯坦福大学校长认为,在课堂上最激动人心的时刻是有学生对他说:"卡斯帕尔教授,你错了。""我是谁?我长年从事研究,我对课题最熟悉,我知道所有情况,但是这些天真的学生会突然让我意识到我的认识并不如我认为的那么全面,他们让我吃惊并改变我的看法。要让本科生、年青的大学一年级学生经常地、充满好奇地,有强烈的愿望,对老师说:'你错了'。"他还认为:一所大学的竞争优势在于一种能力,这种能力体现在对教师和学生多方面的鼓励和自由上。哈佛大学校长陆登庭认为:从学生一入学,大学的主要努力方向就是使他们能够成为参与发现、解释和创造新知识或形成新思想的人。两位校长的讲话体现的就是这两所名校在教育上的文化精神,从中不难看出我们和他们的文化差异及我们应该努力的方向。

(三)大学文化与大学管理

有不少人在中大珠海校区教学大楼前被眼前开阔壮观的大楼和广场的气势所震撼,有个领导称"这绝对是世界一流大学的校园"。同样,身处牛津大学、剑桥大学的校园,看到的虽然是一幢幢古朴的建筑,但我们也会感到一种心灵的震撼,我们和历史伟人同在。正是在这些古老的建筑里培养出了那么多影响社会、影响世界的伟人。这些都是校园环境文化对人的影响和作用。安宁有序的校园、高效的管理、微笑周到的服务,也是环境文化的组织部分,是直接关系到学校领导和各级管理人员素质的更深层次的环境文化。要把校园建设当成文化环境来建设，赋予校内环境以更多的文化内涵。

在曼彻斯特大学，教授餐厅是利用老图书馆改建的，四周巨大的书橱里仍然陈列着"大量书籍"（估计已属淘汰之列），墙上挂着历届校长的画像。置身其中，仿佛回到学校的历史之中，在这种场合用餐无疑也是一次文化的享受。

在中大珠海校区投入使用后，校区的自然环境是倚山傍海，十分秀美；但文化环境贫乏，学校要求各院系把学术文化向新校区延伸，组织大批教授给学生开设各类讲座报告。珠海校区国际报告厅建成后只能算是"房子"，但杨振宁等人做过报告之后就赋予了文化的内涵，它和广州校区建筑一样，与学校历史、学生敬仰的名人、学者联系在一起了。大学是永恒的，大学的环境文化在办学历史中不断积淀、充实和完善，要做环境文化建设的有心人，要让学校的山水、树木、花草、雕塑、建筑具有更多更深的文化品味，发挥环境文化育人的作用。珠海校区的校园文化定位要和学校的学术传统融为一体，和珠海风景园林城市融为一体，并创造校区新的文化氛围。

几年来，我校三个校区的校园文化氛围已经各具特色：珠海校区——文明和自主；广州南校区——开放和自信；广州北校区——敬业和自律。

大学管理要重视人文管理，其内涵丰富，我认为其中最重要的是要体现对人的尊重、对学术的敬畏、对遵守规则的自觉。大学是学术单位，不是行政机关；大学是社会文明的窗口，是先进文化、文明的策源地；大学应当成为法制化、现代化的先行区。大学要保障：学术研究的自由、教学创新的自由、学生学习的自由、学校办学的自由。大学要坚持：学术主导、科学决策、民主管理、依法治校。

大学的领导体制是：党委领导、行政管理、教授治学、民主治校。其中：党委领导强调集体领导，实行民主集中制下的分工负责的合作机制；行政管理是充分尊重和发挥校长的行政领导作用，发挥行政部门按照有关规章制度积极开展工作的作用；教授治学是充分尊重教授在学术评价、学术发展、学校管理中的主导作用，吸引更多的教授关心学校事业的发展；民主治校是进一步推进政务公开、校务公开、群众监督，特别是对各级党政一把手的监督和约束，具体体现在：权力的规范、法律的制约、理性的自律、责任的追究，使每个领导和管理者珍惜手中的权利，用好手中的权力，利用赋予的有限职权为学校、为群众做更多有益的工作。

大学领导的价值取向是：不说假话、不搞形式主义，绝不整人。大学管理的价值取向是：是否有利于教学、科研和学科的发展；是否有利于教工和学生的切身利益；是否有利于学校事业的长远发展。管理服务的评价标准：服务态度，以效率为准，要能办成事；服务质量，以师生满意为准，要能办好事；服务水平，以社会认定为准，要能出经验、出成果。当然，首先还是要从服务意识上着手，从"你要干什么"到"我能为你干什么"，真正落实到每个管理工作者身上都需要一个学习和教育的过程。"尊重教师，善待学生，直面问题，排忧解难"要作为管理工作的文化观念，渗透在每一个人头脑之中。

大学制度文化是大学管理文化建设的重要组成部分。从文化角度上讲，建立制度、规则的目的是：保护学校教工和学生的权益，明晰各自的责任；服从学校的价值导向，建立完善的校园文化环境；建立秩序、游戏规则，提高办事工作效率；确保公平、公正原则，树立良好风尚。

学校制度建设既要符合依法治校的目标，又要体现人文管理精神。制度的制定过程要讲求民主，要有弹性，要让更多的相关人参与；制度一旦按程序通过实施后，要注意维护制度的尊严，养成遵纪守法的习惯，用最好的态度、最坚定的方式执行制度的规则。特别是各级管理人员，既要防止执行的随意性，又要避免在执行中因服务工作态度而引发的不满和纠纷。

制度建设本身也要体现学校的品味、水平和价值取向。过于灵活的制度缺乏可操作性，过于僵化的制度也不利于增强学校的活力。大学制度建设是重要的，但制度的不断完善更是一门关键的学问。

大学管理要着眼于文化内涵，大学管理者要不断提高文化修养，大学各管理单位要营造好部门文化氛围；因为大学就是大学，大学是学术的殿堂，也是所有大学人的精神家园。

三、创新大学文化，推动学校健康、快速发展

纵观大学发展历史，任何学校的发展都必须有政府的支持，要从更多的方面筹措足够的办学经费。但是，也要看到大学文化在大学发展中的作用，变革和创新学校文化理念并付诸实施，给学校带来生机与活力。

辛亥革命前，北大前身京师大学堂办了10年，几经周折，并没有培养出多少人才，封建衙门习气严重，缺乏学术气氛，师生满脑子是当官发财的思想，教学内容陈旧，办学思路因循守旧，到民国时期，北京大学声名狼藉，一般人以为不可救药。

历史选择蔡元培先生出任校长，他以"我不入地狱，谁入地狱"的决心，锐意改革，开辟新文化、新风气，逐步使颓废的北大焕发出生机。蔡先生从整顿学风开始，"以真正之国粹，唤起青年之精神"，延聘纯粹之学问家，为青年寻找可以佩服的学问上和道德上的导师，其中包括颇有争议的新文化倡导者陈独秀及新派人物胡适、李大钊、鲁迅等等。蔡元培倡导"兼容并包主义"，认为"大学者，囊括大典网罗众家之学府也"，主张中西文化兼收并蓄、融会贯通，对旧文化也要博采众长、发扬光大。在"兼容并包"的方针下，"思想自由，学术自由"的原则使北大的思想和学术呈现出缤纷万象、蔚为大观的局面。

蔡元培吸收西方政治民主思想，设立北大评议会，作为全校最高的立法机构。评议会实际上是一个教授会，由各科学长和分别推举两位教授组成，任期1年。后又改为5名教授推举1名为评议员，校长是当然议长，学校的章程、条令的审核通过、学科废立、课程设置、教师审聘、学校预决算等重大事项都必须经过评议会的讨论决策才能执行。后来又陆续建立行政会议、教务会议、教务处、总务处等机构，并成立11个专门委员会，推举1人为教务长，统一领导全校的教学工作，并设总务长主管全校人事和事务，基本确立了教授治校的领导体制。北大贯

彻的教授治校方针，使教授和教员参与学校管理，达到民主治校的目的。

蔡元培还对学制、学科体制进行改革：率先开放女禁，招收女生入学；开办平民夜校，倡导学校为社会开门，教授为社会服务；招收一定数量的旁听生、选科生，让更多人能受到高等教育。旁听生、选科生中优秀者可转为正式生，一样发给毕业文凭，被称为"人人可以自由听讲"。蔡元培任校长期间，社会上各行各业的人士都可进入北大听课，实际听课人数往往比注册人数多出一倍。梁漱溟讲儒家思想一课，正式注册学生90多人，平时听课者多为200余人。

在蔡元培的推动下，一个封建衙门式的北大变成了一个近代大学，并带动了国内其他大学的改革，为推动新文化运动打了头阵，也为"五四"运动奠定了新文化基础。梁漱溟先生评价说：蔡先生的一生成就不在学问，不在事功，而在开出一种风气，酿成一大潮流，影响全国，收果于后世。

北大的发展历史给我们的启示是，任何时候不要仅仅只看到物资的作用、金钱的作用、条件的改善，同样要重视文化的作用、文化创新的作用。特别是在今天，我们要实现学校的发展战略目标，实现健康、快速发展，就格外要重视文化的创新、文化理念的创新，并努力付诸实践，必能收取成效。

中山大学诞生于"五四"之后，又由孙中山先生亲自组建，因此从建校之初就融入了"科学、民主"的精神，奠定了"开放、进步"的传统。岭南文化"勇于开拓"、"讲求实用"的特色使中大的文化精神中增添了"求实、务新"的内涵。80年来，中山大学秉承孙中山题写的"博学、审问、慎思、明辨、笃行"的校训，逐步形成"科学、民主、求实、务新"的文化精神和"革命性、科学性、开放性"的办学传统，成为我国南方一所最著名的高校，在海内外都有很好的影响。改革开放以来，中山大学抓住几个历史性的机遇，使学校综合实力实现了跨越式发展。近年来，反映学科地位、学术水平、综合实力的主要指标大多进入国内高校前10名；在包括北大在内多种大学排名中，中大都在第10位上下。中大已实现"211工程"一期

二、认识篇

提出的目标：建成居于国内一流大学前列，国际上有较大影响的研究型综合性大学。中大校园也呈现一种团结、和谐、向上的文化氛围。

但是，我国高等教育正在迅速地发展，"211工程"、"985工程"又催生一批研究型大学向着世界高水平大学努力，不进则退，中国大学地位正在重新洗牌；广东省是经济大省，在全国居于龙头地位，广州市也正在努力跻身国际化大都市。因此，不论是广东省或是广州市，都希望中山大学能成为广东省、广州市标志性的国际著名大学。广东省委、省政府领导不止一次对中大的进一步发展提出具体要求。今年在中山大学发展战略研讨会上，学校进一步调整了下一步发展的战略目标：要以国际一流大学为目标，建成居国内一流大学前列，国际知名的国际化、研究型的综合性大学。其中，"前列"的含义是指反映学科水平，科研、教学水平及综合实力的核心指标争取进入高校更前列。我们能否实现这个目标？如何实现这个目标？它引发了全校师生的极大关注。

当然，我们仍然希望能抓住一些发展的新机遇，包括广州东校区的建设，"985工程"二期及打"国际牌"，试图用国际先进教育的观点、标准和资源来提升我们的学术水平，扩大学校的影响力。但是，仅仅如此还不够，我们还应当重视大学文化的建设，通过文化观念的创新和整合，优化学校的资源，调动更多的内在潜力，积蓄更多的力量来发展学校。

中大的文化中不是没有负面的东西。岭南文化中的发展性和保守性是并存的，由于岭南文化的历史和地域背景，特别是比较长时期的地域政治环境，培植了一种"精仔意识"，不做出头鸟、不吃眼前亏，奉行"多做少说"，甚至"只做不说"的哲学。中大的务实精神也呈现保守的意识，缺乏拼搏、奋斗的精神，有时甚至表现得缺乏自信心，这和国内一些著名大学的"傲气"、不甘心落后的精神相比有明显的差距。因此，我们有必要审视我们传统观念中的消极因素，推进文化变革，向传统理念中的后进因素宣战；也要实施文化理念的更新，吸取世界先进的文化理念。

举例来说，大学发展资源配置的合理性是十分重要的，但传统文化中"小而全"、"部门所有、个人所有"，宁可重复购置也不愿共同使用的封闭性是具有普遍性的，而且十分顽固。对此，美国人文与科学学院院士、哈佛大学杜维明教授提出的一些新的文化观念就值得借鉴。

杜维明提出，面对21世纪的现代社会，除了"经济资本"外，还必须培植"社会资本"。所谓"社会资本"，即通过沟通理性，通过谈天、讨论、辩难而发展出来的虽看不见但又明显感觉得到的一种重要资源。例如，在任何一所大学，假如系与系、院与院之间，除专业外没有任何有关理想、价值等文化方面的沟通，这个学校肯定是一个不很活跃的学校。美国很多大学之所以在学术上很有发展动力，就是因为有很多讲座、讨论和辩论，有很多横向的沟通。这些沟通可能与你的专业没有任何直接的关系，它本身不是为了实用，不是为了获得某种狭隘的技能或信息，而是为了培养人。如果沟通不够，就会破坏社会资本。

哈佛大学有一个教授专门研究意大利社会。他发现，意大利民主化程度不一，有好有坏，而造成这些差异的原因不在于科技水平，而与社会资源状况有关系。凡是男声合唱团多的地方，社会资源也多；反之则较少。合唱团每周活动两次，除唱歌外，自然会产生许多横向联系，使有不同政治观点、道德观点的人得以沟通。在印度某地，近二三十年从未发生过任何种族冲突（这在印度是很少有的），原因是他们有一个古老的传统——沟通。不同宗教的领袖每周都要聚在一起喝茶、谈天，而且鼓励大家参与，这样，即使出现暴力，也容易化解。这就是社会资本在发挥作用。广东民风比较平和、不争，这与广东的"饮茶"习惯积累的社会资本较多可能是相关的。

杜维明提出，在发展科技能力时，还必须发展文化能力。所谓"文化能力"，是指人的智慧、对自己的理解及认识人和做事的能力。文化能力的培养，用传统观念来讲是"体验致知"，通过切身体验、体察、体味，达到"内化"的目的。一所大学如果不能为同学们提供很多的课外活动，各种不同的讲座、不同的讨论，关于音乐的、关于文化的……那就无法发展学生的文化能力。

我们要创新的文化理念和要发展的文化理念都很多，目的是要符合社会发展规律，推动学校进步。我们每个管理工作者，不论学术功底有多深，还是应当做一个"自觉的文化人"，用先进的文化理念做更多有更高文化品味的事，为学校的发展创造更好的文化环境。

参考文献

[1] 王冀生. 宏观高等教育学. 北京：高等教育出版社，2000

[2]（美）唐·肯尼迪. 学术这一行（中译本）. 台北：天下文化书坛，2000

[3] 刘克选，方明东主编. 北大与清华——中国两所著名高等学府的历史与风格. 北京：国家教育行政学院出版社，1998

[4] 黄伟宗. 珠江文化论. 汕头：汕头大学出版社，2003

[5] 冯国荣. 论文化释义系统. 文史哲，2002，(6)

[6] 董云川. 大学精神与制度创新再议. 高等工程教育研究，2004，(3)

大学的文化和大学的管理*

建设一所大学有诸多的因素，能否拥有一批大师级的学者、教授和拥有良好的学校人文环境应该是其中最核心的部分。它有助于大学在其历史发展中，培育大学的传统和传递其中孕育的文化精神。要而言之，大学的文化主要涵盖以下三点：①由价值观、理想追求、思维模式、道德情感等构成的精神文化；②由大学的组织架构及其运行规则等构成的制度文化；③由大学的物理空间、设施等构成的环境文化。因此，"大学精神、人文环境、管理制度"成为大学文化建设的重要内涵。当我们考察中国建设现代大学的历史进程时就可明白，先进的办学理念、科学的制度规范、鲜明的传统特色作为评价大学文化建设水平的重要标准，正是中国大学现代化极力追求的目标。

一、中国大学的基本特征

（一）中国现代意义大学起步晚，发育先天不足

西方公认的现代大学的直接源头是欧洲中古世纪的大学，其中意大利勃隆那（Bologna）大学始建 1088 年，被称为"欧洲大学之母"。巴黎大学创建于 1100 年，其他如英国牛津、剑桥

---

* 本文发表于《中山大学学报》（社会科学版）2006 年第 2 期。

及德国海德堡、科隆等都是中古时期大学之佼佼者。牛津、剑桥从一开始就沿用法国、意大利模式,先用3年时间学习语法、逻辑和修辞,打下拉丁文基础,再用4年时间学习算术、音乐(乐理)几何和天文四门自然和艺术学科,在此基础上如果再进修神学、法律或医学,念完后即成为博士。可见,西方大学比较多地讲授数学、天文学及医学等自然科学知识,重视逻辑、推理的科学思维训练。培养的学者虽然有些成了官吏或神职人员,但大多具有自然科学或技术科学、医学的知识。如天文学家哥白尼和《神曲》作者但丁都受教于勃隆那大学;笛卡尔和莱布尼兹既是伟大的哲学家,也是伟大的数学家。直到现在,在西方的博雅教育中,这些内容仍然是所谓"智慧课程"的主要内涵。

在中国历史上,大学教育可以追溯到孔子讲学,以及后来汉朝的太学、宋朝的书院、明朝的国子监及清朝的学府等,但讲授的主要是人文知识和修身养性之学。官方认定的第一所现代大学是1895年建立的"北洋公学"(即天津大学前身),次年"南洋公学"(即交通大学前身)成立,1898年又创办"京师大学堂"(即北京大学前身),它起初模仿东京大学模式,"五四"运动前后,中国开始从学习日本转而学习美国和欧洲,开始致力于建立一种具有自治权和学术精神的现代大学。在这个过程中,最著名的人物是蔡元培。蔡元培主张学术争论中采取"兼容并包"政策,并在大学实行"教授自治"制度;同时以德国大学为模式改革北京大学,提出了三个基本原则:"大学应当是独立的和自主的,大学应当具有思想自由和学术自由,大学学术和思想自由需要相应的自由的社会政治环境。"由于在当时的社会背景下无法实现,这三大原则遂被蔡元培发布为"不肯再任北大校长的宣言"。与西方近千年的大学历史相比,100多年现代意义的中国大学历史应还属于刚刚起步。早期中国大学的领导者大多有留学的经历,受过西学训练,带回了西方大学办学的理念和科学的知识。相对于中国旧式传统教育来讲,这些知识是全新的、革命化的,也是奠基性的。因此,像蔡元培、梅贻琦、胡适、蒋梦麟、郭秉文、张伯苓、许崇清、茅以升等等作为现代大学的开拓者,就被人们公认为现代"教育家"。与此同时,20世纪20～30年代,一批留学归来的学者在大学讲授西方现代科学课程,成为中国近代科学教育的开拓者和奠基者。如姜立夫教授先后在南开大学、岭南大学建立数学系,后又在中央研究院开创数学研究所。在介绍和引进西方现代教育理念和方法上,这些学者无疑发挥了"启蒙教育家"的巨大作用。由于中国现代大学建立在经济落后且封建主义十分顽固的社会基础之上,又经历20世纪20年代的历次社会动荡,这些教育家的办学理念从未真正彻底地实现过。从一开始就和中国社会紧密联系的大学从来就不曾是"理想的乌托邦"。仔细研究中国大学的历史,不难发现当年的大学校长们并没有如今人们想象的那么潇洒,中大校长邹鲁为了筹集经费,除了下跪,什么都做了。各个时期的大学确实为国家培养了大批的人才,其中不乏优秀的栋梁之才。中山大学诞生于"五四"之后,又由孙中山先生亲自组建,在创办初期的35名筹备委员中,有31位有着海外留学的经历,因此,从建校初就融入了"科学、民主"的精神,奠定了"开放、进步"的传统。三次掌校的许崇清教授,学贯中西,最早从德文版马克思原著中领悟和讲授"辩证唯物主义和历史唯物主义"。他在20世纪20～30年代两次出任广东省教育厅长,第一次出任时反对在大学讲"圣经",第二次出任时反对在学校讲"孝经",不愧是一位杰出的教育家。中山大学的发展历史从未脱离过中国的现实,20世纪20年代反对西方奴化教育,30～40年代投身抗战,先后西迁云南澄江和粤北坪石,抗战后又积极参与"反饥饿、反内战、反迫害"等爱国民主运动;在1927年、1947年及1949年曾三次被国民党警察包围,大批师生被捕。这种大学的办学状况,成绩不小,但说是走上了现代化的康庄正途,尚值得考虑。另外,旧中国原本有许多教会学校,在20世纪20年代反对西方奴化教育的背景下,绝大多数收回了教育主权。中山大学的前身院校之一——岭南大学就是晚清由西方传教士和一批学者到中国来办的基督教大学,后来于1927年交由华人自主办理,成为接受西方私人捐赠的私立大学。这类学校由于经费来源困难,招收的都是家境殷实的子弟，注重科学教育，规模一般不大，很难成为中国现代大学的典范。这里，我的基本观点是，如果用西方传统的大学精神来看待中国现代意义的大学，则当代中国大学和近百年历史上中国的大学是一脉相承的。正如中国没有经历过成熟的资本主义阶段一样，中国现代大学也从来没有拥有过西方近千年大学发展史中形成的较成熟的大学文化精神，即所谓的"学术自由、学校自治和教授治校"。这不是中国没有"教育家"，而是中国现代大学的先天不足和具体国情使然。

（二）混合型的教育模式，未能形成稳定的教育传统

近百年来，日、德、英、美和苏等国的大学教育模式都曾深刻地影响过中国的大学，以至于现今中国大学的教育模式还是融合了各国模式的混合型。其一："学制"——本科四年类同"美式"的，它适合于通才教育，但是对培养工科人才，学制嫌短，只能培养工程师的坯子。中国曾想改回五年，但鉴于经费等问题只能作罢，至今工科教育中训练不足仍是十分突出问题。其二，"专业教育"是"苏式"的，只有苏联和中国才有"专业"这种组织概念，美国所谓的专业是一组选学的课程。中国高校一直在努力淡化专业，拓宽专业口径，努力实施在通识教育的基础上宽口径的专业教育。其三，"人事制度"类同"欧式"的。教师和国家公务员同等看待，享受公务员部分福利。有趣的是，前不久香港高校为了不减薪而要求与公务员体系脱钩，我们高校却在争取享受公务员的医疗保障待遇。其四，"管理"类同"日式"的高度政府集权管理。日本政府目前也在研究如何将权力下放给大学，包括对大学的分类、合并与重组。总之，中国的大学教育从一开始就是开放的，重视吸纳各国的教育经验，但由于社会历史的变迁，从学习欧美到全盘苏化，再到全面开放，使得中国大学的教育模式成为混合杂交体，不过总的趋势是更接近于"美式"。

(三)"学校加社区"的特色,具有办学机构和社区管理的双重属性

跟世界其他现代大学的最大差异是,中国所有的大学几乎都是"学校加社区"的结构。比如中山大学包括四个校区,9300亩土地上10多万师生,连同家属吃喝拉撒,包括社会福利保障、社会治安等政府职能都要由学校承担。校长是学校计划生育的第一责任人,党委书记是学校稳定及党风廉政建设第一责任人。但问题是,学校和社区是两个不同概念的社会群体和组织。"学校"要坚持发展是硬道理,要有所为,有所不为,要实行精英政策,以"扶优"为主,要有激励和约束的机制。评价学校的主要指标是人才培养质量、学科水平、科技贡献率等量化和物化指标。"社区"是稳定要求压倒一切,要构建人人心情舒畅的和谐社会,要坚持公平、公正、公道,要关注弱势群体,包括离退休老同志,让他们老有所乐,老有所为。评价社区的主要指标是和谐、稳定、不出事。因此,学校领导要在这二者之间寻求"平衡",确实不易。这是世界上其他国家的大学所没有的情况。从办现代大学的角度上讲,学校发展以"扶优"为基本特征;但为了建立和谐社区,"扶弱"往往成为工作的重点。这就是中国特色的大学,"全心全意地办大学和全心全意地为人民服务"要两者兼备。这也是中国大学为什么会有庞大的领导班子以及为什么不论党政领导每一位都累得够呛的主要原因。

综上所述,中国大学是年青的、开放的,尚未形成自己独特教育模式的办学机构和国家机构。它有着办学机构的一切需求,也存在着国家机构的许多弊病。这是中国大学的现实,我们必须在这个现实的基础上去研究怎样建设现代高水平的大学。

二、我们要构建什么样的大学精神

关于大学精神已有很多论述,早期欧洲大学最根本的价值

观是自治权和学术自由，人们常把"学术自由、学校自治、教授治校"看成是现代大学普适之精神。我认为，所谓"大学精神"，其实是大学的一种办学理念和价值追求，科学的大学精神是建立在对教育本质、办学规律和时代特征的深刻认识基础之上的。对于"要找回大学精神"的呼吁，不少教育理论家对中国高校是否体现"学术自由、学校自治和教授治校"提出质疑和批判。针对这一问题，我曾经较认真地阅读过长期担任美国斯坦福大学校长的肯尼迪写的专著《学术这一行》和加州大学伯克利分校原校长克拉克·克尔写的《高等教育不能回避历史》这两本书，发现西方大学经历近千年历史后，对上述理想主义的观点有了一些新的更深刻的认识。例如，克拉克认为，大学处在一个神秘的学术天堂和一个相对现实的人间地狱之间。这种双重身份定位在什么地方？这种双重身份又如何影响它们的行动？总结大学的历史，他指出，大学的发展经历过"趋同、趋异和部分重新趋同"的"三步曲"。早期大学是世界主义大学，高等教育机构的结构相似，漫游的学者在任何大学都感到舒适，但这种模式已经在地球上消失了几乎500年。此为大学发展的"趋同"阶段。1520年前后宗教改革，大学世界被分成天主教大学和耶稣教大学，学习世界被扯得四分五裂，导致了高等教育模式大分化。民族国家的兴起，又加快了这种转变，民族主义代替了学习中的普遍主义。从此往后，大学不仅要为民族国家的行政和经济利益服务，成为建构国家的一个工具，而且也形成了铸造社会灵魂和规训人民大众的机制。大学的收入来自公共财政而不是来自学费和捐赠，多数学校成为"公有"，这是大学的"趋异"时期。而在今天，由于教会和意识形态在界定大学行为方面发挥着越来越小的作用，随着英语和数学是统一智力这个论述的强调以及信息流通的加速拓宽，促使与众不同的民族的大学模式到近代"普遍的"大学模式，这是一种混合式的"世界主义的民族国家大学"，世界大学正在经历部分重新趋同的重大转变。克拉克进一步认为，自第二次世界大战后，各国极大地强化了对高等教育的兴趣，并使加强干预大学有足够的理由，大学已经越来越少地成为国中之国。"500

年前大学的学者首先是一个学者，然而现在越来越成为首先是一个公民。现在大学多数更加处于民族国家内部被控制的公用事业的地位。铁的事实是，大学首先是国家的机构。我们的信念是，纯粹的学习生活模式的至高无上这个方向和民族国家的合理指导一致，这是非常长期的趋势。但是，一些矛盾和冲突是不可避免的。"克拉克的观点使我们对西方传统大学的理想模式从"空中"回到"现实"。纵观大学发展的历史和当今世界各国的大学现状，我们会发现一个事实：大学的办学理念是一个不断发展、不断调整、不断充实的过程，而不是一成不变的纯粹观念；大学的价值追求是一种理想和现实之间不断抗争和协调过程的反映。所谓"学术自由、学校自治、教授治校"，更大程度上还只是大学领导者和学者教授们追求的理想模式。大学理念的定位经历了从"教育机构"到"研究中心"再到直接与社会联系并为社会服务的历史演变，使得"教学、研究和为社会直接服务"成为现代大学的三大社会功能。对此，我们主张大学精神应该围绕着"学术自由、办学自主、管理民主"，追求"独立之精神、自由之思想、社会之责任"三者的统一。

从学术自由来看，就是鼓励学术创新，维护学术的尊严和学术研究的自由。大学是崇尚真理、讲求科学的学术殿堂，推崇在科学实践和理论论证的基础上发现真理、发展真理，在学术批判中推陈出新、创新知识。所以，大学应当在"自由的空气"下，鼓励不同学术见解、不同学术流派的研究，发表不同的意见和学术争鸣，要尊重一些"孤独的思考者"，宽容一些学术上的"狂妄者"，使对真理的追求和认识成为大学发展的永恒活力和动力。但是，辩证地看，学术自由离不开"限度"，也要讲求学术规范、学术责任和科学道德，因此，"为何我们言必称学术自由却不常提到学术责任"就值得关注。刚卸任不久的另一位斯坦福大学校长杰拉德·卡斯帕尔教授在"中外大学校长论坛"上讲："世界上最强大的大学就是盼望能够得益于政府给予确实自主的大学。我这样说而不使用完全自由这个概念，是因为完全自由是不可能的、不现实的，虽然完全自由是大家所渴望的。"借用美国公众领袖盖德纳的一段话，斯坦福大学的另一位资深校长明确主张:"自由与责任,权力和义务,这是一种约定,缺一不可。"

从"办学自主"和"管理民主"来看,一方面需要"依照法律、法规和学校的社会责任,独立自主办学",另一方面也要依赖于"实行民主管理,坚持依法治校,以德兴校"。在其本质上,大学希望减少来自各方面的干预和影响,对教授的学术研究、教学工作给予更多更大的自由空间。从这个意义上讲,"学术自由、学校自治"是培养大学创新、求真精神的具体要求。但是,大学和社会是互动的,大学需要社会的支持,培养的人才又会影响到社会的发展。因此,任何时候,大学总会受到政治的、文化的、经济的乃至宗教的等各方面的影响,现实生活中只存在着有条件、有约束的自由和自治。从发扬校园民主的角度,我们提倡教师享有学术的自由权利和管理学校的自主权利,但教师作为对社会负有责任的公民,也要以国家法律为底线,用教师的职业道德约束自己。

总之,我们对现代大学精神的认识是共同的,也是与时俱进的。但是,每一所学校体现的大学精神是个性的,是在其自身发展历史中积淀的文化传统、文化精神所表现出来的学校特色和品格。我们要努力在大学营造融"包容性、开放性、批判性"为一体的校园文化氛围,培植"崇尚科学,鼓励创新,兼容并包"的现代大学文化精神,形成"开放、和谐、严谨、求实"的学风和校风。当前,要格外突出科学的地位,阐发科学之精神,特别是批判精神、求实精神及科学的方法论;崇尚真理,坚持理性的思维和科学的实践,把科学精神和人文精神紧密结合起来,反对一切伪科学及学风浮躁、急功近利、学术腐败等不正之风。

三、关于中国高校的管理体制

我国公立高校实行"党委领导下校长负责制",目的是把握学校办学的社会主义方向,培养社会主义事业的合格建设者和接班人，这是由我们的国家和执政党的政治属性所决定的。但是，如何发挥党委的领导作用，则是由党委一班人来具体实施的，党委书记要负起主要的责任。这就要求大学党委书记必须有清醒的政治头脑，有坚强的党性，有办大学的理念和对教育规律的深刻理解，有处理和解决复杂问题的能力和方法。

学校党委的工作特点是围绕"人"做工作，要做到：理解人、善待人、尊重人、关爱人、培养人，为人的全面发展创造条件，调动人的积极性，激发人的潜力，最终达到凝聚人心，包括凝聚党心和民心，共同为教育事业和学校发展出力。因此，党委工作首先要充分尊重和发挥以校长为首的行政领导班子的作用，保证《高等教育法》赋予校长的权力得以实施。党委领导强调集体领导，实行民主集中制下的分工负责的合作机制。党委领导的水平体现在校、院二级领导和各行政部门按照学校的统一部署和有关规章制度都能发挥最大潜力，独立有效地开展工作，绝不是党委包办一切。党委工作还面向全体师生员工，包括学生群体、教师群体、职工群体、党政管理干部群体及离退休老同志群体。其中，各级党组织和全体党员，工会、教代会的各级组织及骨干，民主党派和非党人士中的骨干成员等是党委工作依靠的主要对象。由于大学生的成长、成才是大学的主要使命和学校工作的中心，所以大学生的思想政治教育成为高校党委的特殊使命，这也是衡量高校党委工作成败的关键之一。

从自身建设来看，党委工作的着力点是领导班子建设和党组织的建设。坚持"党要管党"和"党管干部"的原则，认真遴选各级领导干部，严格要求各级管理干部。发挥各级党组织的作用是提高学校管理水平和能力的关键，是取信于民、凝聚人心的关键。学校的基本方针明确后，干部就成为决定性的因素，党委要始终不渝地抓好各级领导、管理干部及党员的思想政治素质、管理能力、领导能力的提高。党委在高校工作的切入点是制度建设和文化建设。通过制度建设建立有序的校园环境，通过校园文化建设形成好的学校风气。我们要明确，大学是学术单位，不是行政机关，作为社会文明的窗口，是先进文化、文明的策源地，大学应当成为法制化、现代化的先行区。学校领导者必须重视学校文化精神的提炼和培植，努力促成现代大学文化精神的形成。

近年来，不论是从落实"以人为本"还是"以育人为本"或是建设"和谐社会"，都要求我们把创造有利于学生和教师全面发展的人文环境放到学校党委工作的重要位置上来，大学管理要提倡重视人文管理，其中包含要体现对人的尊重、对学术的敬畏、对遵守规则的自觉等内涵。因此，有必要把"尊重教师、善待学生、直面问题、排忧解难"作为管理工作的文化观念，渗透到每一个人的头脑之中；有必要把"是否有利于教学、科研和学科发展，是否有利于教工和学生的切身利益，是否有利于学校事业的长远发展"作为大学管理工作的价值取向。

大学制度建设是大学文化建设的重要组成部分。大学制度建设既要符合依法治校的目标，又要体现人文管理的精神，制度建设本身也体现学校的品味、水平和价值取向。从文化角度上讲，建立制度、规则的目的是：其一，保护学校、教工和学生三方的权益，明晰各自的责任；其二，服从学校的价值导向，建立完善的校园文化环境；其三，建立秩序、游戏规则，提高办事工作效率；其四，确保公平、公正原则，树立良好风尚。制度的制定过程要讲求民主，要让更多的相关人参与；制度一旦通过实施后要注意维护制度的尊严，养成遵纪守法的习惯。应当秉承"制度就是原则、程序就是规矩、和谐体现水平"的道理，推进现代大学制度的建设和完善。从学术主导、科学决策、民主管理、依法治校的角度看，要充分尊重教授在学术评价、学科发展、人才培养中的主导作用，吸引更多的教授和教工参与学校的管理，进一步推进政务公开、校务公开、群众监督，特别是对各级党政一把手的监督和约束。这样，大学的文化建设才能充分体现先进文化的前进方向，在继承优秀文化传统、吸收人类文明共同成果的基础上，与时俱进、不断创新，在发展大学文化建设的同时，辐射社会，影响社会。

参考文献

[1] (美) 克拉克·克尔. 高等教育不能回避历史——21世纪的问题. 杭州：浙江教育出版社，2001

[2] (美) 唐·肯尼迪. 学术这一行（中译本）. 台北：天下文化书坊，2000

二、认识篇

重点大学人才人事工作中的价值观*

在学校发展的诸多因素中，有两个因素最重要：一是必须拥有一批大师级的学者、名师；二是必须有好的校园环境、文化氛围和传统文化精神。在好的校园文化精神中，蕴含着一些共同的价值观。作为大学人才人事工作的基本价值观，我个人理解有三句话：一是对人的尊重；二是对学术的敬畏；三是对遵守规则的自觉。大学是一个文明的环境，要倡导人与人之间相互尊重，领导对群众也好，群众对领导也好，所有同志之间、师生之间，都应该有一个相互尊重的关系，人才人事工作也要体现对人的尊重、对学术的敬畏。学校是一个学术单位，评价一件事情的时候，不要忘了我们的目标是要建设世界知名的高水平的一流大学，学术的标准是我们评价问题的重要依据。

一所大学最后应当形成一个无为而治的环境。国外的一些著名大学有一个非常宁静的和谐环境，不是没有制度，相反每所学校都有非常严密的制度，而这套制度已经成为传统并深入到学校的方方面面，融入到学校的文化当中。虽然没有看到学校今天发这个文件，明天发那个文件，但是大家都共同地遵守，自觉地按规则去做，最后达到有序治理的目的。

上述基本观点，在人才人事的工作中进一步阐述为如下几个方面：

首先，十六届四中全会强调要建立和谐的环境，要树立科

---

* 原文系2004年10月25日在中山大学2004年人才人事工作会议上的讲话。

学的发展观，在科学的发展观中强调了要以人为本，注重人的全面发展。以前我们在高校中强调以人为本，反复讲的是要尊重知识、尊重教师、善待学生，以教师为本、以学生为本，这是对的，因为学校的主体是教师和学生。但是今天，从科学发展观的角度，从21世纪建立和谐的社会环境方面来看，还有很重要的另一方面，就是必须注重人的全面发展，包含了所有的大学人。

一所学校，要建成一流品牌的高水平的大学，在学术上必须靠一流的大师级的学者和教授，但是学校要发展，要建立成为有朝气、有活力、有社会声誉的学校，就得靠全体的大学人。在大学里，任何时候也不要忽视那些头上花环不是很多的那些人。注重人的全面发展，包含了各方面的人，实验人员、教辅人员、机关管理人员，也包括后勤、产业等各方面的人员。我们要尊重人，要尊重所有的人，既要尊重那些大牌的学者，给他们应有的工作条件、应有的荣誉，同时也要尊重所有那些为了学校的发展做出贡献的人，包括在最基层工作的普通的人，让他们感觉到在学校里边他是有自尊的，应当是有自信心的，也能够得到发展的。体现在人才人事工作的方方面面，既包括对教师的聘任，也包括对实验人员的聘任、对管理人员的聘任。在教师中，既包括那些大牌的教师，即特殊引进的人才，也包括按常规引进的各类教师。最近我们组织一批老同志专门调研了近3~5年进校的青年教师他们在想什么、在怎样工作、在怎样教学以及目前有一些什么愿望等等。这些教师，都是"人之初"，我们每个人都经历过在大学工作的最初几年，而这几年也恰恰是最需要关心的时候。他们当中，会有我们未来的大牌教授，会有未来的大师级的学者，如果一开始就能够给他们一些必要的关注和关心的话，将来他们可能就会以中山大学为他们的终身事业，在发展他们个人学术的同时，为教育、为中大做出更大的贡献。总的说来，我校青年教师对学校工作中体现出来的人性化的管理还是比较满意的，但也存在着许多实际的问题，需要学校的各个部门给予更多的关心。所以，我们要在学校建立和谐的环境，真正地体现对人的尊重，不仅要对那些已经阳光普照的，还有那些阳光没有照到的地方，也要体现中大的温暖。这是我们在聘任及其他人才人事工作中要注意到的。

其次，要体现对学术的敬畏。学术是科学，是有水平、层次之分的，应该用科学的态度来看待它。大学里的领导水平，很重要的体现在知人善用，就是要知道本单位里的每一个人其学术水平能达到什么样的程度，也要知道在这个单位里你最需要的是什么样的人，同时对现有的人如何去发挥他们的最大潜力，更好地发挥他们的作用。

举例来说，现在就是用1000万元科研经费支持我来做歌德巴赫猜想课题，我也做不出来，因为我的功力、学术的力度达不到这个程度。学校里用人的时候，要尊重人，要给人以发展的余地，但是要很清楚每一个人其最合适做什么工作，你这里最缺的最需要的是什么样的人。如果从高层面来讲的话，在国家近千个重点学科中，我们有20个；在已进行的全国一级学科整体水平评估中，我校哲学、历史学、数学、化学、生物学、地理学、基础医学、临床医学、中西医结合、工商管理、公共管理、图书情报学和档案管理等一级学科名列全国前十名。说明我们有一批教授，他们的研究的功力、学术的潜力，是能够使得我们相应的一级学科达到前十位的。但是前五位的就很少，前三位的就更少。我们中大要发展，综合实力、核心竞争力要想进入前五位，就需要一批高水平的学术团队，团队里边的学术带头人的科研功力能够领导学术团队达到国内同学科的前五位甚至是前三位的水平，才能支持学校的发展。我校生科院、理工学院、哲学系、药学院等单位，它们不断引进比现有人员水平更强的人，这就对了。咱们讲和谐的环境，不单单是把大家搞得快快活活、高高兴兴，最根本的还是要提高我们的水平和实力，是要不断地使我们整体的学术水平到更前沿去。大学的生命力就在于能够不断地产生一批学术水平更高的优秀的人才。有些人其功力可能就到这个地步了，不可能再有一些质的飞跃了，也可以继续发挥他们的作用，如在教学方面，或者在带研究生等其他方面去发挥他们的作用。

1999年学校在进行学院行政班子调整的时候，有两种选择：

一是继续让年龄大一些的老同志、老教授当院长，再带一段时间；第二是选择一些年轻的、学术水平在我们学校这批人中公认是最好的来当院长。对于后者，就有一个问题，就是当院长以后，行政工作会把他们的业务牵制住了。当时教育部规定，要当长江学者就不能当校领导，已当校领导的要退出来，主张当长江学者就要做好学问，这是对的，应当让有条件的青年学者集中精力搞学问去。但是我们考虑到中山大学需要在学术研究上增强活力，提升学术水平，把一批年轻的、学术水平较高的同志放上去，四年以后，还有可持续发展的基础。当时常委会表决还是决定要这些年轻的学者上去，包括许宁生、陈小明、朱熹平、徐安龙等。同时对这一批同志采取一些保护措施，希望他们把主要精力放在学术上，包括教学和自己的科研。至于在行政事务方面，配备一些得力的书记来支持他们的工作。实践证明，这几年在这批年轻学者的带领下，学校的学术地位有很大的提高。所以作为领导，知人善用很重要。我一辈子搞教育，主张尽可能把老教授的工作重心放到教学方面上去，让他们好好地带研究生，好好地搞教学，利用他们的经验来指导青年人是更能发挥他们的长处的。对于青年人，对于年轻学者，要鼓励他们做好学问；同时作为一个领导，你要对他们的学术水平能达到什么样的程度、有多大的潜力，不是要排队，但是心中要有数。

中山大学与其他名校相比，我们的优势就是在经济方面还是有点实力，可以去引进一些人才。如果现在有200万元科研经费，我们很多教授拍拍胸脯就可以把这个担子承担下来，他的学术功力是能做这个事的。2000万元也可以找得到人，但更多一点，比如说承担建设1亿元的大学科、基地、大项目，这种领头人有没有呢？花了钱能不能达到那个水平呢？不是有雄心壮志就能上得去的，每个人的学术的发展有一定的局限性，不是无限的。所以，每一位领导在聘任的时候要看清楚，这个学科队伍能达到什么样的水平，如果争口气的话，还能达到什么水平，再提高层次还缺乏什么样的人才；当然，在每支队伍中，对每一个人都要发挥他的长处，要调动积极性，发挥潜力，关键是知人善用。

最后，在遵守规则的自觉方面，必须用制度来保证我们人才人事工作。这个制度保证，有这么几个关键：

第一就是要有一定的程序和规则。现在用人制度很大的权力在学院，院长不能够只顾眼皮子底下的学科建设，今天进了一批人，过两天就不要了，四年以后丢下一批人留给后任的院长来处理，这是绝对不行的，这是有历史教训的。决不能一个项目来了，进一批人，项目完了就把人摔给后边的领导去消化。所以说，一定要有一定的程序和规则，不能少数领导头脑发热、拍脑袋，因为权力也意味着责任。这种责任不仅仅是现在的责任，还意味着对未来的、对后面的班子的责任。

第二是一定要建立科学的评价体系。评价体系太关键了，我们现在的评价体系不尽如人意，也不够完善。我们要建设国际一流大学，在管理制度上要向国外一流大学学习，了解国外的评价体系。国外进一个人，除了一般的面试以外，还请很多不同的专家进行评价，一定要把这个人琢磨透了以后才要他。特别是一些稀缺的、高水平的学者，能够提升我们的水平、为我们做出贡献的人，不要在我们的眼皮底下漏掉。我们的评价要强调同行专家的评价，但是同行最怕的是本身的功力不够去评价一个功力更高的，问题是要看如何评价的。

作为一个高校的领导，我也经常评价人，我每年参加评教授及其他各式各样的水平评价。主要看显示成果的几个方面，比如看论文，当然 *science*, *nature* 这些是最好的，因为杂志本身的学术品味已决定了论文的质量、水平。在国外，更多的是看他的经历，看是谁介绍的，有一些很有名、很严肃的、德高望重的、不轻易说人好话的学者，光这个学者的评价本身就是很有分量的。在美国，他们看你曾经在什么样的研究所、什么样的大学、跟什么样的导师工作过，在那个层面上他本身已经被筛选过了。还有就是看他曾经做成过一些什么事情。也曾经有一些在我们的眼皮子底下滑过去的人，后来发现他是很优秀的人才。对不同的人才应该有不同的评价体系，对教师有对教师的评价体系，对科研人员有对科研人员的评价体系，对管理人员有对管理人员的评价体系，只有评价体系比较科学、完善，才能使得被聘任的人心悦诚服。所以，我觉得评价体系很关键。

第三是在这套人才人事工作体系中，应当有能够让本人申诉的权利。可能我们是这样评价的，但是还要让他本人有一个申诉的甚至是复评的机会，因为有时候可能也会有些偏差，或者他本人对这个问题还有一些看法。如果有这样的程序，就算是他本人没有被聘上，也不会对他造成过多的负面效应。对人的尊重也表现在，用他是尊重他，不用他也要尊重他，让他真正感到心悦诚服。当然，职位申请人也要实事求是，还要提高心理素质。

中山大学这几年工作的长处就在于我们注重学校人文精神的建设，体现"以人为本"的理念，我们的制度在不断地完善中。学校的人才人事制度刚开始实施，还需要在实践过程中不断地完善，归根结底是我们的工作要体现中山大学的价值观，体现我们的领导能力、我们的事业心，体现我们中山大学和谐的校园文化精神和环境。

高校党委在建设现代大学制度中的地位与作用[*]

进入新的世纪,许多高校提出要建设国内外知名的高水平大学,并把"综合性、研究型、国际化"作为学校发展战略的定位目标。这表明中国的高等教育将进一步走入世界舞台,中国的大学终将在世界著名大学之林中占据一定的地位。

建设具有国际水准的现代大学,不仅要有高深的学问,要有一批名师,要有对科技发展、社会进步具有重大影响的成果,同时也应有现代大学制度为支撑,包括现代大学的办学理念、管理体制和高效的运行机制。

中国《高等教育法》已明确规定,国家举办的高等学校实行党委领导下的校长负责制。高校党委统一领导学校工作,支持校长独立负责地行使职权,并面向社会,依法自主办学,实行民主管理。

因此,认真研究高校党委在建立现代大学制度中的地位和作用就显得十分重要,这也是完善执政党对高校领导和建设有中国特色并被国际公认的现代大学所必须回答的问题。

---

[*] 原文系作者为国家高级教育行政学院第二期教育部直属高校中青年校级领导干部专题研修班所作的专题报告,后发表于《国家高级教育行政学院学报》2002年第2期、《中国高等教育》2003年第22期。在北京师范大学举办的"全国高校党委书记论坛"上,作者于2002年6月28日上午以本题做了演讲,其摘要刊登于《北京师范大学校报》第18期上。本文为节选内容。

一、现代大学的功能与高校党委的使命和作用

教育的本质是培养人的社会文化活动,大学是实施高等教育的机构。现代大学通常被认为具有三种社会职能,即培养人才、发展科学和直接为社会服务。

其中:培养人才是大学的根本任务,通过文化的传递、选择、融合和创新来培养人才;发展科学是大学的学术形象和历史任务,大学是推动科学发展和科技进步的重要方面军;服务社会是大学的办学宗旨和重要使命,大学除了通过培养人才及科学研究间接服务社会外,也以其智力资源与科技实力直接转化为社会生产力,满足社会的现实需要。

现代高水平大学有三个基本特征:基于高深学问基础上的教学活动;具有原创性或应用性的科学与学术性研究;具有创新精神的校园文化。

《高等教育法》规定,高校党委的领导职责是:执行中国共产党的路线、方针、政策,坚持社会主义办学方向,领导学校的思想政治工作和德育工作,讨论高校内部组织机构的设置和内部组织机构负责人的人选,讨论决策学校的改革、发展和基本管理制度等重大事项,保证以培养人才为中心的各项任务的完成。

国家是学校的主权人,学校党委被授权领导学校。在当前历史时期,高校党委的主要使命是:把握办学方向,推进各项改革和学校事业发展;抓好师生的思想政治工作,保持学校的稳定局面;培养、选拔和管理校内各级领导干部。即:把握方向、保持稳定、管好干部。

高校党委作为执政党的一级基层组织,在高校具备三个功能:一是领导功能——发挥党委在高校的领导核心作用,支持校长独立、负责地行使行政职权,实行党对高校的有效领导;二是教化功能——宣传党的纲领,引导学生树立正确的人生观、世界观、价值观,培养具有科学精神,创新、创业能力和文明

素养的社会主义建设者和接班人；三是组织功能——加强党组织的自身建设，以共同的政治信仰、价值标准凝聚全体党员，增强党内亲情感、同志感、事业感和责任感，使党组织成为全校共产党员和党外积极分子政治生活的大家庭，提升党组织的整体素质。

当前，高校党委应当注意处理好如下几个问题：

第一，把握发展机遇，明确学校发展思路，制定发展战略。

党委把握办学方向，要抓大事，学校发展战略就是党委要抓的头等大事。建设高水平大学，党委的任务是组织发动和研究学校发展战略。明确学校的发展目标和定位，统一思想，不失时机地寻求学校健康、快速发展的历史机遇，推进各项改革。

近几年，中山大学党委坚持每年新年伊始举行一次"改革与发展战略研讨会"，每次研讨会都有明确的中心议题，在充分准备的基础上，集思广益，着力研究一两件事关学校发展的重大问题。在1999年初的研讨会上，党委进一步明确学校的目标定位："在21世纪初要建成居于国内一流大学前列，国际上有较大影响的研究型综合性大学"，而实现这一目标的发展战略是："立足广东、面向海外、服务地方、辐射全国"，办学指导思想则被概括为"以人为本、以服务为宗旨、以质量为生命、以改革为动力、以提高为目标、以特色为优势"。通过研讨会，明确了重点发展研究生教育、提升学科建设水平和寻找办学基地、扩大办学空间的工作方针，推动了我校研究生教育的快速发展和珠海校区的迅速建设。

2002年"发展战略研讨会"，又以"为建设高水平大学奠定良好基础"为主题，研究了学科建设规划和各类队伍建设的发展思路，明确了从2001年到2004年校庆80周年是奠定高水平研究型综合性大学基础的时期，重点要抓好三件事：

（1）要有一套富有创造性的发展思路。包括学校、学院、学科及人才培养等各个方面，通过集思广益、科学论证，形成明晰的发展思路并被广大教师所接受，形成较为完善的发展规划。发展规划既要实事求是，又要超越自我，要重视传统观念的突破，吸收国内外最先进的思想和经验。

（2）要对现有学科和专业进行战略性的结构调整，要利用并校和建设高水平大学的有利条件，构建科学合理的学科专业新布局。

（3）要有一套充满活力、可持续发展的运行机制。

今年的主要工作：一是要完成高水平学科建设的规划；二是要加快各类高素质队伍的建设；三是要着力建设高品味的校园文化环境。

党委工作千头万绪，但必须坚持发展是硬道理，以改革促发展，在发展中凝聚人心，化解各种矛盾。

第二，学校党委必须抓住培养人这个根本任务，紧紧围绕教学、科研、学科建设这个中心开展工作。

学校是学术机构，教育单位不是党政机关、行政单位，因此，党委必须扎扎实实地围绕教学、科研工作多做实事。要在建章立制、依法办学上下功夫，抓运行机制的完善和优化；要通过抓党风、机关作用促教风、学风和校风的建设；要树立尊重知识、尊重人才、尊重教师的创造性劳动、尊重学生学习和选择的权力的价值导向，为教学、科研、学科建设创造良好的校园环境。

第三，保持学校稳定是学校党委的重要任务。

其一是政治稳定。学校党委必须和党中央保持一致，要教育和引导师生遵纪守法，共同维护社会政治稳定。其二是学校内部局势的稳定。要关注校内师生的热点问题，以人为本，关心群众，化解矛盾。问题提到各级党委面前是没有退路的，必须直面问题、直面老师、直面学生，以真诚的努力取得群众的信赖，共同克服困难、解决难题。其三是领导班子的稳定。要保持党政一把手之间的合作与协调，维护校领导班子的团结。

当前高等学校除学生外，还有五大群体：一是离退休教工，他们是为国家或教育事业做出过贡献的前辈，他们曾经在低收入条件下默默地奉献了一辈子，现在年老体弱存在不少困难和困惑；二是工人和教辅人员，在今天重学历、讲职称的社会条件下，拉大收入差别，在他们心中也经常会有许多怨气和压力；三是党政管理干部，通常对他们要求多、批评多、关心少、培养少,如何对高校党政管理干部进行定位,关系到这支队伍的建设和提高;四是一般教学、科研人员,他们工作强度大、心理压力大,也有许多具体问题和困难;五是学术带头人,特别是顶尖、领军人物,他们是学校学术水平的代表,是有可能成为学校品牌的大师级人物,各单位都用优厚的条件争取他们,但他们中的一些人往往也存在着心理素质脆弱或其他实际问题。

这五大群体"板块",在每一次学校资源的调整或重新配置后都会引发许多矛盾,造成学校内部的不稳定,处理不当还会产生动荡,影响学校的正常秩序和发展。如何使这些"板块"之间和谐共存,构造出学校完美的整体图画,是学校党委经常碰到的棘手难题。学校的品牌靠大师,学校的发展必须要调动全体员工的积极性和创造性。

二、现代大学的管理体制和党委领导下校长负责制

不同国家,大学的管理体制是不相同的。在德国,大学都是公立的,受国家的监督,大学教师皆为国民之公仆。大学有两个公众所认同的权利:一是教师有选择研究领域和不受干涉的教学自由;二是学生有选择学校与课程的自由。在英国,大学皆为公立,在政府与大学之间有一"大学拨款委员会",大学定期向该委员会提出学术计划。大学的自主性包括:教职人员与学生之甄选;课程与学术质素之控制;研究经费的收受;等等。在美国,大学也不能完全地不受政府政策的影响,但在大学内部学术事务上则有高度的自主性。美国州立大学是在州议会的监督和预算的控制下,也无法享有太高的自主权。而美国私立大学则通过董事会受到宗教或商业团体的掣肘。[1]

以斯坦福大学为例,校董会是学校的所有人,拥有很大的权力,由校董会通过的校务会议组织条例规定,校长为学校的行政长官,是全校最高学术领导人,且校务会议拥有决定校内所有学术相关事务的权力。校董会对全体教师授权课程设计、

新生录取、评分、学位授予等多项权力。教职工通过参加许多相关委员会就学校规划、福利等问题向校长建言,作为校董会的决策参考。在某些范围内,学生也得到授权,参与制定有些与学生相关的规章制度的决策过程。斯坦福大学的管理模式在美国私立大学中有普遍性。[2]

从目前我国高校的领导管理体制现状来看,综合性大学主要存在着三种领导管理模式:学校实行党委领导下的校长负责制;二级学院实行党政共同负责制;附属医院实行行政院长负责制。因此,校、院二级党委在工作中必须找准定位,根据实际情况充分发挥党委的领导核心或政治核心作用,做好监督、保证工作。

学校实行党委领导下的校长负责制,党委是学校的领导核心,总揽全局,统一领导学校工作。校长作为高校的法定代表人,在校党委的领导下,积极主动、独立负责、依法行使职权。党委应遵循"不抢事、不推事、做实事、抓大事"的原则,充分尊重并支持校长、副校长行使职权,使班子中的每一个人都有其明晰的职责范围和充分的行政决策权力。校长也必须尊重党委对学校行政重大问题和重要事项的集体研究和决策权,例如学校的发展目标与规划问题、财务问题、机构设置问题等。学校的重大问题和重要事项,由行政领导班子负责提出意见和方案,提交党委(常委)会集体讨论决策。党委讨论决定后,由行政领导班子负责组织实施。在学校党政班子合作过程中,碰到事关学校稳定和发展大局的问题或棘手的难题时,党政班子成员要同心同德、相互支持,主动为其他同志分担工作压力。

坚持和完善党委领导下的校长负责制,必须做好三方面的工作:第一,坚持民主集中制的领导制度,这是坚持党委领导下的校长负责制的根本保证。高校的领导班子必须靠民主集中制原则来理顺关系,实现党对学校的领导。对于学校的重大问题和重要事项,要按照"集体领导、民主集中、个别酝酿、会议决定"的要求,遵循少数服从多数的原则,由学校党委(常委)会集体讨论决定。第二,实行集体领导和个人分工负责相结合的工作制度,学校重大问题和重要事项由集体讨论决定后,由分管领导负责组织实施。学校各项日常工作，由分工负责的领导积极主动、独立负责地处理。第三，建立和健全民主科学的决策机制，在重大问题决策上，要增强透明度，充分发挥专家的决策咨询作用，做到重大问题和重要事项没有进行专家论证不决策，没有充分听取群众意见不决策。为此，学校党委应当制定《党委常委会议事与决策制度》，对党委常委会议、党委书记办公会、校长办公会的议事规则、决策程序和领导行为加以规范，进一步完善议事决策制度，建立体现民主集中制原则和决策民主化、科学化精神的制度系统，这是保证领导班子持久高效运作和成员之间长久团结协作的重要条件，也是增强领导班子战斗力的重要保障。同时，还可以成立"党委决策咨询委员会"等专家组织，邀请有关专家学者参与学校重大决策的咨询论证工作，确保决策的科学性和合理性。

对于二级学院和医院来说，议事决策的最高形式是党政联席会议，重大问题和重大事项可通过召开党政联席会议方式集体研究决定。党政联席会议可根据不同议题分别由党政一把手主持会议。党政联席会议同样要按照民主集中制原则进行，同时要相应地制定出有关"决策议事制度"，确保民主集中制的落实。学院党委和医院党委要充分发挥基层党委的监督和保障作用，二级党委必须参与讨论和决定本单位的教学、科研、医疗、行政管理工作中的重要事项，支持行政负责人在其职责范围内独立负责地开展工作。在学院（医院）中层干部任免问题上仍要坚持"党管干部"的原则，由党委会集体讨论决定，党员行政负责人作为成员参与会议讨论，讨论前应注意党、政一把手之间的沟通。

坚持和完善党委领导下的校长负责制，有两个问题必须引起足够的重视：

第一，关于"党管干部"问题。

建立现代大学制度的关键是要有一批高素质的具有现代眼光并熟悉教育规律的领导者、管理者。党对高校的领导也是通过各级党政领导干部来实现的。因此，"党管干部"是我国高校干部选拔制度中的重要原则，建设高素质的干部队伍是高校党建工作的重要内容。

当前存在的主要问题是：

1. 定位问题。

一是各级党政领导干部都应明确自己的工作定位是受执政党的委托来领导和管理学校。不论党务系统或是行政系统的干部，都应树立党的意识，自觉接受党委领导。有些专家型的行政领导，由于遴选时比较注重其学术身份和学术成就，有些甚至是从国外应聘直接担任领导职务，在注重发挥其业务专长和行政领导权的同时，也要提醒和帮助他们正确认识和接受学校党委的领导。

二是各级领导都应正确认识自己岗位的权力定位。不论何种领导职务，我们的权力都是有限授权的，要自觉接受组织的监督、群众的监督，用好手中的权力，为学校事业发展做好事、做实事。对新提任的干部来讲，权力的增大，并不意味着能力的提升，要不断地学习，努力工作，真正提高领导和驾驭工作的能力。

三是应给高校党政管理干部正确的性质定位。高校党政管理干部队伍建设中遇到的困难与我们如何看待这支队伍十分相关。一方面，由于各级党政管理干部特别是中层领导干部手中有"权"，决定资源的配置和人员的调度安排，从某种程度上讲决定了群众的"命运"和发展。因此，必须要求干部用好"权"，树立公仆意识和"管理即服务"的思想，同时要采取各种措施监督"权力"的运作，我们抓党风建设、抓机关作风建设都是为了端正各级领导和管理干部"权力观"。在干部与教师发生矛盾时我们会批评干部，在决定学校各种政策时，我们也会首先向教师特别是优秀教师倾斜。因此在高校，党政干部总体上看是讲奉献、讲风格、讲党性的。但是，另一方面，高等学校是高层次知识分子汇集的地方，是最高学府，每一位管理干部都要面对大批教授和学生，他们的素质关系到学校运行机制能否优质、高效地推动学校的发展。因此，高校的管理不论从服务对象还是从工作的专业成分上讲都需要专业化、职业化，要明确"管理即科学"的要求。建设高水平的一流大学，不仅需要一支高水平的教师队伍，同时也需要一支高素质的管理干部队伍。当前高校管理工作水平已经成了制约学校发展的瓶颈之一。因此，对党政管理干部仅仅看成是"公仆"、有好的服务态度是不够的，更重要的是管理的水平和现代管理意识。从这一目标出发，对高校党政管理干部，特别是中层以上领导干部应当看成是从事管理科学研究和实践的专家和学者，给予足够的尊重和应有的待遇，从而也会吸引更多、更优秀的人才进入党政管理队伍，提高党政管理干部队伍的整体素质。

2. 遴选问题。

结合高校的特点，完善选贤任能的机制是实现"党管干部"的重要环节。

不论单位大小，用人不当，祸患无穷，因此各级党委都必须把好选人用人关。要严格按规定程序选拔任用干部，要尽可能扩大干部推荐、选拔的范围，尽可能扩大考察、评议干部的群众参与范围，努力做到公开、公平、公正，规范选拔程序，规范考核程序，规范上岗程序。对"双肩挑"的业务干部进入领导岗位，要坚持"个人志愿、群众信赖、德才兼备"，要重视提任对象的工作经历和工作实绩。对"个人利益至上、拉帮结派、心胸狭隘"的人，即使专业水平再高，也不能放到关键领导岗位上，更不能当"一把手"。

要建立一套完整的干部"能上能下、能进能出"的管理机制，推动学校党政管理干部队伍建设充满活力，使优秀人才不断脱颖而出。

3. 管理问题。

高校党建工作有其政治属性，同时也应含有学术属性，要从科学学、政治学、管理科学等多学科角度来培养党的干部，提高他们对党建工作的认识，掌握党建工作的科学规律。党政干部的管理本身也是科学，对各级党政管理干部，一方面要加强教育和监督，另一方面更要注意培养。不仅要重视提高思想政治素质，同时要注意提高整体的管理业务素质。要和建设高水平大学同步建设高水平管理队伍，要用现代管理科学知识帮助他们认识现代大学制度的办学理念和运行机制，掌握现代管理技术手段，提高管理工作的品味、格调和水平。要有专款、有计划地培养各级管理骨干，要利用高校教育资源提升他们的学历和文化素养。关心干部是干部管理的重要内涵，不能只要求而不培养，要重视党政管理干部合理的个人待遇和正当的发展权益。

第二，关于"党要管党、从严治党"问题。

加强高校党组织的自身建设，改进党组织在群众心目中的形象，保持党的先进性、纯洁性，增强党组织的创造力、凝聚力、战斗力是有效地实行党委领导下的校长负责制的基础与前提。

党委必须高度重视各级党组织的思想建设、组织建设和作风建设。

（1）首先要抓好校、院二级党政领导班子，特别是党政"一把手"的思想作风建设。

（2）要重视基层党支部的建设，关键是理顺校、院、系党的组织体系，配备好基层党支部书记队伍，改进党员的组织生活。要以解放思想、实事求是的思想路线和与时俱进的态度改善党内政治生活，使党支部真正成为党员之家，使党的组织生活达到吸引党员、教育党员、团结党员、激励党员的目的。

（3）要认真研究并不断解决党的建设中存在的突出问题，重视发挥基层党组织的作用和党员的参与作用，增强党组织解决问题的能力，激发党员的政治热情和责任心。

今年是转变作风年，我们提出要紧紧抓住党的作风建设这个主题，以党风建设促校风建设。重点抓好校、院二级领导班子的作风建设，特别是对党政"一把手"的民主监督工作。近年来，全国违法违纪案件成群体化、高层化、高知识化发展趋势，核心问题是领导的民主意识和监督机制存在问题。要保证各级党政"一把手"运用好手中的权力，避免造成工作中的失误，就必须做好对"一把手"的监督工作，要在制度的约束上下功夫。近期，我们要做好"五个一"的工作：一是过一次以"转变党的作风，加强民主监督"为主题的民主生活会，着重寻找在坚持民主集中制、加强民主监督中存在的不足以及改进的思路。每一位校级领导要参加一个基层党委的民主生活会。二是制定一套议事决策制度,对重大的干部、人事、财务问题实行集体研究和民主监督。三是建立和完善一套监督保障机制,继续实行校(院)务公开、校(院)领导接待日、特邀监察员、信访制度等。四是建立一套专家管理体系,让更多的专家、学者公开参与学科建设、教学、科研、医疗、管理的决策咨询,防止权力过于集中,造成决策失误。五是建立一套民主评议领导班子和领导干部的工作制度。

同时,我们要求学校党委常委每人至少联系一个基层党委,到一个基层党支部调研,过一次组织生活,联系一位党员教师、一位党员学生、一位党外积极分子。要求以普通党员的身份进行调研和交流。

中国大学经历了近一个世纪的发展,从学习西方,到学习苏联,到经历"文革"的灾难,到改革开放后20余年的进步,已成为世界上最大的大学群体,我们党完全有可能按照中国的文化传统,吸取世界先进教育的经验,建设起中国特色的高水平的现代大学。

学校党委在抓学校发展的同时,必须抓好学校的文化精神的建设,要形成学校自己的品格和传统。

我们中山大学党委明确提出,中山大学作为科学的殿堂、培养人才的摇篮,应当坚持:崇尚科学、尊重知识、尊重人才、尊重教师的创造性活动、尊重学生学习和选择的权力、尊重所有人的人格和应有的权益。要努力做到:不唯上、不唯权、不唯官,只唯实、唯民、唯学、唯德。要以是否有利于学校事业的发展,是否有利于教学、科研和学科建设,是否有利于中大的教工和学生的根本利益作为判断事情的价值标准,这也是落实"三个代表"的具体体现。学校领导班子必须坚持:不说假话、不搞形式主义、绝不整人,等等。

近80年来,中山大学秉承孙中山先生"天下为公"的思想,以"博学、审问、慎思、明辨、笃行"为校训,形成了讲求革命性、科学性和开放性的办学传统,奠定了培育社会英才的团结、民主、务实的浓郁的校园文化。这些也是现代大学的包容性、创新性在中山大学的具体体现。在新的世纪，我们要把校园人文精神、文化传统融入到教育和管理工作的全过程，形成学校特有的时代精神和文化传统。

参考文献

［1］金耀基.大学之理念.北京：生活·读书·新知三联书店，2001

［2］（美）唐·肯尼迪.学术这一行（中译本）.台北：天下文化书坊，2001

［3］上海教育工委.把握内涵，找准定位.中国教育报，2001－12－28

［4］王冀生著.宏观高等教育学.北京：高等教育出版社，2000

二、认识篇

高等教育的发展与大学的使命*

世纪之交，中国高等教育取得了长足进展，也引来了许多议论，其中，高校合并、大学扩招和建设世界一流大学（"985工程"）成为舆论关注的焦点。在此，本文的重点是对大学扩招与学生就业问题谈点个人的看法。

众所周知，美国著名教育社会学家马丁·特罗提出：当一个国家适龄青年（18~22岁）中接受高等教育的比率在15%以下时属于精英教育阶段，15%~50%为大众化高等教育阶段，50%以上为高等教育普及化阶段。我国高等教育毛入学率，1998年为9.8%，经过几年扩招后，2000年达到11%，2002年达到15%，2004年达到19%，如今高等教育在学总规模超过2000万人。我国已进入国际公认的高等教育大众化阶段。

大众化高等教育是社会发展到一定阶段的必然趋势，它在中国这样快速地发展，主要取决于下面几个因素：①高等教育毛入学率与人均GNP（国民生产总值）密切相关，当人均GNP在1000~3000美元之间时，高等教育的毛入学率绝大多数在10%~20%之间，平均值为14%，中国已进入这一社会发展阶段。②1997年世界金融危机后，国民经济增长放缓，政府希望参照国际先例，通过高等学校的扩招来拉动国内经济需求。例如，美国在20世纪30~50年代经济萧条时期就是通过扩大高等教育容量及加大基础建设（如高速公路）投入来拉动经济，

---

* 原文发表于《中山大学学报》（社会科学版）2005年第5期。

储备人才。因此，1999年初，国务院决定高等教育大规模扩招，并提出了"建立高等教育大众化"的目标。③中国独生子女政策导致父母对子女能受到高等教育抱有极大的期望，这成为高校扩招的社会需求。④世纪之交，应对知识经济的挑战，落实科教兴国战略，加快经济和产业结构的调整，各地政府都希望加快高等教育的发展，以培养大批高素质人才。

　　正是国家、地方和社会对"高校扩招"观点上的一致，使得高校规模扩张势不可挡，短短几年中实现了从精英教育阶段向大众化教育阶段的跨越，中国高等教育规模已超过美国成为世界第一，中国成了名副其实的教育大国，当然目前还谈不上教育强国。

　　进入高等教育大众化阶段是社会教育系统的大跨越，必然会引发一些新的问题，如：①扩招速度过快，而同一时期政府对高等教育的投入并没有太大增长，引发人们对扩招后高等教育的质量产生怀疑。1999年，教育部制定的《面向21世纪教育振兴行动计划》提出到2010年高等教育毛入学率达到15%。但是，在政府的强力推动下，这一目标提前8年在2002年就已实现。②大学毕业生就业问题突显。1998年普通高校本（专）科总共招收108万，2004年招生规模已达447万，2005年要达到475万，而2004年高校（普通高校本、专科生）平均就业率为73%，总共安置204万人，今后几年压力将日益加大。从社会经济发展水平来看，中国高等教育规模超过美国，但中国的GDP总量只是美国的1/10，人均GDP更是美国的几十分之一。因此，能提供的工作岗位很难在近期内满足大学毕业生的需求。③高校的巨额贷款和多校区管理成为大学的沉重负担。由于在扩招的过程中政府投入并没有太多增长，学生所交学费也受政府及社会的限制而无法抵消办学成本，因此，扩招所带来的校区扩充、新校区建设的投入主要靠银行贷款，贷款几亿元、十几亿元的高校比比皆是。同时，多校区建设的管理也加大了办学成本和管理的难度。④伴随着高校扩招，一批民办学院和独立学院迅速发展起来，成为社会多渠道筹资发展高等教育的补充力量。在中国民办教育发展的历程中，真正以社会公益事业、社会福利、慈善事业为纯粹目的的极少，绝大多数投资者还是企求能从教育的经济效益中得到回报。这又与传统理念中高等教育非产业属性的观点相悖。因此，迄今为止对民办教育及独立学院的定位也是"一种解释，各自理解"，实际是很模糊的。

上述问题正是高校扩招后导致社会议论的主要原因，也是如何正确看待大众化高等教育、应对大众化教育阶段新问题的关键。对此，本文试图提出如下三个观点以供讨论：

1. 能够迅速实现高等教育大众化，是社会进步的标志，是一件值得庆贺的好事。高校在期间承受着巨大压力，功不可没。

在精英教育阶段，教育的主要功能是培养国家所需的治国英才和科技英才；在大众化高等教育阶段，高等教育将同时满足更广泛的社会需求和公民个人对教育的需求。当今世界，人们追求生活质量的提高，追求人的全面发展，因此对接受高等教育的迫切性日益增长。对许多人来讲，上大学已不仅仅是为了谋生、谋职业，更看重的是提高人的文化素养，提升人的生存价值和生活质量。因此，扩大高校规模正是为了解决社会需求和高校容量之间的不平衡。越是经济发达的国家，人口受教育的年限就越长，毛入学率就越高。如2000年统计25~64岁劳动人口受教育的年限：美国、日本、英国、德国、韩国都在12年以上，而中国仅有8年；美国、英国、加拿大、韩国的毛入学率都已超过50%，达到高等教育普及化的阶段。党的十六大报告中指出："要造就数以亿计的高素质劳动者、数以千万计的专门人才和一大批拔尖创新人才。"无论从国家发展、社会需求还是从个人生活质量的提高看，高等教育扩招、快速发展都是件好事，也是国家经济社会发展的必然产物。

2. 高等教育从精英教育阶段过渡到大众化教育阶段，决不仅仅是量的增长，同时也是质的变化，高等教育观、高等教育功能、领导与决策、学术与质量标准、入学选拔方式、课程与教学形式及学校管理模式等等方面也要发生根本性的转变。如果说精英教育的特点是同质化，那么大众化教育的特点就是多样化。

（1）建立多样化的高等教育体系，构建实现大众化教育的途径。特别是要大力发展高等职业技术教育、民办高等教育及建立相互贯通的高等教育体系和竞争有序、使各类学校相安发展的高等教育秩序。政府应当制定法规，努力改善各类、各层次教育之间的衔接关系，构筑"立交桥"（如选读学分、择优选拔插班生、专升本等），最终逐步建立多样化的终身学习的高等教育体系。

（2）树立多样化高等教育质量观，构建分类型、分层次的高等学校教育、教学质量评价制度，是大众化教育阶段的核心问题。必须强调，在高等教育发展阶段整体上从精英型转向大众型之后，精英教育并没有消失，相反还会作为高等教育的核心而得到进一步发展，并与其他教育模式并存，特别是重点大学，仍然承担着培养精英人才的责任。同时，不同类型、不同层次的学校都可办出水平，满足社会对各类人才的质量需求。随着招生规模的扩大，高校招生已经成为学生的"买方市场"，高校之间争夺优秀生源将会愈演愈烈，学校的"品牌"将被视为学校的"生命线"，学校"定位"将成为检验学校领导智慧和能力的试金石，学校盲目的"攀升风"必将受到遏制。因此，大众化高等教育最终应当导致学校的分化，导致学校"质量意识"升温，导致学校办出个性、办出特色。

（3）投入不足是实现大众化高等教育的主要障碍，要开拓多样化的教育投资渠道，加大政府对公立高校的经费投入、政策投入是其中的关键。近两年政府主要注意力放在基础教育，特别是对边远贫困地区普及教育加大投入力度，这是十分必要的。但是，2003年全国其他各种教育生均预算内事业费支出比上年均有所增长，唯独所有普通高校生均预算内事业费支出下降6.56%，由上年的6177.96元下降到5772.58元。1993年2月颁布的《中国教育改革和发展纲要》规定"逐步提高国家财政性教育经费支出占国民生产总值的比例，到世纪末达到4%"，2001年《全国教育事业"十五"规划和2015年发展规划》将目标实现期又推迟到2005年。2005年"两会"期间，政协教育组全体委员联合签署一个提案，就是要求政府尽快实现达到4%的目标。据有关官员称，这个目标预计要到2007年才能实现。目前的实际情况是：2002年为3.32%，2003年为3.28%，还少了0.04个百分点。其实从2005年的GDP总量来看，也只是相差700亿元/年左右。只要真正落实"科教兴国"、"人才强国"的发展战略，落实把教育放在优先发展战略地位的基本国策，无论是财政加大投入、发行教育彩票，还是完善社会投资教育等公益福利事业的税收机制，都可以缓解大学在扩招后引发的经济困境。

（4）高等教育是非义务教育，要完善高等教育成本核算机制，建立政府、学校、社会、学生各方对教育成本的分摊机制。重点大学师资的支出成本远远高于一般大学师资的支出成本，但学生收费标准却相差无几；在坚决杜绝乱收费的同时，也要防止物价、审计部门盲目禁止正常收费项目，以致加重学校实际负担，最终转嫁到削弱学校办学条件的改善或转移到学校所背的债务上。大众化高等教育的基本特征是"多渠道、多模式、多层次"的多样化形式，政府的宏观指导也应当是多样化的分类指导。唯有学校办学是讲求个性、特色的多样化模式，这才是中国教育体制的一大进步。

3. 在大众化高等教育的推动下有两个"传统观念"受到冲击，值得研究并形成新的教育观念。

一是关于传统"就业观"问题。

中国高等教育（包括旧式官学）经历了从"读书做官"到"读书就业"的过程。在计划经济下，"进了大学门，就是国家人"，因此强调"专业对口，分配对路"。在市场经济条件下，国家不包分配、实行双向选择，又从"读书就业"过渡到"读书择业"。毕业生以自己的专长、能力、素质去适应社会需求，选择合适的工作岗位。学校教育也更加重视拓宽基础、强化能力、提高素质，同时政府和学校为学生就业努力创造必要的条件。随着大众化教育事业的发展，越来越多的人接受各类高等教育，公民受教育的年限拉长，大学教育成为基本的文化需求，就业是作为社会人的一种社会需求，"读书择业"逐步会被"读书成才"、"读书创业"所代替。读书和工作都成为人的基本需求，让更多的人读更多的书，同时提供工作的机会，是和谐社会的基本责任。

　　这里所说的"工作机会"和我们现在讲的"工作岗位"还有所不同，它更多的是强调人在社会上的作用，从事的工作并无贵贱高低之分。有人说"大学毕业生就业难"是由于大学扩招造成的，这种说法欠妥。因为扩招只是给客观已存在的人享受更长的教育机会，这些人不上大学同样要寻找工作岗位，只是不会去挑选专业性很强的岗位而已，正如深圳不缺民工，缺的是技术工人。

　　美国等发达国家已经普及高等教育，社会仍然有就业率问题，但已逐步淡化大学毕业生应有的就业岗位的概念。许多大学毕业生（包括中国留学生）发现自己所学专业找不到合适工作，就可能先找个"能工作"的工作，也可能再去读一个本科或硕士课程为转换工作领域储备知识。在美国读过两个以上本科或硕士的比比皆是，一生中工作变动五六次已成常事，无论在餐馆端盘子、做导游还是开"的士"、做家庭服务员，并不会因自己是大学毕业生而感到羞愧。

　　当然，中国教育普及程度还没有到这一步，家庭为子女上大学也付出太多，期望回报，正如农村有一句口号是"要打工，上初中"，如今初中文化已成为打工仔的基本文化素质要求，而在我们的父辈，有初中文化已是大知识分子了。2004年，报纸为"北大毕业生卖猪肉"着实喧闹了一番，其实在国外自费留学生有几个不是从餐馆打工开始的呢？为什么在美国能做这些工作，中国的大学毕业生做这些工作就觉得不合适了呢？

　　我认为，高校有责任提高人才培养的质量和提升毕业生的全面素质，为国家培养数以千万计的各类专门人才和拔尖人才，但教育总的目的是为社会培养高素质的劳动者。因此，"就业问题"本质上不是教育问题，而是社会问题。社会发展为各类人才提供各种工作机会，而学校最根本的是培养学生服务社会的责任和能力。

　　大学毕业生应当有做任何工作的思想准备，社会舆论要给大学生更多的宽容、理解和支持。要找到理想的工作，竞争会是激烈的，而如果能创造一个自己理想的工作则更富有挑战性。

要学会选择，学会适应，学会生存，学会自我心理调节。天生我才必有用，即使在平凡的工作岗位上，受过高等教育的人也会做得更加出色。近年中山大学每年从社会招收10名硕士毕业生从事学校党政管理工作。将来农村基层干部、城市街道管理人员如果都具有大学学历，我们这个社会就会更加和谐。当然，在现今阶段，高校和政府都要为学生就业创造更加有利的条件。

二是关于"知识产业"问题。

我国高等教育大众化的进程，已经超越了国际上其他国家在相同时期内、相同阶段上的发展速度，而政府的投入又显得明显不足，照此下去，要继续保持如此发展的速度将十分困难。建国后的教育发展史上曾有过数次大起大落的例子，其中1960年全国高等学校由1957年的227所猛增到1289所，招生数达32.3万，到1962年高等学校又大幅削减到407所，高校招生回落到10.6万，在校生由96万人下降到75万人。

国外也有同样的问题。各国进入大众化高等教育阶段再往普及方向过渡时，遇到的同一问题都是教育经费同比增长严重不足。一方面，社会要求大学提供高质量并可负担得起的教育服务；另一方面，支持高等教育的公共财政却无法忍受传统的"高消费，低产出"的高等教育模式的经费增长。在美国，正如芝加哥大学教授詹姆斯·杜德斯在《21世纪的大学》中所说："政府和公众都呼吁公立大学要更多地招生，提高质量、节约费用。然而他们也鼓励——事实上是期望——公立大学对州政府之外的资源利用得越多越好。从某种意义上说，许多州的高等教育资助政策已经从利用税收来支持公立高校成为公益事业，转变为购买低成本的教育服务的哲学。"

这里触及一个很敏感的问题，即教育的"产业"属性。在中国的传统文化中，教育是很神圣的事业，是沾不得任何"铜臭"的。我们常说教育的"政治属性"是培养社会主义事业的建设者和接班人，讲教育的"文化属性"是传授先进文化和科学知识，谈教育的"社会属性"是社会文明的窗口和策源地等等，但最忌讳的是讨论教育是否具备"产业属性"。许多教育家或政府官员一再声称教育不是产业，教育是公益事业。

詹姆斯·杜德斯在《21世纪的大学》一书中还指出：历史上美国高等教育的发展是由税收来支撑的，或是直接地通过州或联邦拨款，或是间接地通过优惠的税收政策。结果，公共政策和公共议程在很大程度上塑造了高等教育，公共投资既决定又保护了美国高等教育的公共目标。然而，今天人们越来越认识到21世纪私人资金将推动高等教育的发展，公共政策会逐渐被市场的压力所取代。这就产生了一个重要的问题：由私人资助、市场推动的"全球知识和学习产业"能够保存大学重要的传统、价值标准和广泛的目的吗？或者，是否需要新的公共投资来保护美国高等教育的培养公民的重要目的呢？简单地说，教育走到这一步，非变革不可，要么给足办学经费，要么寻求新的支持和发展思路。美国是个多元文化社会，一边，理论家在讨论是否"应该"的问题，另一边，实践家们已将原本依靠州政府拨款的公立大学在财政方面越来越办得像私立大学，通过学费、联邦基金和合同项目、私人捐赠及附属服务获得直接收益，而不再依赖于直接拨款。

其实，近年来中国大学早已依靠多渠道拓展学校的财源，民办学院和独立学院资助者获取必要回报也已忽隐忽现，使人们对学校是"纯粹公益性的非赢利性组织"不再迷信。人们虽然不提"教育产业"，但更多地讲教育成本和办学效益。国外大学面临的情况也大体相同。当前有两种趋势值得研究、值得重视：

第一，高等教育全球化和由此引发的激烈的教育市场竞争已拉开帷幕，中国已成为发达国家高等教育争夺的一块大蛋糕。澳大利亚悉尼大学著名学者安东尼·韦尔奇教授认为：保守估计，全球高教市场从现在一直到2010年，每年至少有300亿美元、140万学生。他还认为，教育将成为全球服务贸易的主要组成部分，仅1998年全世界国际学生带来的全部收入（包括生活费用）至少也是200亿美元。例如，澳大利亚的教育已经成为超过农业贸易收入的最大服务输出领域，2000年至少为澳大利亚的经济输入21.5亿美元，占澳大利亚服务贸易的12%；20世纪90年代早期，新西兰的教育输出收入超过葡萄酒贸易收入；

2000年，美国从留学生那里获得102.8亿美元的收入；在英国，几乎所有著名大学都成立"中国部"，专门研究从中国吸收生源。我国大学实际上也开始在国际交往中扩大对国外学生的教育服务，包括汉培学生和留学生。这些举措中包含的理念已然表明，教育已经成为服务性产业，在为国家争取资源的同时也补充了高校经费的来源，高校已不仅仅是纯粹的公益性、非赢利组织。由此，该挣的钱还是要挣的，再争论已经没有实然性意义了。

第二，构建大众化教育下的高等教育体系。不仅要在投资渠道上大力发展民办学院及独立学院，而且现代信息技术及人们终身教育的需求使网络教育、虚拟大学及学习软件提供的教育支持能更灵活地突破时间和空间的限制。21世纪知识经济使整个社会成为学习型社会，传统的高等教育无法满足人们对接受高等教育的需求，同时传统的高等教育要求学生付出的时间和金钱也不是所有人都能接受了。因此，市场驱动着新的知识产业逐步形成，一些中介教育机构，包括社会教育中介组织如虚拟大学及企业培训机构等等，利用信息技术扩大教育的范围，满足了人们对教育的需求。在美国，许多研究型大学已经发展成所谓的"云中核心"（Core-in-cloud）组织。在这些大学里，各学院和系在进行精英教育和基础研究的同时，还围绕着一群准大学组织——研究院、智囊团、企业研发中心等，它们从核心大学获取智力支持，反过来又为大学提供重要的经济、人力和物质等资源。这种机构反映了基础研究和应用研究、教育和培训、大学和社会之间的模糊关系。"云中核心"模式使大学在不用损害其核心学术价值的同时，可以更好地为社会服务。美国的大学也在全球兴起的知识产业浪潮中观察、等待或做出必要的选择。中国大学要在提供大众化高等教育服务下走出困境，也应当正视在全球兴起的知识产业及其对大学发展的影响。默守陈规只能被动挨打。

最后，我的结束语是：首先，不要总是批评高校的扩招，还是应该多为高校争取经费出招；其次，不要总是抱怨大学生毕业就业难，没有文化、没有接受过高等教育的人其实就业更难；

再次，无论教育是不是"产业"，国外教育正在赚中国学生的钱，我们为什么不拿这些钱来扶持国内的教育呢？既然中国的高等教育已经进入大众化阶段，事物已发生本质的变化，那么我们的理念就要跟上，措施就要跟上，一句话就是要"少争论多干事"。

参考文献

［1］李延保. 关于大学的管理. 中山大学学报（社会科学版），2004，（1）

［2］李延保. 现代大学文化精神与历史传承. 中山大学学报（社会科学版），2004，（6）

大学发展需要更好的舆论环境[*]

世纪之交，中国的高等教育已取得长足的进步，同时也相伴而生出许多新的问题，引起社会的广泛关注。从构建和谐社会的目标出发，其中由媒体主导的社会舆论既要反映客观存在的现象和广泛的民意，同时也要对问题能深度了解触及问题的本质，影响正确的舆论导向。这就需要政府有关部门和新闻媒体共同有意识地组织专家和社会民众做更深入的分析和研究，关注问题的实质和解决的途径，使社会舆论的倾向既有批判性，更有建设性，增强全社会对我国高教事业发展的共同责任，为我国高等教育发展创造更好的社会舆论环境。举例如下：

我国高等教育已进入大众化高等教育阶段，这是社会发展到一定阶段的必然趋势，也是社会进步的标志。问题出在速度快了一些、投入少了一些。我国高等教育大众化的进程超越了国际上其他国家相同时期、相同阶段上的发展速度，而政府的投入又没有和扩招的规模同比例增长。

1999年教育部制定的《面向21世纪教育振兴行动计划》提出到2010年高等教育毛入学率达到15%，这一目标提前8年在2002年就已实现，到2005年高等教育在学人数已由1998年634万人增加到2300万人，毛入学率由9.8%上升到21%。

中国高等教育的规模超过美国，但中国GDP总量只是美国的1/10，人均GDP更是美国的几十分之一。

---

* 原文系2007年3月在全国政协会议上的发言。

中国高校原有的基础条件比较薄弱,"文革"前几乎没有一所万人大学,校园面积大多只有几百亩,校舍比办学经费更加紧缺。现在短短几年学生规模扩张四五倍之多,必须有新的空间、新的校舍来容纳学生。目前有近千所高校不得不建设新的校区,面临多校区的管理模式,也不得不盖"大楼"来容纳学生。

正由于这种"低投入、超快速"的背景,必然引发一些问题,正如近些年社会舆论关注的扩招后高校教学的质量问题、大学毕业生的就业问题、高校的巨额贷款问题和多校区管理问题,以及由于民办高校和独立学院的兴起引发的对中国民办教育的定位问题等等。议论多多、批评多多,教育部门和高校领导感到很大的压力,也有很多的无奈和委屈。

其实,中国能这么平稳、快速地实现大众化高等教育并不是件坏事,甚至是很了不起的奇迹,它既有领导的决策,更有社会需求和民众意愿的推动,绝非偶然。应当讲,中国高校在期间承受了相当大的压力,并做出了重大的贡献。

在各种批评或担忧之后,我们无非是三种选择:一是倒退回去,缩小高校招生规模,在1960~1962年中国高校就曾经历大起大落。二是按扩招规模同比例增加教育的投入。但是,财政部门去年在给政协委员的答复中很巧妙地只讲1998年到2005年财政性教育经费增长的绝对数,而不讲比例,再加上基础教育中"两免一补"的推行,估计给高校经费增加有限。大学领导最清楚中国高校办学经费的短缺,近千亿的贷款也属无奈之举。我这里恰好有份香港理工大学的年报:2005~2006年度香港理工大学整个财政收入为39.5亿港元,其中政府拨款22亿港元,学费收入10.2亿港元。它还只是一所很普通的大学。三是既不倒退,政府也不能大幅度增加经费投入,只能由全社会共同商讨解决办法,承受"超快速"发展带来的压力。

20世纪50~70年代,欧美许多国家的高等教育规模迅速扩大,从"精英教育"进入"大众化高等教育"甚至"普及高等教育"的时代,同样遇到了两个问题:一是教育经费问题,二是教育质量问题。

前者是办学的物质基础，政府公共财政即便有很大投入，也难承受日益发展的高校教育经费的巨额增长。詹姆斯·杜德斯在《21世纪的大学》一书中指出：教育走到这一步，非变革不可，要么给足经费，要么寻求新的支持和发展思路。

　　后者是精神层面的问题，从精英教育阶段过渡到大众化高等教育阶段，决不仅仅是"量"的增长，更是"质"的变化。高等教育观、高等教育功能、学校管理模式、领导与决策等等方面都要引发根本性的转变，其中"多渠道、多模式、多层次"的多样化形式及分类指导原则等是大众化高等教育阶段的基本特征，核心问题是传统的教育观念必须有大的变化和调整。

　　例如，当前毕业生的"就业率"问题牵动着高校领导和学生的神经，也是社会关注的热点问题。美国等发达国家已经普及高等教育，社会仍然有就业率问题，但已逐步淡化大学毕业生应有的"就业岗位"的概念，许多大学毕业生（包括中国留学生）发现自己所学专业找不到合适工作，就可能先找个"能工作"的工作，也可能再去读一个本科或硕士课程为转换工作领域储备知识。在美国读过两个以上本科或硕士的比比皆是，一生中工作变动五六次已是常事，无论在餐馆端盘子，还是"开的士"、做导游、做家政工作，他们都不会为自己读过大学而感到羞愧。

　　当然，中国教育普及程度还没有到这一步，家庭为子女上大学付出太多，期望回报。正如农村有一句口号"要打工，上初中"，如今初中文化已成为打工者的基本文化素质要求，而我们的父辈，有初中文化已是大知识分子了。2004年，报纸为"北大毕业生卖猪肉"着实喧闹一时，2006年又把"大学生重读技校"当成了社会新闻。其实，在国外自费留学生有几个不是从餐馆打工开始的呢？为什么在美国能做这些工作，在中国就觉得不合适呢？

　　我认为，高校有责任提高人才培养的质量和提升毕业生的全面素质，适应社会的需求，但教育总的目的是为社会培养合格的劳动者。因此，"就业问题"本质上不是教育问题，而是社会问题。社会发展为各类人才提供各种工作机会，而学校最根本的任务是培养学生服务社会的责任和能力。

大学毕业生应当有做任何工作的思想准备,社会舆论要给大学生更多的宽容、理解和支持,如果将来农村基层干部、城市街道管理人员都具有大学学历,我们这个社会可能会更加和谐。当然,在现今阶段,高校和政府都要为学生就业创造更加有利的条件,包括和西部大开发以及利用奖贷学金资助贫困学生并要求他们到国家需要的岗位上提供一定时期的服务结合起来,但最重要的还是要改变传统"就业"的社会观念。

再就是"教育投入问题",学校的实际感受和社会舆论反差太大。社会舆论十分关注大学学费是否太高,农民孩子能否上得起大学;教育理论界强调教育的公平性,教育的公益性、非赢利性;政府部门关注教育的质量,反复重申教育不能产业化,学校不能乱收费。而学校的实际感受是钱从何而来。办学是要讲成本的,保证教学质量要有基本的办学条件和称职的教师;办一所好的大学就需要有优质的教师队伍,并为他们提供体面的生活保障和良好的工作环境。世界一流大学是因为它们拥有世界一流的学者、教授。知识是无国界的,大学的国际竞争体现在对拥有高深、前沿知识人才的竞争,当牛津、剑桥大学的优秀学者纷纷向美国著名大学流动时,英国政府和学校当局也不得不采取各种办法来增加学校的办学经费,改善学者们的生活和工作环境,这一切都需要足够的办学经费。

高等教育是非义务教育,要建立高等教育的成本核算机制,完善政府、学校、学生和社会各方对教育成本的分担机制。

首先,政府还是应当从科教兴国及建立创新型国家目标出发加大对高校投入,由于缺乏原始创新,中国在专利上付给外国企业的钱实在太多了。为何不用来培养具有原创精神的人才、发展具有自主专利的产业?如果在考察各级政府业绩和进行干部考核时,把增加教育投入和压缩接待等公务开支作为重要指标并定期向社会公示,我想教育经费会有较大幅度的增长。

另外,高等教育全球化和由此引发的教育市场激烈竞争已拉开帷幕,中国已成为发达国家高等教育争夺的一块大蛋糕。

在大众化高等教育背景下,高等教育不仅有其公益性的一面，同时也强化了它的"服务性"，教育已成为全球服务贸易的主要组成部分。澳大利亚的教育已经成为超过农业贸易收入的最大服务输出领域；新西兰的教育输出收入已超过葡萄酒贸易的收入；在英国，几乎所有的著名大学都成立"中国部"，专门研究从中国吸收生源。每天报纸上大量刊登各国留学指南都明白告诉我们大学已不仅仅是纯粹的公益性、非赢利性组织，国外教育正在赚中国学生的钱，这并不是坏事，问题是我们为什么不能从中争取些钱来扶持国内的高等教育呢？

公办大学已经四五年没有提高学费标准，收费高的地区高校人均学费4000~5000元，收费低的仅为2000~3000元，和农民年均收入比确实很高，但即便是农民的孩子其大学毕业期望的底薪也不会以农民年均收入为标准，实际上只要工作一年其收入基本上和四年的学费总量相当。也就是说，大学教育是有回报的，不仅要考虑办学成本，也要考虑教育的回报率。对许多家庭来讲，教育也是一种投资。

对于真正贫困的学生，只要考上公办大学，已有一整套措施保障他们能不因经济困难而辍学。但是，任何国家都不能保证学生能上得起民办大学，因为民办大学的经费主要靠学生学费来源。

此外，国外大学和社会各种教育基金会及社会捐资教育的相关税收免征和优惠制度都为学校提供广泛的社会资金来源。中国在这方面还极不完善，学校积淀的资金不能也不敢作资本运作，社会捐赠还要为捐赠款纳税等等都有待研究和改善。

总之，中国的高等教育既然已进入大众化高等教育阶段，就不应该倒退，而且事物已发生本质的变化，我们的观念也要跟上，社会应当为新的教育观制造更多的舆论。

关于推进"国家创新人才工程"的设想[*]

世纪之交,我国高等教育取得长足的发展,不仅办学规模已进入国际公认的大众化高等教育阶段,教育教学改革也日益深化,其中政府和教育主管部门的一系列重要举措起到积极的推动作用。例如,《中共中央国务院关于进一步深化教育改革全面推进素质教育的决定》确立了高等教育要把全面提高大学生的素质、促进人的全面发展作为"育人为本"的基本教育观,重视素质教育、推行素质教育的实践也取得初步成效;20世纪末有近万人参加的包括221个大项的《高等教育面向21世纪教学内容和课程体系改革计划》等一系列教学教改项目,从整体上推进了高校的教学改革、教学建设。21世纪初所实施的《新世纪高等教育教学改革工程》又推出了一系列"精品课程"、"精品教材"及"高等学校名师奖"等;一些国家级教学基地发挥了重要的作用;同时,从1993年以来,先后五次评选国家级优秀教学成果奖,遴选出一批在专业、课程、教材建设及人才培养模式等各方面的教学改革优秀成果,对全国高校的教学改革起了示范和激励的作用。近年来,高等学校本科教学工作水平评估,也促进了高等学校本科教学基本条件的建设,特别是基础实验教学和实践基地的建设、现代化的多媒体教学手段的普及以及教学质量保障体系和教学质量监控体系的建设,都

---

[*] 原文发表于《高等工程教育研究》2005年第5期。

有很大改善。学校的发展定位和办学特色也愈来愈被重视,本科教学的质量意识得以加强。

在充分肯定近年来教育教学改革成绩的同时,必须看到教学改革还存在着不少问题,尤其是创新教育方面的问题亟待解决。

一、关键是实现国家创新体系、培养大批具有创新精神和创新能力的高素质人才

近年来教学改革面临的主要问题是:与现代化建设相适应的教育理念尚在建设之中,其内涵还不够清晰;全新的教学体系尚在形成中;适应创新人才培养的模式尚在探索之中;课程体系和教学内容改革刚刚起步;传统的教学方法和考试方法尚未得到根本的改革;教材更新速度较慢;等等。而且,更值得我们思考的是不仅要在高校规模扩大的情况下,本科教学质量要让群众放心;更重要的是高校培养的人才必须适应21世纪我国社会、经济和科技发展的需要。

众所周知,进入21世纪,发达国家正由工业经济社会向知识经济社会转化。知识经济时代,科学已经成为推动经济增长的主要动力,知识和智力成为经济发展的主要资源和生产要素,知识的生产和创新、传播和应用已成为经济和社会发展的核心,劳动者的素质和高素质创造性人才是经济和社会发展的关键。新的世纪,中国将逐步实现从农业经济、工业经济向知识经济的过渡;经济的发展从依靠物力资源为主向以人力资源为主转变,进而向以智力资源为主的方向转变。中国加入WTO及经济全球化的影响,强化了知识产权的意识。人们认识到,中国必须拥有更多自主知识产权的高新技术产品才能应对国际市场的激烈竞争。"目前我国发明专利授权中,申请专利数量最多的10家电子信息企业,5年申请之和仅相当于美国IBM公司1年申请的专利数量;我国已成为PC机生产和消费大国,但CPU芯片和操作系统这两个核心技术却掌握在Intel和微软手中。因不掌

握核心技术，每出口一台价格40美元的DVD视盘机，就要向外国公司交纳专利使用费20美元。正是由于缺乏拥有自主知识产权的核心技术，我国不少行业存在产业技术空心化的危险。"[4]可见，科技创新已成为国际竞争中成败的主导因素，科技竞争力将决定一个国家在未来世界竞争格局中的命运和前途，建设国家创新体系、促进科技创新，成为世界各国共同关心的重要问题。而且，中国对创新和创新人才的需求更具紧迫性。当前，中国正面临社会经济结构调整和产业、产品结构调整以及升级换代的关键时期，急需大批能掌握现代科技、具有创新精神和创业能力的专业人才。

"十六大"提出21世纪头20年要实现全面建设小康社会并最终实现中华民族的伟大复兴。为中国的和平崛起培养和输送创新人才，这是中国高等学校在21世纪的一项伟大历史使命。

早在1992年12月中国科学院提交了《迎接知识经济时代，建设国家创新体系》的报告，其内容包括知识创新系统、技术创新系统、知识传播系统和知识应用系统，核心是要构造有利于提高我国科技创新能力、促进科技与经济紧密结合的体系。1998年5月由国务院批准先行启动《知识创新工程》作为国家创新体系的试点。"知识创新工程"包括知识创新、新技术的研究开发创新以及传播教育和推广应用。知识创新工程不同于个别技术的创新和技术发行，而是适应多种需要，综合运用多门学科知识，交叉融合不同领域的工程技术，包括基础研究与开发以及工业技术改造等多种形式，是研究院、大学和企业多部门的科学家、工程师共同参与的系统工程。

在高等教育大众化阶段，高等学校发展呈现多层次、多模式、多样化的特征，其中一批研究型重点大学承担着培养精英人才的任务。通过"211工程"建设提升了高校学科的实力，"985工程"又使一批高校瞄准了世界先进教育水平，这些代表我国先进教育水准的大学理应参与到国家创新体系中去承担科技和智力支持的责任。当然，为实现国家创新体系，培养大批具有创新精神和创新能力的高素质人才，就更显得刻不容缓。

尽管几乎所有和教育有关的人都知道我国高等教育的薄弱

环节，恰恰就是学生的创新意识不强，创造力的潜能培育不够，许多高校为此已经做了各种努力，包括建立创新人才培养基地以及开展研究性教学和各种激发学生创新、创造兴趣的科技活动、科技竞赛，如挑战杯等等。但从整个社会来讲，对高校培养国家急需的大批富有创造力人才的期望值与高校目前在国民经济发展中的实际影响力之间存在较大差距。因此，尽管我们反复强调在知识经济时代高等学校应当走进社会的中心，但实际上，这两年高等教育有被挤向"边缘化"的趋势。近两年，全国"两会"期间所关注的热点问题，既不是如何加大对高等教育的投入，也不是什么"211工程"、"985工程"，政府工作报告中也只有一句要提高高等学校人才培养质量这样一句话。1993年2月颁布的《中国教育改革和发展纲要》规定逐步提高国家财政性教育经费支出占国民生产总值的比例，到20世纪末达到4%；2001年在《全国教育事业性规划和2015年发展规划》中，将目标实现期又推迟到2005年。今年"两会"期间，政协教育组全体委员联合签署一个提案，就是要求政府尽快实现经费投入达到4%目标。目前实际状况是：2002年为3.32%，2003年为3.28%，较上年还少了0.04个百分点。其实从今年GDP总量来看，也只是相差700亿/年左右，只要真正落实"科教兴国"、"人才强国"的发展战略，落实把教育放在优先发展战略地位的基本国策，无论从财政加大投入，还是发行教育彩票，完善社会投资教育等公益福利事业的税收机制，都可以缓解大学在扩招后引发的经济困境。据有关官员称，经费投入4%的目标预计要到2010年才能实现。

二、美国重大教育工程（体系）的启示

问题究竟出在什么地方？我认为不能完全责怪社会的冷落，也不能责怪高等学校没有努力。问题在于要培养大批具有创新精神、富有创造力的人才绝不是一门课程、一个专业，或一所学校的努力就能达到的，关键是要从国家、社会、学校、科研

院所不同角度共同构建创新人才教育和培养的体系。与此类似，美国几项重大教育工程改革值得借鉴。

1957年苏联载人飞船升空惊醒了美国，美国认识到它在"空间竞争"中落后的事实，于是掀起了一股改革热潮，实施了许多方案，包括《阿波罗项目计划》等。教育方面主要是为12年制教育体系开发了系统的新课程和教材，鼓励学生探索和增强学习兴趣。不过，随着美国成为第一个登上月球的国家，它们国内的公众产生了某种自负，国家科学基金会为大学教育方面提供的资金急剧地减少，逐渐销蚀了公众对科学的兴趣，动摇了社会对科学教育的重视。20世纪80年代日本经济的崛起又一次刺激了美国。美国科学促进协会联合美国科学院、联邦教育部等12个机构，于1985年启动了一项面向21世纪人才培养、致力于中小学课程改革的跨世纪计划，即《2061计划》。它代表美国基础教育课程和教学改革的趋势。《2061计划》在美国和西方发达国家发展战略中具有极高的影响和地位。该计划认为：美国的下一代必将面临巨大的变革，而科学、数学和技术位居变革的核心；它们导致变革，塑造变革，并且对变革做出反应；从而对今日儿童适应明日的世界十分重要。《2061计划》还提出了未来儿童和青少年从小学到高中应掌握的科学、数学和技术领域的基础知识的框架，包括主要学科的基本内容、基本概念、基本技能，学科间的有机联系，以及掌握这些内容、概念和联系的基本态度、方法和手段。美国的科学家和工程师承担了《2061计划》的任务，他们精确定义了每个学生在学校期间应掌握的那些被视为是科学素养的知识和技能。标志这一研究成果的《面向全体美国人的科学》一书于1989年出版。该书的出版激发了美国科学、数学和技术教育的新思维。这本书，是数百名科学家、数学家、工程师、医师、哲学家、历史学家和教育家历时三年合作的结晶。与此同时，有数百名教育家和科学家历时四年编制了《科学素养的基准》，指明了各年级学生在科学、数学和技术课程方面应该知道什么和能够做到什么。

同一时期，美国国家科学理事会（NSB）在1986年出版了报告《大学科学、数学及工程教育》（即《尼尔报告》）。这个报告指导了国家科学基金会此后 10 年的大学教育活动。报告反映了美国尽管在科学、数学、工程的基础研究领域处于世界一流水平，但其教育尚未达到应有的水平。美国拥有世界上人数最多的伟大的科学家，但其大部分人口却对科学几乎一窍不通；美国的教育制造出少数高水平的毕业生，却留下大多数学生在大千世界中找不到自己应有的位置。《尼尔报告》指出太多毕业生还不具备以合作方式解决现实问题的能力就已进入社会，缺少继续学习的技能和动力。《尼尔报告》提出科学、数学、工程及技术（SME&T）教育是科学家、数学家、工程师的责任，同样也是技术人员的责任，而且需要一个规划来支持大学的 SME&T 教育，并把它作为一个由来自多个学科的科学家、数学家和工程师组成部门的基本活动。如今，美国国家科学基金会的大学教育部门就主要从事有关大学教育的工作。

1996 年，国家科学基金会（NSF）对美国大学科学、数学、工程和技术教育情况进行深入细致的回顾，历时一年提出《塑造未来——对大学理工教育的新期望》的报告（美国国家科学基金会 NSF96139 号文件），吸引全国范围内数百个有思想的人共同进行了一场深入的探讨，纵览全局，提出了特别能带来新的成果的建议，制定出大学科学、数学、SME&T 领域新的蓝图。这个报告明确指出 SME&T 教育是塑造美国未来的中心任务；未来将增加对 SME&T 教育的需求。报告希望所有美国学生都有机会接受提供支持的、优秀的大学科学、数学、工程和技术教育，所有学生通过直接实践和探索来学习这些课程。帮助学生提高其科学、数学、工程和技术方面的实际竞争力，包括更好地了解学科之间的联系及需要提高的技能。这些技能（包括解决问题与贯穿一生的学习技能和个人能力等）不仅对工作且对生活都很重要。

值得注意的是，美国这些教育改革与发展计划抓住了美国教育的薄弱环节，从未来国家需求的角度提出了科学而又切实可行的行动纲领。

《2061 计划》中提出，"美国慎重地把未来的幸福押在科学技术的能力和领先地位上。因此，人们确有理由希望这种许诺能体现在一个由高质量的教职员工组成的、得到足够财政支持的现代化的学校系统。这类学校的课程特色应当是要求全体学生重视科学、数学和技术学习。"美国的教育虽然表面比较宽松，有利于学生个性的发展，但从调查中发现美国教育的一个弊端：大部分美国人缺乏科学素养。《2061 计划》指出，"只要查阅一下国际教育成绩研究报告，就会发现美国学生在科学和数学方面的排位接近末位，在数学解题方面，美国学生大大低于国际水平"，并提出纠正这一弊端的办法。这些正是《2061 计划》制定的背景和意义。不仅如此，美国这几项重大教育工程（体系）还给我们如下启示：

一是这些计划都是由国家科学基金会、美国科学院、联邦教育部、美国科学促进协会等许多机构共同参与制定，体现了整个社会对人才培养质量的关注和投入，对政府、学校、社会都能产生较大的实质性的影响。

二是这些计划的制定有大批科学家、工程师、教育家及哲学家、医师、历史学家等各方面的高层次专家参与，提升了计划的视野和水平，具有很强的科学性、合理性、权威性和可操作性。例如，《2061 计划》目的是加强中小学的科学和数学的教育，但鉴于目前科学和数学的课程已经过多过滥，科学教材和教学方法也不理想，因此《2061 计划》的基本前提是不要求学校讲授越来越多的内容，而是集中讲授科学素养中最根本的内容。这意味着对教学内容要做出选择，确定学习科学、数学和技术核心内容的标准既有科学性又有教育性。当然，首先考虑的是提炼那些对科学似乎具有极为重要意义的思想。由美国科学促进会任命的一些专家组负责对以下五个领域提出建议：生物学和健康科学；数学；物理、信息与工程学；社会学和行为科学；技术。每一个专家组在两年期间召开了许多次会议，专家组成员必须就他们的提议进行答辩；当得出统一的小组结论时，再向美国科学促进协会递交报告。提交的草案还要经 130 个高水平的专家对细节进行审阅，形成最后的草案，再交科学促进会全国理事会成员辩论、投票，通过后授权发表。因此，《面向全体美国人的科学》代表了科学、数学和技术界的深思熟虑。"计划"本身就体现了一种科学的精神,是大批科学家智慧的结晶。

三是所有计划在实施方案中都包含了许多方面的建议,如对总统和国会的要求,以及对国家和地区的媒体、地方政府和教育部门、企业家及学生的雇主、私人投资和各种基金会、学校院系及教师、教育评估机构的要求等等,特别是对教育经费和师资培训计划有具体的要求。

综上所述,不难看出我们同美国高等教育之间的差距。一方面,尽管我们对培养学生创新精神、创新能力的重要性都有高度的共识,特别是对理工科教育中科学实验和工程训练不足等要害问题长期没有取得实质性突破有清醒的认识,但是,至今尚未有包括政府、科研机构、高等学校和社会各方面的共同行动纲领和解决问题的具体举措;许多科学家,甚至准科学家都越来越远离大学的基础教育,"国家创新体系"、"985工程"中都没有人才培养的具体要求。另一方面,我们的教育改革往往是增加课程或增强教学的内容,缺乏科学的系统分析,忽视提炼关系到科学本质的知识内核,只讲"加法",不讲"减法",只想教学的内容改革,不看教学对象的变化,反映出我们的教学改革在其本身的科学性方面显得比较单薄,没能达到集社会精英智慧之精髓的地步。

更重要的还是应当把重大的教育改革变成国家的行为、国家的意志,成为全社会共同支持的行动纲领,这样,问题才能真正取得突破,教育改革才能取得成效。

三、构建"国家创新人才工程"的设想

对此,我们提出构建"国家创新人才工程"的设想,概括如下:

首先,"国家创新人才工程"着眼于构建我国创新性人才的培养教育体系,应纳入"国家创新体系"之中,成为其子系统,并列入现正在制定的《"十一五"规划》和教育、科技发展的

中长期规划之中。

其次，由教育部、科技部、自然科学基金委、中科院、工程院等部门组成国家创新人才工程委员会，负责组织专家制定具体的实施计划，并负责组织研究、交流、合作与监督实施。

再次，明确"985工程"建设学校在构建创新人才培养体系中的责任和要求，并作为"985工程"建设和验收的重要内容。包括：至少和一所世界著名大学建立创新人才培养的合作协议；制定学校创新人才培养计划；建设校内、外创新人才培养基地；采用与国外合作学校交换教师、交流学生、开展校际创新教育合作项目等具体实施办法。教育部应从全国范围协调各校和国外合作学校之间的关系，如布局性指导，争取覆盖世界不同国家之不同特色、不同背景的众多一流大学；建立政府之间的相关合作协议。"985工程"中应专列经费支持上述项目，同时也应从海内外聘请项目负责人，享受与科技平台项目负责人类似待遇。

除此以外，还应坚持向最优者学习，明确要求教育部理科科研和人才培养基地跟踪国外同学科先进学校创新人才培养计划。每个理科人才培养基地至少应与一所在该学科享有世界声望的国外大学建立合作关系。除了跟踪该学科的发展前沿之外，还应跟踪对方专业教学计划、课程设置、培养环节，特别是在创新教育教学方面的具体经验和举措等方面的情况；同时，应与对方建立交换学者、交换学生的关系。教育部应重点支持引进理科基地合作学校同学科的核心教材，并对教师交流单列计划给予重点扶持。对工程专业也应落实相关试点单位，提出类似的要求，并重点跟踪实习和实践项目。对理科专业，则重点跟踪课程和实验项目。对教育部工科基础课程教学基地明确开展研究性教学要求，并力求在相关考试方法及实验实践教学方面有所突破。

当然，对研究型大学（如设有研究生院的大学）或"211工程"学校，在本科教学工作评估指标体系中，对创新人才的培养应提出更高的要求。兹举其要：

（1）理科要重视构建基础科学实验教学体系。科学实验是理科创新教学的基础。实验教学体系应包括基本实验、综合性实验、设计性实验、科学实验等，要分层次建设"专题实验课程"，在教师指导下，让学生自主选题、设计方案、自主进行实验、选配材料、操作测试、数据分析、撰写报告等，从而对科研和创新获得切身体验。

（2）工科要以"大工程"的观念为指导，构建科学的工程设计教学体系。设计是工程的实质。工程设计教学体系应包括制造基础、设计基础、工程综合设计、设计创新等；其中"工程综合设计"应当揉合经济、环保、节能、法律、人文等各门学科的知识和技能，为此，要重视提高学生的人文素质，并开发新的设计项目。要充分利用网络信息等现代化教学手段来改进教学工作，如开设"网上设计课程"，模拟"网上创新中心"，进而发展成为"虚拟工厂"，采用"网络制造方式"对学生进行工程设计训练。要引导学生借助网络获取信息资源对产品进行更新设计。

（3）强化校内创新基地的建设。如建立数学建模、挑战杯、电子、机械、结构设计、机器人设计、计算机程序设计以及科技论文等校内培训基地，并积极参与国际、国内比赛等等，以培养学生运用新知识的能力和竞争能力。

（4）把发挥院士、长江学者及国家级学科科研基地对创新人才培养的作用，作为学校本科教学工作考核的参考指标，以把学生导引进该学科创新的前沿。

（5）加强对创新人才知识结构的研究及培养模式的探索和实践，推行研究性、互动式教学方式等，以体现不同学校的特色。

（6）促进研究型大学与国有大型企业、科研单位联合设立工程研发中心，并以此作为创新人才培养和实习基地。可参照国外经验，用政策推动联合建立工程研发中心，如：对高校参与的技改项目、研发项目，除企业技改基金外，政府也要给予对等资助（改变现在申请科研基金的方式）。企业用于研发中心的经费享有税前免税、退税优惠政策，同时研发中心必须接纳学生实习或培训等等，这既可弥补培养经费的不足，又使学生受到了锻炼，科研成果还可直接运用到企业，使企业受益。实际上，这些设想在国外已经不是新鲜事了，问题在于我国在决定相关政策时没有把大学培养人才的任务和企业的发展联系起来。美国不少研究型大学已发展出所谓"云中核心"组织，在大学周围围绕着一群准大学组织，包括研究院、智囊团、企业研发中心等等。

当然，构建"国家创新人才工程"其内涵远远不止这些，重要的是需要全国的科学家、教育家、工程师及管理人员、企业家等共同研究，并得到政府的支持以及教育部门的有力组织和推动。同时，从"大教育"角度来看，鼓励学生的创新精神需要从孩子抓起，要在中小学教育阶段就激发学生的好奇心，培养学生的动手能力和求实精神，这些都亟待加强。我们十分期望全社会都来关注培育全民族的创新精神和创新能力，大学更要发挥中坚的作用。如果在《"十一五"规划》中启动，前五年跟踪世界先进教育培养创新人才经验，逐步建立我们自己的创新人才培养体系，五年之后，我们一定不仅有世界最大规模的高等教育，而且也会有世界最大数量的具有创新精神和创新能力的人才，这支创新人才队伍必将为中国的和平崛起做出应有的贡献。

参考文献/参考资料

[1] （美）美国科学促进协会. 面向美国人的科学. 北京：科学普及出版社，2001

[2] （美）国家科学基金会 NSF961393 号文件. 塑造未来——对大学理工教育的新期望. 北京：科学技术文献出版社，2000

[3] 21 世纪初我国高等理工科教育发展战略的研究与对策课题组. 新世纪初我国高等理工科教育的现状与展望. 见：改革、创新、发展——世行贷款 21 世纪高等理工科教育教学改革项目结题成果汇编. 北京：高等教育出版社，2005

[4] 政协十届三次会议大会发言材料之五十四. 把提升企业自主创新能力置于国家战略的高度

三 实践篇

学校党委常委会的共同责任[*]

一、在中山大学任党委书记后第一次在校党委常委扩大会上的发言

各位同志：

今天是与大家合作共事以来第一次党委常委扩大会，主要议题有：

1. 重温和学习卢省长、陈文博同志分别代表广东省委和教育部对中山大学今后工作提出的要求，同时简要地传达教育部即将实行的"面向21世纪教育振兴行动计划"的精神，并以此作为我们班子今后工作的基点和努力目标。

2. 适当调整领导班子的分工和工作方式，进一步明确班子内各位领导的责任。

3. 讨论几项急待解决的干部问题。

首先，由我作为学习汇报与大家共同回顾领导的要求并谈点个人的学习体会。

卢省长代表省委、省政府提出了五点要求：

一是要加强领导班子的思想建设，努力提高班子的整体素

---

* 本文系作者在中山大学任党委书记后第一次在校党委常委扩大会上的发言（时间是1998年12月14日），以及在原中山大学与中山医科大学合并组成新的中山大学后召开的党代会第一次校党委常委扩大会上的讲话（时间是2001年10月21日）。

质。强调了党委要把学习理论作为思想政治建设的首要任务来抓，通过学习，达到统一认识、提高思想政治素质的目的。

二是要认真贯彻党的民主集中制，加强班子的团结合作，不断提高班子的凝聚力和战斗力。

要进一步建立健全各种规章制度和议事规则，特别要执行好集体领导和个人分工负责相结合的制度和向上级组织请示汇报制度。

党委对学校全面工作实行领导，学校重大问题必须由党委集体讨论决定。

凡经集体决定了的事，个人有不同意见可以保留，但在行动上要坚决贯彻执行，不允许在群众中散布消极言论，暴露班子内部矛盾和分歧。

平时工作中，领导成员之间要互相支持、互相尊重、互相补台，要开展积极的思想交流，坦诚相见，求同存异，努力把矛盾的问题解决在萌芽状态，自觉地维护班子的团结和整体威信，不断增强班子解决自身问题的能力，提高班子的凝聚力和战斗力。

三是领导干部要严于律己、廉洁奉公，在勤政廉政上起表率作用。

要按照"讲学习，讲政治，讲正气"的要求，不断强化领导干部的政治意识、大局意识和责任意识，树立牢固的群众观念，热情为教职工排忧解难，多为他们办实事、办好事，使班子真正成为政治上坚强、在群众中有威信的坚强的领导集体。

四是要进一步解放思想，深化改革，加快发展，努力提高教育质量和办学效益。

要把学校的中心工作放在提高办学的质量和效益上，党的工作、思想政治工作和一切管理工作都要围绕这个中心来开展。当前要根据学校"211工程"建设目标和广东经济发展的要求，通过改革和科学的管理来实现教育质量和办学效益的提高。

五是进一步加强党建工作和思想政治工作，为学校的改革发展和稳定提供根本保证。

学校领导要以高度的政治责任感和敏感性充分发挥思想政

治工作的优势，积极稳妥地处理群众的热点问题，认真理顺情绪，化解矛盾，调动各方面积极性，促进学校的改革发展，维护学校局势的稳定。

卢省长特别引用江泽民同志为学校作的"发扬中山先生革命精神，办好中山大学，做出更大贡献"的题词。明确提出中山大学是我省高校的龙头，是排头兵，中山大学的事情办好了，会直接对广东其他高校产生积极影响，否则会产生消极影响。

陈文博同志代表教育部党组也提出了五点要求。从省委省政府和教育部党组对我们提出的要求，深深感到教育部和广东省高度重视中山大学的发展，对我们党政领导班子寄予厚望，这些要求应当成为我们班子合作共事的思想基础。

作为中山大学的党委书记，我的事业、我的生活都和中山大学联系在一起，我真诚地希望能和王珣章校长，和各位常委、校领导携手合作，共同肩起中大未来发展的重任。我目前的基本思路是：向前走，不回头。着眼于未来，着眼于中大的稳定和发展，着眼于调动每一位同志的积极性。

这届常委班子当前重要的任务是增强干部、党员和教师的凝聚力，振奋大家的精神，尽快地把大家的注意力集中到高校改革与发展上来，围绕提高办学质量和效益这中心，创造"团结向上，务实创业"的大环境，实现中山大学跨越世纪的奋斗目标。

要做到这一点，首先是校领导班子要做出表率，振奋精神，从过去的"阴影"中走出来。这几年大家做了许多工作，十分尽心尽力，在大家的努力下，中大在许多方面都有显著的成绩，卢省长和文博同志也做了充分的肯定。这些工作应该成为我们下一步工作的基础，我们要抱着向前看的态度，本着对中大负责任的精神投入到下一阶段的工作。

我们班子能否在团结、务实、严于律己方面进一步为全校树立榜样，同时增强改革、开拓意识，为中大的加速发展做些实事，在发展中赢得教职工的更大信任，使我们这个班子真正成为学校的领导核心——这是我考虑的党委常委和校领导班子思想建设的近期目标，是否妥当请大家考虑。

作为党委书记，希望能坚持"对事讲原则，对人要宽容"。

关于"对事讲原则"，我的理解是：

是否有利于学校的稳定和发展，是否有利于教学、科研和学科建设提高质量和水平，是否有利于为教师、学生办实事、做好事应当成为我们今后判断是非的"大原则"。

在这个前提下，如何去做是个方法、实现途径的选择问题，要充分发扬民主，充分听取意见，按一定程序、规矩做出抉择，对大多数人不赞成的可以暂时不做，决不搞一言堂、瞎指挥。

在政治观念、经济问题上要重视原则；在工作协调、一般问题的处理上要讲究"选择"。注意不随意把选择性问题看得太重成为原则性问题处理，造成对峙、冲撞。必要时要学会说服、等待和妥协，目的是营造一个宽松、和谐、合作共事的环境。

关于"对人要宽容"，我的理解是：

对人真诚、坦诚；论事不论人，不把工作上的分歧变为人与人之间的紧张关系，更不以支持或反对自己观点划线；不搞斗争哲学，同志间不以言论定"罪"，注重实际效果，不搞动机分析的主观推断；学会理解、关心别人，学会换位思考；重视协商、协调，在坚持大原则的前提下学会妥协。

我提出这些观点，既是我自己要努力去做到的，也和大家共勉。

对领导班子成员的要求，卢省长和文博同志的讲话中都已提得很明确，我也想强调一下：

每一位成员都有责任尽最大的努力维护班子的团结协作。领导班子内可以充分协商、各抒己见，对外要保持行动一致。班子内部讨论的内容，未成决议以前，必须注意保密，班子内部讨论的分歧意见及干部、人员等敏感问题更不得随意泄露，这是我们作为学校领导的基本素质，也是党性原则的最基本要求。

我也真诚地建议，我们要努力创造一个协商一致、畅所欲言的内部环境，遇到分歧，能搁一下就搁一下，再做工作，若必须决定的，也希望在大多数人同意下，给书记、校长有个最后决择的权利，毕竟我们对学校承担着最大责任，我们抉择错了,也一定会承担责任,及时纠正。

以上就是我学习的体会与真实思想,供大家参考、指正。

二、在原中山大学与中山医科大学合并组成新的中山大学后召开的党代会第一次校党委常委扩大会上的讲话

今天是新学期的第一次党委常委扩大会,也是新中大新一届党委的第一次常委扩大会。今天的主要议题是研究开学后的有关工作思路。

作为新一届党委第一次常委扩大会,我想简单地讲几点看法,和大家共勉。

首先,这次党代会开得十分顺利,部、省领导也给予了充分的肯定,这主要是大家在并校后的努力工作赢得了广大党员、群众的信任;但是更重要的是全体中大人对我们这个班子寄予了很大的希望,应当清醒地看到,我们许多工作还刚刚开始,许多工作还没有理顺、做好,从建设高水平大学来讲我们还刚刚起步,路途遥远,因此我们没有多少本钱可以自满,而是要加倍努力,不辜负全体中大人对我们这个领导集体的期望。我真诚地希望我们这个班子能做到"团结、敬业、廉洁、开拓"。

1. "团结"是第一位的。全国高校领导中能力比我们强的多的是,中大历史上领导个人素质高的、能力强的也多的是,但是一届班子真正能做一些被群众公认为有益的事必须要整个班子的团结与合作。整个班子形成合力,学校一定是会向上的,也才会成为我们这个领导集体的优势和特色。

要保持班子团结、合作,从过去经验来看,要注意以下几点:

一是要真正贯彻"民主集中制"原则。班子内部讨论问题坦诚相见、畅所欲言;一旦形成决议就要真心实意地支持决定的贯彻执行。当然,我们也应该尽可能地在协商一致的基础上开展工作。

二是要建立相互信赖与合作关系。校领导不同分工之间要相互理解和支持，不在下级面前讨论其他领导的工作，哪位领导的工作若有不妥可以真诚地交换看法，但要创造条件让他自己解决。正职领导要放手让各位领导独立发挥作用，同时也可以对副职的某些工作提出意见；副职应当在充分阐明自己见解的基础上，尊重正职领导的最终决定，因为党政一把手承担着学校最后的领导责任。

三是要严守组织纪律，防止自由主义。班子成员内部讨论、研究问题，特别是涉及干部、人事问题的讨论过程没有授权绝不外泄，也要防止下级或不负责任的流言造成的不必要误会。

2."敬业"要体现在：

一是必须全身心地投入到我们分管的工作中去。校领导是没有兼职、业余的。这样一所名校交给我们来管理，这是千钧重担，学校的发展、稳定系在我们十几个人身上，责任重大，这也是人生难得的值得为之奉献的最崇高的事业；在当今社会，发展机遇稍纵即逝，需要我们全部的智慧和精力，这也是专门学问，需要打足精神去认真对待。

二是我们必须善于思考、善于学习，在各自分管的工作中要有思路，要有发展的目标和实现目标的策略和步骤。要高标准，争取最佳成效。

三是每位领导都必须敢于负责，敢于承担责任。一旦分工给你，这一块工作就是代表领导集体全权负责。至于怎样民主决策、科学决策，这是各位领导自己把握的事，必要时向主要领导或班子集体通报，这只是工作程序，核心是"谁分管，谁负责"，只有大家都负起责任，中大的事情才能做好，学校正职领导也才能腾出时间来考虑更多、更大的事情。

3."廉洁"是党对我们每一位干部的基本要求，也是知识分子洁身自好、注重廉耻的基本品德。希望每一位同志要随时把握住自己，对自己、对家庭、对学校负责，也是对党和国家负责，千万不可"一失足而成千古恨"。另一方面，我们还要对下级分管部门负责，要一级管好一级，这也是对下级最大的关心、爱护。要经常提醒自己部下，自觉遵守各项制度的约束。

4."开拓"是指我们这届班子承担为建设高水平大学奠定良好基础的历史任务。虽然对外宣传时我们讲已经具备冲击国内高校前十名的基础,但就我们的"水平实力",与国内最前列高校相比还有较大差距,与世界名校更无可比之处。因此必须不断振奋精神,强调内涵发展,重视质量、水平的提高,同时不断寻求发展新思路、新机遇,努力实现跨越式发展目标。

当前,我们对外宣传的重点将转向在坚持发展是硬道理的前提下"练好内功",着力内涵发展,努力建立高水平的学科体系、高质量的教学体系、高效率的运行服务体系。要针对我们目前存在的问题,从体制上、机制上下功夫,扎扎实实建立起发展的良好基础。另一方面,我们仍然要充分利用中大的地域优势、历史优势和校友优势,寻求健康、快速发展的机遇。

例如,能否在"国际化"上做大文章。全方位、系统化,使之成为中大进入一流大学前列的特色和优势。

我们已和MIT、明尼苏达大学、巴黎高师、牛津大学以及香港大学等一批高校有合作项目,怎样继续努力,争取使每一项合作成为长期合作项目,做出水平、做出规模、做好气势。

特别是在学生层面,要努力扩大外国留学生,包括汉语培训学生的规模。目前全世界有2500万外国人在学外语,许多著名大学明确要求学生到国外选读学分,我们学校应当成为华南国际教育交流中心。

对于境外合作学位教育,北京大学与香港树仁学院培养法学硕士已有15年历史,共977人毕业,扩大了其在香港的影响和地位;南京大学在新加坡举办MBA也有多年;我校在澳门举办过MPA班,怎样进一步考虑扩大和开拓新领域,这是比对国内学生授予国外高校学位更高层次的合作办学。

我们也可以在吸引国外、海外优秀留学生方面有新的开拓。美国哈佛大学扩大外国留学生也曾被怀疑,但如今证实是成功的,现在留学生比例已达50%,分布于100多个国家。多元文化交流是培养具有国际眼光、适应多元(国)文化交流人才的重要渠道,也是扩大学校影响的重要举措。

中大的硬件条件及广东经济环境都使我们有可能走在别的

学校前面,但还必须由专人领导、专门班子一件件来落实。

在学科与专业布局结构的战略性调整方面,既要扎扎实实也要有科学的思考和发展策略。不是什么学科都能达到一流,也不是什么人只要有雄心壮志就能达到学科前沿,这需要时间和实力。任何世界名校也只是在几个领域能保持最先进。因此,我们要么努力去做最好的工作,要么去和最好的合作,要善于寻找合作的机遇。新的中大已有很好的发展基础,也给我们带来了良好的社会声誉,我们要充分利用这个机会,吸纳一切有利于我们发展的力量和资源,抓住机遇,做好工作,争取实现高水平的跨越式发展。

大学文化建设是建设现代大学最重要的内涵

——关于大学文化实践的研究*

2000年,中山大学党委决定在全校开展"中大精神和校园文化建设"大讨论,缘由来自三方面的因素:

其一,世纪之交,人们都在考虑:要把什么样的大学带进21世纪?我们认为核心课题应当是认真研究要把什么样的大学文化、大学精神、大学传统带进新世纪。大学是世界上承续时间最久的社会组织之一。在历史的长河中,大学人不断更迭,学科不断更新,环境和建筑都发生了巨大变化,唯有大学的文化维系着学校千百年发展的历史,而社会认同学校最核心的是大学的历史脉络。我们在新世纪从历史角度认识学校人文精神的发展脉络和潜在素质,目的是要更深刻地理解学校历史上积淀的文化传统和逐渐形成的特色和品格,以实现把学校在新世纪建成世界知名的高水平大学的憧憬,积极推动校园文化环境和人文精神的建设。

其二,世纪之交,我们都在认真地审视学校未来发展的机遇,挖掘发展的潜力,探求努力的方向。学校学科水平、综合实力有很大的提高之余,我们思考学校发展的核心竞争力时,

---

* 原文作者:李延保、朱孔军、屈琼斐,发表于《高教探索》2007年第5期,有删节。

除一些可用数据指标反映的"硬实力"外，是否还要考虑学校的文化精神、文化传统中反映的"软实力"，并通过大学的文化建设来提高学校发展和竞争的"软实力"。人是学校一切活动最重要的因素，大学的根本任务是培养人，发展学校最重要的是调动全体教职员工的积极性、创造性，形成有活力、有生气、宽松和谐、开拓奋进的校园文化氛围，造就学校特有的品格和气质，这是学校赢得社会信任、培养高素质人才和增强学校内聚力、推动学校持久协调发展的重要基础。

其三，世纪之交，《中共中央国务院关于深化教育改革全面推进素质教育的决定》确定了全面推进素质教育的教育观和指导原则。教育部制定《跨世纪素质教育工程》，进一步在全国高校把加强素质教育作为当前人才培养和教育教学改革重点。而人文素质教育成为全面推进素质教育的切入点，各学校都采取了一系列举措并取得了一定成效。但是，加强文化素质教育仅仅是整个素质教育的重要组成部分，文化素质教育的核心是用先进文化观念进行教育，要通过教育落实到学生素质的提高上来。因此，文化素质教育的重点不是课程，而是氛围；不仅仅是知识的传授，而且还是校园文化氛围的熏陶；不是简单的说教和灌输，而是感悟文化精神、沐浴文化传统，潜移默化、耳濡目染。即需用整个校园的文化氛围，用学校传统的人文精神去教育、熏陶、培养学生。这需要所有大学人，包括各级领导、教师和管理人员及学生一起共同营造学校独有的融历史传统和时代精神于一体的文化精神和文化氛围，从而把大学文化素质教育提升到大学文化建设或者说建设大学文化校园的更高境界，并作为全体大学人共同的责任。

一所学校是一部历史，沉积了各个时期的校园文化生活，记载和延续着学校的学术传统和文化精神。由于大学文化内涵丰富，不同时期、不同背景的人对大学文化精神的理解可从不同范畴、不同角度去认识、去挖掘。

中山大学从"讨论"开始就明确不追求形成统一的结论，注重过程，注重更多师生的参与，大家都可以从不同的角度表达对历史传统的认同和对新时期学校人文精神的追求和期盼。

在历时两年多的时间里，学校党委始终强调"历史性、参与性、实践性"，动员和组织各单位部门和广大师生，从不同角度挖掘、提炼不同时期中大人对学校文化精神、学术传统、教学传统的评价、论述，并鼓励全校师生及校友积极参与讨论；各单位也以弘扬学校文化传统为主题，结合本部门特点，开展实践优良传统的系列活动，组织专题论坛；校报连续30期刊登优秀论文等。文集《凝聚中大精神》作为"中大精神"大讨论的总结出版，在序言中写道："学校属于每一位中大人，包括历史上的中大人或未来的中大人。每一位中大人，都应该珍爱中山大学。凝聚中大人的力量，塑造中大人的品格，让中山大学的人文精神充满活力和清新的气息，成为中山大学发展的永恒的精神支柱。"

这场世纪之交的大讨论，使全体师生对中山大学的历史有了认同感，激发了自豪感和自信心；更重要的是在这些认同感中形成了全体师生的共同价值观、价值追求，成为学校的内聚力，其影响是极其深远的。直接效果，有三点比较明显：①"中大历史和传统"成为学校文化传统教育的重要组成部分，如所有新教工和新入学的博士生都要听取"中大的传统和我们的责任"主题讲座，接受一次学校文化传统的洗礼；②"部门文化建设"成为学校文化建设派生出来的常规性建设；③讲求文化自觉、提升文化理念逐步成为学校干部队伍教育和各项建设工作的重要内涵，在干部培养中，注重人文精神的学习和研究，提高各级领导的文化素养，努力做有文化理念的管理者。之外，新校区的建设从一开始就坚持校区文化建设和校区建设同步、继承学校优秀文化传统和创新校区文化特色相结合，把校区管理纳入文化建设范畴。学校人事聘任和分配制度的改革、学校重大活动的举办都注重渗透学校已凝聚的共同的人文理念，为构建和谐校园奠定良好的基础。

大学的文化建设是永恒的，在深层次上和建设能跻身世界名校行列的现代大学紧密相关。

一、"大学精神"和大学文化建设的内涵

什么是"大学文化"?"文化"一词本身定义有200多种。马克思、恩格斯从广义、狭义两个角度来理解和运用"文化"概念。"广义文化"包括物质、精神、制度、生活方式等多种因素,是人的社会生活实践及其产物的同义语;"狭义文化"主要指人类社会活动的精神产物。理论界也有把"文化"分类成大、中、小三类。"大学文化",或者更确切地说大学的校园文化,是社会文化的子集,是依附在大学这一特定载体上的社会文化。由于"文化"概念的不确定性,教育界对大学文化的理解也有诸多解释。一般比较认同的观点是:由价值观、理想追求、思维模式、道德情感等构成的精神文化;由大学的组织架构及其规则构成的制度文化;由大学的物理空间、设备、设施等构成的环境文化。即,大学文化通常包括大学的精神文化、制度文化和环境文化。其他,如学术文化、道德文化等等都蕴含其中。从而,"大学精神、管理制度、人文环境"就成为大学文化建设的重要内涵。

在建设一流大学的进程中,是否具备先进的办学理念、完善的制度规范、鲜明的传统特色就成为评价大学文化建设水平的重要内涵,也是建设现代大学的文化标准。

大学文化的内在特点是以学术文化和道德文化为主线,通过制度、规则、礼仪、管理、社团、体育、艺术及教学、科研、校园环境等逐步形成特有的学术传统、价值观念和校园文化氛围,并在领导者们的思想方法、治学态度、办学举措及师生员工身上呈现出具有普遍性意义的行为举止、气质和观念,成为有别于其他学校的校风和学风。这种历史积淀形成的校风、学风标志着学校的文化特征,存在于大学人的潜意识之中,给大学人打上了学校的"文化烙印",同时也使得大学校园文化具有特殊的教育功能,陶冶、教化学生,潜移默化地影响着一代代师生员工。另一方面,大学作为学术文化单位,始终追逐思想、

文化和科学技术的新潮流，从而导致校园文化的各种新现象。例如，伴随着网络技术的发展，网络文化已成为大学校园文化的新景点，对大学教育有着深刻的影响；随着教育国际化的发展，跨国度、多民族的文化沟通成为大学校园文化的新内涵。

认识到大学文化对育人的重要性，认识到大学文化在学校发展中的作用，我们就会格外重视对学校文化传统的继承和发展，重视新时期校园文化的创新，就会自觉地把大学文化建设纳入到学校发展的战略规划之中，用优秀的、充满活力和生气的校园文化去推动学校的发展。

所谓"大学精神"，是大学在办学的历史过程中形成的办学理念和大学人的共同价值追求，是大学文化的精髓、核心，是大学之魂；大学精神是比校风、学风更深刻的学校文化特征，校风、学风只是大学精神的外在表现；大学精神反映了学校特有的价值取向，呈现了大学的品格，也是影响和指导大学人的基本信念、基本准则。

大学精神的核心是办学理念和价值追求。"教育理念"是建立在对教育规律和时代特征深刻认识的基础之上的理想模式，教育理念也受时代和文化背景的影响。科学的教育理念能正确地反映教育的本质和时代的特征，指明教育前进的方向。当然，教育理念不等于教育的现实，实现教育理念是一个长期奋斗的过程。大学领导者的基本素质是既要有明确的教育思想、办学思路，又要有科学的教育理念，高瞻远瞩，把握教育的发展方向，并力求两者之间的协调和统一。世界一流大学都是具有自己的、明确的、相对稳定的教育理念，体现在学校校训或办学宗旨之中，并被社会所认同，融入进学校的大学精神。

大学精神蕴含大学的"价值判断"，并通过学校的文化传统传授于后人。大学的办学理念是一个不断发展、不断调整、不断充实的过程，不是一成不变的纯粹的观念；大学的价值追求也是一种理想的追求和现实之间不断抗争和协调过程的反映。大学的理念经历过从定位为"教育的机构"到"研究中心"，再到直接与社会联系并为社会服务的历史嬗变，使得"教学、研究和为社会直接服务"成为现代大学的三大功能。

现代大学应当承继优秀传统文化，吸纳世界先进文化之精髓，推动各国文化的交融；大学是崇尚真理、讲求科学的学术殿堂，在科学实践和论证的基础上发现真理、发展真理，在学术批判中推陈出新、创新知识；大学应当鼓励不同学术见解、不同学术流派的研究，发表不同的意见是学术民主的重要标志。要允许失败，尊重一些"孤独的思考者"，宽容一些学术上的"狂妄者"。对真理的追求和认识是大学发展的永恒活力和动力，是一个曲折的但又生动鲜活的历史过程。

我们建设高水平的现代大学，必须坚持把"创新、求真"作为教育人、培养人和学术研究的主旋律，形成我们现代大学的精神品质。

对现代大学精神的认识应该是共同的、与时俱进的，但是每一所学校体现的大学精神是个性的，是在该校发展历史中积淀的文化传统、文化精神所表现出来的学校特色和品格。我们要努力在大学营造融"包容性、开放性、批判性"为一体的校园文化氛围，培植"崇尚科学、鼓励创新、兼容并包"的现代大学文化精神，形成"开放、和谐、严谨、求实"的学风和校风。当前，在大学文化精神的建设中，要格外突出科学的地位，阐发科学之精神，特别是批判精神、求实精神及科学的方法论；崇尚真理，坚持理性的思维和科学的实践，把科学精神和人文精神紧密结合起来，反对一切伪科学及学风浮躁、急功近利、学术腐败等不正之风。

二、大学文化与大学的管理创新

现代大学是培养人才、传承文明和科学知识并推动科学技术发展、文化创新的机构。什么是大学？清华老校长梅贻琦的"大学者，非谓有大楼之谓也，有大师之谓也"常被引用。大学的标志是拥有一批学者、大师。他们不仅以其高深学问传世后人，更以其精神品格、治学态度丰富、充实着大学的文化。

"文化"至少有四重表现形式：文化符号，人物及事件，礼仪、习俗和传统，信念和价值。名人轶事是大学文化传统中最生动、最具感染力和教化力的部分，是大学精神的具体体现。牛津、剑桥大学校园的建筑，会给人一种心灵的震撼，这些古老的建筑里培养出那么多影响社会、影响世界的伟人，正体现了大学文化对人的影响和作用。中国现代大学的开拓者蔡元培先生出任北大校长，锐意改革，开辟新文化、新风气，逐步把一个封建衙门式的北大变成一所近代大学，并带动了国内其他大学的改革，为推动新文化运动打了头阵，也为"五四"运动奠定了新文化基础。梁漱溟先生评价说："蔡先生的一生成就不在学问，不在事功，而在开出一种风气，酿成一大潮流，影响全国，收果于后世。"抗战时期，西南联大在异常艰苦的条件下，设施十分简陋，却为国家培养了大批爱国的栋梁之才，其中不乏一大批优秀的学者和专家。西南联大以校训"刚毅艰卓"为文化精神，揉合了北大的宽容自由、南开的吃苦耐劳、清华的严谨认真，形成"山、海、云"的风格，在一批名师的带动下，学术上讲求民主、兼容并包，教学上严谨治学、严格要求，使西南联大出来的学生几乎个个优秀、人人成才。北大发展的历史和西南联大的成功经验给我们的启示是任何时候不要仅仅看到物质的作用、金钱的作用，同样要重视文化的作用、文化创新的作用。

　　当前，在建设一流大学的过程中，必定不能忽视大学文化的建设，大学文化环境和文化精神的建设应作为学校的基础事业，从学校文化精神中吸取力量，推动学校事业的发展。因此，从根本上讲，建设一流大学有诸多因素，但是拥有一批大师级的学者、教授和拥有良好的学校人文环境应当是其中最核心的因素。

　　近年来，不论是从落实"以人为本"，还是强调"人的全面发展"或是构建"和谐校园"，都要求我们把创造有利于师生全面发展的人文环境放到学校工作的重要位置上来。大学管理要提倡重视人文管理，其中包含：对人的尊重，对学术的敬畏，对遵守规则的自觉。大学是学术单位，不是行政机关；大学是社会文明的窗口，是先进文化、文明的策源地；大学应当成为法制化、现代化的先行区。

大学要坚持：学术主导、科学决策、民主管理、依法治校。在当前大学管理体制下应努力完善：党委领导、行政管理、教授治学、民主治校。其中，党委领导是强调集体领导，实行民主集中制下的分工负责的合作机制；行政管理是充分尊重和发挥校长在学校行政上的领导负责作用，让行政部门按照有关规章制度积极开展工作；教授治学是充分尊重教师在学术评价、学术发展、学校管理中的专家主导作用，吸引更多的教师关心学校事业的发展；民主治校是进一步推进政务公开、校务公开、群众监督，特别是对各级主要领导的监督和约束。要逐步完善：权力的规范、法律的制约、理性的自律和责任的追究。使每位领导和管理者珍惜手中的权力，为群众做更多有益的工作。

从文化层面上讲，大学应当强调"教授治校"，因为大学是学术单位，应当实行学术主导，弱化行政干预，反对"官本位"，充分尊重教授们在学术评价、学科发展、人才培养及其他教学、科研领域中的主导作用，尊重教师的合法权益。但是，从大学的管理运作角度来看，国外大学也不轻易强调"教授治校"，更多地提教授和行政管理的"共治"，力求妥善处理专家决策系统和学校行政决策系统相互制衡和协调的关系。

通常，科学家的思维是求变，不怕失败，勇于实践；管理者的思维是求稳，担心失误，慎言慎行。因此，由教授们组成的专家决策系统的特点是开放的、发散的，追求有新意、有创意，寻求碰撞出思想的火花，并不太注重可操作性，最适合进行前瞻性、战略性的学术研究；而学校行政决策往往离不开在有限资源下的优化配置，要有所为有所不为，还必须讲求效率和效益，讲求操作性和适度的平衡。国外及我国台湾高校发展的经历告诉我们，单纯强调"教授治校"，过度地运用专家决策系统代替行政决策系统，学校行政工作是低效率的。实践表明，在明确反对"官本位"、强调"学术主导"的前提下，还是推行"政务公开、群众参与、教授治学、民主治校"更为妥当，进而创造适合中国国情、行之有效的"教授治学、教授治教、教授治校"的科学管理模式。

要把"尊重教师、善待学生、关心教工、直面问题、排忧解难"作为管理工作的文化理念,渗透到学校每一位管理工作者的头脑之中;要以"是否有利于教师与同学的根本利益,是否有利于教学、科研和学科的发展,是否有利于学校事业的长远发展"作为大学管理工作的价值取向。对管理服务的评价标准是:服务态度,以效率为准,要能办成事;服务质量,以师生满意为准,要能办好事;服务水平,以社会认定为准,要能出经验、出成果。首先从服务意识上着手,从"你要干什么"到"你好!我能为你做什么"这种语言上的文明,反映管理人员的文化素养的提高。

大学的制度文化是大学文化建设的重要组成部分。从文化角度上讲,建立制度、规则的目的是:保护学校、教工和学生的三方利益,明晰各自的责任;服从学校的价值导向,建立完善的校园文化环境;建立工作秩序、"游戏规则",提高办事效率;确保公平、公正规则,树立良好风尚。制度建设既要符合依法治校的目的,又要体现人文管理的精神;制度建设的水平能看出学校的品位和价值取向。当前,社会上急功近利、形式主义甚至弄虚作假成风,大学也早已不是"世外桃源",这与我们的制度导向很有关联。许多部门过度关心,把年青学者们推向了功利的角逐场,实际上损害了学风,违背了现代大学精神。其实,关心教师、支持教育的关键还是给学者、教授,包括尚未出名的青年教师体面的生活、工作条件,安定的学术环境。

社会问题,我们相信社会发展会产生净化的力量,这是社会文明发展的必然。学校的问题要靠学校自己去解决。学校要认真审视学校有关制度中体现的价值取向,如各种评价制度、人事和分配制度、各种奖励政策及教育、教学管理制度等。通过制度的创新,让教师脱离名利场,让校内少一些急功近利的行为,少一些浮躁的风气,更不能容忍学术上作假和投机取巧,让大学回复到她应有的矜持和品味,真正成为学术的圣殿而不是名利角逐的战场。

总之,大学的管理要着眼于文化的内涵,大学管理的创新要基于大学的理念和价值追求。

三、大学文化与创新型人才培养

世纪之交,中国的高等教育已经取得了举世瞩目的成就和发展,成为世界上高等教育的大国,但还不能算高等教育的强国。重要的因素并不是我们目前还没有培养出获得诺贝尔科技奖的人才,主要还是我们培养的人才在以自主知识产权和科技创新能力为标志的国家科技竞争力上所能提供的支持与服务同国家及社会的期望相距甚远。

多年来,许多高校已经为此做了很大的努力,但问题并没有根本解决。从整体上讲,中国高等教育的软肋仍然是学生创新意识不强、创造力的潜能培育不够。

纵观近50年来我国高等教育发展的历程,学校的教育教学改革从未停顿过。特别是近20多年来,高校一系列教育教学改革和质量工程及五轮优秀教学成果奖都表明学校在专业建设、课程与教材建设及教育教学方法改革、创新型人才培养体系的建设等方面取得了相当多的成果,有些改革甚至达到了精致的程度。但是,几十年前提出的问题,我们至今仍未真正解决,如何切实提高大学生的创新意识、创新能力已成为国家领导和社会普遍关注的问题。

问题是,在推进教育的创新时,我们在学术层面和管理技术层面上考虑的比较多,往往忽视了学校文化精神、文化传统和校园文化环境对培养创新人才的影响。

创新型人才不仅需要有扎实的理论基础、广博的知识面、较强的动手能力,还必须具有创新性思维能力,善于发现问题,敢于提出问题,勇于实践,有不惧权威、不怕挫折的勇气和毅力。

培养创新型人才除了要考虑智力性因素外,意志品质、思维模式、文化素养等非智力因素有格外重要的作用。创新或创造的过程实质是人的综合素质的释放过程。中国传统文化背景下要培养学生的创新、创造能力是何等之难,这是由于长期的传统文化渗透在我们民族思想、思维及学习、生活和工作之中。在中国,培养学生的创新精神和能力还真正需要从鼓励学生提问题、发表不同见解开始。大学更应当鼓励学生发表不同的学术见解,有更多的选择权利,允许失败,给学生更多的宽容和理解。正如斯坦福大学校长卡斯帕尔在"中外大学校长论坛"上讲到,他认为课上最激动人心的时刻是有学生在课堂上对他说:"卡斯帕尔教授,你错了。"要让本科生、年青的大学一年级学生经常地、充满好奇地、有强烈的愿望,对老师说:"你错了!"他还认为,一所大学的竞争优势在于一种能力,这种能力体现在对教师和学生多方面的鼓励和自由上。

哈佛大学校长陆登廷认为:从学生一入学,大学的主要努力方向就是使他们能够成为参与发现、解释和创造知识或形成新思想的人。因此,研究如何培养大批优秀的具有创新精神、创造能力的人才时,我们不仅要创新教育教学方法,更重要的是创新校园文化环境,使之成为适宜创新型人才生长的土壤。因此,大学领导的教育理念和大学的文化精神、大学教师的教育观念和教师自身的创新素养应当是进一步推进创新教育的抓手。没有大学文化的创新,很难达到培养创新人才的目标。

著名科学家、教育家钱伟长先生在回顾他20多年的校长经历时,最满意的是用他自己的思想、教育理念办了一所大学,最不满意的是学校教师队伍的素质还达不到他的要求。可见,学校领导和教师的人文素养、思想观念直接关系到教育的成效,关系到创新型人才的培养。

当前,我国高校和世界各国著名大学之间交往、联系越来越多,应当重视本科层面上的交流,包括互派交换生及互派教师给本科生授课。学生亲身经历不同文化背景的大学教育,有利于开拓学生的视野。在多元文化的交流中,我们的学生提升了文化视野,学会选择、学会沟通、学会合作,也会增强自信心和民族自尊心;互派教师授课能潜移默化地沟通教育观念和教学方法。这对改善我们教育的文化环境、培养创新型人才是具有深远意义的。

沟通：大学管理中的文化视角

文化素质教育和现代大学
文化的建设*

十年前，在华中科技大学召开的加强高校文化素质教育试点工作研讨会上，正式拉开了高校开展和加强大学生文化素质教育的序幕，开拓了从素质教育的角度深化高校教育、教学改革的视野，这是我国高等教育思想、观念的一次升华和发展。

世纪之交，《中共中央国务院关于进一步深化教育改革全面推进素质教育的决定》确立了全面推进素质教育的教育观和指导原则。对于高等教育，教育部制定了《跨世纪素质教育工程》，进一步在全国高校把加强素质教育作为当前人才培养和教育教学改革的重点。其中，人文素质教育正是全面推进素质教育的切入点、突破口。

十年来，在教育部的指导下，在以杨叔子院士、张岂之教授为代表的高校文化素质教育指导委员会的积极推动下，各高校人文素质教育取得许多富有成效的进展，包括明确了指导思想，开设了大批文化素质教育课程，其中不乏一些精品课程，开展了丰富多彩的大学校园文化、艺术活动，提高了校园文化品味等等。

人文素质教育基地起到积极的保障和示范作用。在共同的目标下，不同学校各有各的举措，形成精彩纷呈的不同特色。

---

* 本文系 2005 年 10 月 23~24 日在清华大学召开的"纪念文化素质开展十周年暨高等学校第四次文化素质教育工作会议"上的专题发言，已收入会议论文集。

三、实践篇

中山大学是一所有着悠久历史和深厚人文底蕴的综合性大学，文科类的学科占有相当的比例。在推进文化素质教育的过程中，努力和建设现代大学文化紧密结合，全局考虑、精心设计，找准切入点，取得一定的成效。

一、世纪之交，在全校开展"中大精神和校园文化建设"大讨论

在历时两年多时间里，许多老师和同学参与讨论，发表见解，校报选择优秀论文和新闻稿连续刊登了30期，学校还组织了专题论坛，并出版了大讨论文集《凝聚中大精神》。我们的宗旨并不追求最后形成统一的结论，或用一句话概括什么是"中大精神"，我们注重的是过程，注重更多的师生参与讨论，大家可以从不同的角度表达对历史传统的认同和对新时代学校人文精神的期盼和追求。

一所学校是一部历史，沉积着各个时期的校园文化生活，记载和延续着学校的学术传统和文化精神。从某种意义上讲，学校的发展可视为这种历史文化的传承和开拓。在世纪之交，我们从历史的角度来认识学校人文精神的发展脉络和潜在质素，目的是要更深刻地理解学校历史上所积淀的文化传统和逐步形成的学校特色、品格，并从新世纪要建成世界知名的高水平大学角度，去积极推动校园文化环境和人文精神的建设。

学校一切活动最重要的因素是人。学校的根本任务是培养人。发展学校最重要的是调动全体师生员工的积极性、创造性。凝聚学校特有的大学精神，形成有活力、有生气、宽松和谐、开拓奋进的校园文化氛围，在潜移默化中教育人、熏陶人，造就中大人的品格和气质。

中山大学诞生于"五四"运动之后，又由孙中山先生亲自创建，因此从建校之初就融入了"科学、民主"的精神，奠定了"开放、进步"的传统。岭南文化"开放、包容、务实"的特色和"敢为天下先"的精神，又使中大的文化精神中增添了

沟通：大学管理中的文化视角

"求实、务新和包容"的内涵。80多年来，中山大学秉承孙中山题写的"博学、审问、慎思、明辨、笃行"的校训，逐步形成"开放、包容、求实、务新"的文化传统和讲求"革命性、科学性、开放性"的办学传统，熏陶和培育了一代代中大学子。

世纪之交的大讨论提升了师生的文化理念，在挖掘弘扬学校优良传统的同时，推动了单位、部门的文化建设。如今，每年学校对每位新教工和博士生进行思想政治教育的第一堂课都是由校党委书记亲自讲授的"中大的传统和我们的责任"，用中大丰厚、优秀的文化传统教育和激励他们珍爱中山大学，凝聚中大精神，塑造中大人的共同品格，成为真正值得自豪的中大人。

二、结合新校区建设，把大学文化建设融入其中，精心设计、贯彻始终

1999年经教育部批准建立了中山大学珠海校区，这是间断八年之后教育部批准的异地办学的第一家。随着我国高等教育的发展，目前已有近千所高校设有新的校区，多校区办学成为当前中国高等教育发展中的普遍情况。

新校区的建设和使用后，人们最担心的是文化的苍白，得不到学校传统文化的熏陶，培养的是"中四"学生。几年来，由于我们坚持校区文化建设和校区建设同步、传承学校优良文化和创新校区文化相结合，校区管理纳入文化建设范畴，重视文化定位，重视制度的创新，扎扎实实地抓落实，取得一定成效。

校区成立之初，明确了办学传统要"原汁原味"，教育管理和教学改革要有创新，既要传承，又要创新；学校提出了三个"融为一体"的校区文化定位：把中大历史上积淀的校园文化精神和文化氛围移植到新校区，使新老校区融为一体，并在新起点上有新的发展；使老校区的教育传统和新校区的教育创新融为一体，以新校区作为突破口，实现中山大学新世纪教育的全

面改革和创新；使珠海校区文明校园与珠海城市发展融为一体，建立一个美丽文明的校园，使新校区成为城市文化、教育新水平的标志之一。核心是在"融为一体"上做文章。

新校区文化建设的根本目的是强化校区文化的教育功能，陶冶、教化学生，潜移默化地影响学生；同时，用优秀的、充满活力和生气的校园文化推动学校的发展。

大学文化通常包括大学的精神文化、环境文化和制度文化。其中，精神文化又以学术文化和道德文化为主线，反映着一所大学的价值追求和办学理念，它是校园文化建设的核心。在建设新校区文化时，要把办学理念、校区定位、制度规范、环境设计等都纳入文化建设的范畴来考虑。

我们通过校史、校风教育，移植有特殊意义的景点等，使学生逐步了解学校的历史和校园精神，认同校园文化的核心价值取向。

依托各学院弘扬学术传统、教学传统，强化院系学术文化的延伸，花大力气组织院士、学者、教授等给学生开设各类讲座、论坛，如"杰出校友论坛"、"博士后系列讲座"、"中大青年论坛"、"名人林与名人报告"等等，校区每年开设各类讲座、论坛达300多场。

以团组织为主体，通过各类社团组织，丰富校区课余文化活动，全年各社团活动有700~800次，有40多种学生出版的刊物，其中不乏精品，特别是《中大青年》报正式获得新闻出版刊号；学生还创办了《英语周报》等。社团活动也沟通了高年级同学、研究生和校区低年级同学之间的联系和交流，加速了新老校区文化的对接。

校区建设和管理重视人文精神，建设文化校园。鱼塘、名人林、校友树、校训石、中山先生铜像、和平女神像、鸽子广场，包括湖边的木凳、座石都透着"文化"的气味，而且从新校区接待第一批新生起，学校就把校区作为培养学生文明习惯的场所，从小事抓起，要求学生"不乱扔垃圾、不乱停放自行车、不践踏草地"，倡导学生自我教育、自我约束，自觉养成文明习惯。

2002年"五月的鲜花"大型诗歌咏唱会在中大珠海校区举行，适逢大雨，2000多名学生秩序井然，散会后广场没有留下任何纸屑、垃圾，受到了兄弟学校师生的好评。事实上，只有通过不断宣传、鼓励、检查，才能养成这些看起来很小的文明习惯，但却有可能成为学生终身受用的文化素养。

珠海校区还赋予了制度文化建设的新内涵，强调学生参与管理，实施学生"三自"管理模式（即自我教育、自我管理、自我服务）。校区每年提供500多个勤工助学岗位让学生担任学生助理工作，参与图书馆、宿舍、食堂、院系办公室的管理。图书馆目前开放时间从早上8:00到晚上10:30，除春节几天外全年开放，主要依靠的就是学生助理。学生助理越来越成为校区管理的一支重要力量。同时，校区涉及学生的一些热点问题（如晚上关灯和关网等）都由学生自己讨论决定。几年来，珠海校区不仅传承了中大传统文化精神，同时逐步形成浓郁的"自主、文明、创新"的新风尚，充分体现了校园文化的育人功能。

三、结合学校重大活动，突出大学文化建设主题，提升校园文化的品味，扩大校园文化的影响力、感召力

2004年是中大校庆80周年，学校考虑校庆纪念活动不仅仅是开好大会，而且要重视迎庆活动的"过程"，要作为学校文化建设的重要契机。为此，我们提出了在"弘扬传统、凝聚人心、塑造形象、建设精神家园"的主题下，用为时一年多的时间结合各种活动进行文化建设和文化宣传活动，使校园文化建设提升到一个新的高度。

在一年多的校庆活动中，学校组织了600多场学术报告，包括"人文论坛：文明的对话"、"院士论坛"、"名家论坛"、"海外名家论坛"、"中青年科学家论坛"等，汇集了一批海内外著名学者、专家、名人到校演讲，充实了学术文化的内涵；同时，出版了"中山大学杰出人文学者文库"和推出了《中大

春秋》等系列专题栏目,进一步弘扬中大传统,凝聚中大精神。一批以学生为主体的社团活动及广大校友参与的活动,活跃校园文化的氛围,包括组织了15场反映校园文化历史背景的文艺演出和大型活动,请一批国家级的老艺术家开设"艺术与人生"讲座,丰富充实了图书馆、博物馆、书画展及名人名师展览室等等,营造了浓郁的文化和艺术氛围。

参与校庆接待工作的2000名青年志愿者,系统地接受关于校史、礼仪、文明等训练,他们对学校的情感、高度的责任心、落落大方的仪态,成为校庆各项活动的一道亮丽的风景线,他们本身也受到学校文化传统教育的熏陶。

通过校庆系列活动,丰富了校园文化的内涵,师生员工都接受了一次文化精神的洗礼,荣誉感、责任感、大局意识、文化品味都得以展示和提升,为学校的可持续发展和建设和谐的文化校园奠定了基础。

四、充分发挥学校党委在建设现代大学文化中的领导作用,提高各级领导者的文化素养,做有文化理念的管理者

大学的根本任务是培养人才。建设现代大学有诸多的因素,其中拥有一批高水平的学者、教授和拥有优良的学校人文环境应该是其中最核心的因素。

十年来,我们开展的大学生文化素质教育主要是学校对学生的教育行为。通过学习文化素质教育课程和接受各种文化、艺术等活动的熏陶,弘扬我国优秀传统文化,了解和吸收世界各国的先进文化,促进人文教育和科学教育的融合,达到提高学生全面素质的目的。而大学文化建设是针对所有大学人,包括领导、教职员工、学生的共同行动,通过制度、规则、礼仪、管理、社团、体育、艺术,以及教学、科研、校园环境等形成特有的学术传统、价值理念和校园的文化氛围,使得大学校园文化具有特殊的教育功能,陶冶、教化学生,潜移默化地影响

学校的师生。其中,"大学精神、人文环境、管理制度"成为大学文化建设的重要内涵。

所谓"大学精神",是指大学在办学的历史中形成的办学理念和大学人共同的价值追求,是大学文化的精髓、核心,是大学之魂;而校风、学风正是学校独有的精神、气质的外在表现。

大学精神反映了学校独有的价值取向,呈现了大学的品格。大学精神也是指导大学行为的基本信念、基本准则。

大学是学术单位,不是行政机关;大学是社会文明的窗口,是先进文化、文明的策源地;大学应当成为法制化、现代化的先行区。

学校领导者必须重视学校文化精神的提炼和培植,要努力在学校营造融"包容性、开放性、批判性"为一体的校园文化氛围,培植"崇尚科学、鼓励创新、兼容并包、求真务实"的现代大学文化精神,形成"开放、和谐、严谨、创新、务实"的学风和校风。

近年来,不论是从落实"以人为本",还是"以育人为本",都要求我们把创造学生和教师全面发展的人文环境放在学校党委工作的重要位置上来。大学管理要提倡重视人文管理,其中包含:对人的尊重、对学术的敬畏、对遵守规则的自觉。

要把"尊重教师、善待学生、直面问题、排忧解难"作为管理工作的文化理念,渗透到每一个管理者的头脑之中,要以"是否有利于教学、科研和学科发展,是否有利于教工和学生的切身利益,是否有利于学校事业的长远发展"作为大学管理工作的价值取向。

大学制度建设是大学文化建设的重要组成部分,学校的制度建设既要符合依法治校的目标,又要体现人文管理的精神,制度建设本身也体现学校的文化品位、水平和价值取向。从文化角度上讲,建立制度、规则的目的是:保护学校、教工和学生三方的权益,明晰各自的责任;服从学校的价值导向,完善校园文化环境;建立秩序、游戏规则,提高办事工作效率;确保公平、公正原则,树立良好风尚。

我国在 21 世纪要实现中华民族的伟大复兴,当务之急是必须培养大批具有创新精神和创新能力的高素质人才,这也是中国大学的历史使命。我们在探讨培养创新人才的"技术层面"应当做些什么的同时,更应当在"文化层面"上有所突破。就是说,我们在努力培养大批创新性人才的过程中,千万不能忽视大学文化建设的影响,必须在教育理念上有所突破,用先进的文化理念才能达到培养大批创新性人才的理想目标。例如:

(1)必须进一步树立人文精神、科学素养和创新能力相统一的教育观。坚持教育中知识、能力和素质培养的协调一致,人文素质教育、科学素养培养、实践能力训练的协调一致以及教育学生做学问、做事与做人的协调一致。

创新意识和创造力潜能是反映学生综合素质的特有资质,包括具备广博专精的知识和理论基础,具备科学的思维方式,具有较好的人文艺术修养,并具备对科学精神领悟的潜质。

(2)进一步明确"以学生为中心,以学为中心"的教学观,在大学生文化素质教育中,要重视激发学生对创新和求变的渴求,注重学生学习能力潜质的培养。

当今信息时代,学生从互联网上获取大量信息,包括不同观点、不同学派、古今中外各种相关的知识。从某种意义上讲,学生群体对教学内容,特别是人文、社会科学的课程所拥有的知识信息未必比教师少,只是缺乏系统研究并形成正确的选择。过去常说,讲一杯水要准备一桶水,现在学生群体拥有的可能是一缸水。因此,"谁教谁"、"教什么"、"怎样教"等问题又一次摆在我们面前。显然,这不同于在"大跃进"时期师生"打擂台",也不同于"文革"后期"工农兵学员上大学、管大学"。在信息时代,"教"与"学"的关系又一次面临考验,特别对中国传统"灌输式"教学是极大的挑战。教学的根本目的是教会学生学,学生学好是目的。当前教学观的转变就是要从"以教为主"回归到"以学为主";教师角色由知识的传播者转为学习的指导者。"以学生为中心",更深层的含义是体现对人的个性的尊重,激发人的潜力。

哈佛大学校长陆登庭认为,从学生一入学,大学主要努力的方向就是使他们能够成为参与发现、解释和创造新知识或形成新思想的人。

（3）在大学的思想政治教育中要转变以"管"为主的"育人观"。对"育人为本"要突出以教育、启迪为宗旨，重视通过参与和实践来培养学生的自主性、独立性和责任心。

大学以"育人"为本职，但育人不仅仅是以"管"为特征，应当是教育、引导、启迪、感悟，给学生更多的平等的尊重、更多的宽容和鼓励。

要充分发挥学生群体本身蕴藏的教育功能，培养学生的自主精神、独立意识，促使学生学会自主判断、自主选择，勇于承担责任，让学生群体共同管好自己的事。

（4）大学教学管理制度要体现多样化、分类指导原则的"人才观"，给学生提供更多的选择机会，促使学生个性发展。特别要给那些具有个性特长的"偏才"学生留有适当的空间。同时，要创造开放、包容的校园文化氛围，欣赏、宽容、鼓励人的创新意识，保护和培植学生的创新精神。

几年来，我校为了提升学校管理者的文化理念，陆续派出一批中层领导到境外、国外考察，对国外（境外）大学制度、大学文化进行全程跟踪学习。2004年，学校还专门举办（中山大学—牛津大学）研究型大学高级管理研讨班，邀请牛津大学、北京大学、中国科技大学的校长、专家就现代大学制度、现代大学文化、现代大学的核心竞争力，结合这些名校的发展历史作演讲，并深入讨论，提升了我校中层干部的文化视野。

现代大学文化建设是大学文化素质教育的发展和延伸，是和大学文化素质教育及大学生思想政治教育相互融通的校园人文环境的系统、全面的建设，目的仍然是教育人、培养人，促进人的全面发展。

大学党委在建设现代大学的过程中要重视现代大学文化的建设，重视体现大学文化精神的制度建设，重视提升大学领导和师生的文化品位。特别是要使每个大学管理者，不论其学术功底有多深，应当成为一个自觉的有文化理念的人，用先进的文化理念，做更多更高文化品位的事，为学校的发展创造更好的文化环境，真正建设高品位的文化校园。

三、实践篇

新校区校园文化的传承与创新
——对中山大学珠海校区校园文化建设的思考*

1999年经教育部批准建立中山大学珠海校区,这是间隔八年时间后教育部批准异地办学的第一家。随着我国高等教育的发展,目前已有近千所高校设有新的校区,多校区办学成为当前中国高等学校发展中面临的普遍情况。在迎来新机遇的同时,高校也必须面对新的挑战,如何传承和创新校园文化即成为大家广泛关注的问题。

建设一所大学有诸多因素,其中,拥有一批高水平学者、教授和拥有良好的学校人文环境是最核心的因素。

新校区的建设就必须同步考虑建设新校区的人文环境,而且要把新校区文化环境和文化精神的建设作为基础事业给予高度重视,精心设计、贯彻始终。

大学人文环境建设,拓展开就是大学的校园文化建设,蕴含在大学文化建设之中,主要包括精神文化、制度文化、环境文化等。其中,精神文化又是以学术文化和道德文化为主线。从而,"大学精神、人文环境、管理制度"成为大学文化建设的重要内涵。

在建设新校区文化时,要把办学理念、校区定位、制度规范、环境设计等纳入文化建设的范畴来考虑。

新校区文化建设的根本目的是强化校区文化的教育功能,

---

* 本文系2005年国家级教学成果二等奖申报提纲。

陶冶、教化学生，潜移默化地影响学生；同时，用优秀的、充满活力和生气的校园文化推动学校的发展。

新校区的文化建设既要传承母体大学校区的优良文化传统，又要结合时代特征和新校区的特点有所创新。

新校区的文化创新要体现在新校区定位中的观念创新、管理创新、制度创新上。通过制度、规划、礼仪、社团、体育、艺术及教学和校园环境呈现学校的文化理念，并通过被培养的学生感受到的实际效果来检验。

要让校区每一个管理者成为校区文化的建设者，要让校区的管理工作和校区的山水、树木、花草、雕塑、建筑都能透出更多的文化品味，日积月累，逐步沉淀出新校区的文化传统。

中大珠海校区建成和使用后，人们最担心的是文化的苍白，得不到中大优良文化传统的熏陶，培养的是"中四"学生。几年来，由于我们坚持校区文化建设和校区建设同步、传承学校优良文化和创新校区文化相结合、校区管理纳入文化建设范畴，重视定位，重视制度的创新，扎扎实实地抓落实，取得一定的成效。总体上可以从以下几方面来阐述：

一、珠海校区校园文化建设的定位

校区成立之初，学校就按照"新起点、新要求、新模式、全校办校区"的办学思路首先明确了珠海校区的性质，即珠海校区是中山大学重要的一部分，是中山大学永久的校区，要努力办成"原汁原味的中山大学"，办学传统要"原汁原味"，教育改革和管理上要有创新，既要"传承"又要创新。

学校提出了三个"融为一体"的珠海校区的文化传承定位：

（1）使珠海校区与广州校区融为一体，把中山大学80几年历史所形成的校园文化精神和文化氛围移植到珠海校区，并在新起点上有新的发展。

（2）使中山大学的教育传统与珠海校区的教育创新融为一体，以新校区作为突破口，实现中山大学新世纪教育的全面改革和创新。

（3）使珠海校区文明校园与珠海城市发展融为一体，建立一个美丽文明的校园，使珠海校区成为体现珠海教育、文化、学术新水平的标志之一。核心是在"融为一体"上做文章，强化延伸管理，体现全校办校区，各级领导人人有责。

二、突出文化精神的延伸，在传承"中大精神"精髓的过程中发展和创新校区文化

大学文化通常包括大学的精神文化、环境文化和制度文化。学校注重校区文化的内涵建设，将文化建设纳入到学校发展的战略规划之中，并采取切实措施，让传统文化的血脉穿越空间距离，与珠海校区贯通汇合。

1. 积极搭造平台，以传统成功的学术文化活动为载体，让学生感悟文化、沐浴文化、享用文化。

大学的精神文化主要是指大学的传统精神，反映着一所大学的价值追求和办学理念，也是大学群体意识的集中体现；它是校园文化建设的核心内容。

新校区校园文化建设，首先是对学校优良传统校园文化的认同。为此，学校有意识地加强对新生的教育，营造氛围，通过加强校史、校风教育，宣传大师治学理念、典故，建设或移植蕴含老校区优秀校园文化精神内涵、有特殊意义的景点，体现大学特征的道路命名等，使新生逐步了解学校的历史和校园精神，认同校园文化的核心价值取向。

同时，学校依托各学院弘扬学术传统、教学传统。强化院系学术传统的延伸，强调优秀教授上基础课，花大力气组织院士、学者、教授等给学生开各类讲座，如"杰出校友论坛"、"博士后系列讲座"、"中大青年论坛"、"若海论坛"等等，举办形式多样的中外优秀文化讲座、"名人村和名人报告"、知识竞赛等；校区每年开设各类讲座、论坛达300多场。校区成立第一年，仅校党委书记就给各类学生做过八场报告。

学校深入开展校园精神文化建设，创建"自主、文明、创新"的新校区文化。以团组织为主体，校区共建设学生会及其延伸组织和学生社团 109 个，所有这些团体全年开展的活动 700~800 项。校区有 40 多种学生出版的报纸、刊物，其中不乏精品。特别是《中大青年》报正式获得广东省新闻出版刊号，在全国高校中号称办得最精良的校园报纸。学生还创办了《英语周报》等。丰富的社团活动锻炼了学生的能力，拓展了学生的素质。更为重要的是，这些活动调动了广大学生的参与，使新校区文化建设成为全校师生共同的事情，加速了新老校区文化对接的进程。

2. 强化学生良好的行为意识，培养文明新风从小事、细微事做起。

当年日本广岛亚运会结束时，六万人的会场竟没有一张丢弃的废纸，全世界报纸都登文惊叹："可敬、可怕的日本民族。"就是因为没有一张废纸，看到一个民族的文明习惯和素养。珠海校区建成后，学校力图把校区作为培养学生文明习惯的机遇，从小事抓起，关键是落到实处。

从新生入学第一天就要求学生养成"不乱扔垃圾、不乱停放自行车、不践踏草地"的习惯，倡导学生的自我教育、自我约束。从自觉养成文明习惯，到一系列学生志愿者活动的顺利开展，都充分展现了学生自我教育、自我管理、自我服务的成效。校园形成一种健康和谐的人际氛围，通过潜移默化的"空气养人"，培养学生们的社会责任感、品德情操和人文精神。

2002 年全国大学生大型诗歌咏唱会"五月的鲜花"在中大珠海校区举行，适逢大雨，2000 多名学生秩序井然，散会后广场上没有留下任何纸屑、垃圾，受到兄弟学校的一致好评。而且，在珠海校区生活过的学生也把文明习惯带到了广州校区，使广州校区也变干净了。事实上，只有通过不断宣传、鼓励，才能养成这些看起来很小的文明习惯，且它还可能成为学生终身享有的文明素养。

3. 注重环境文化建设，赋予校区建筑、生态环境浓郁的文化内涵。

学校努力营造优质育人环境，让环境育人。通过奉置中山先生铜像、开辟名人林、让世界和平女神雕塑落户珠海校区等途径，强调校园文化氛围的熏陶，把校区文化建设融入校区环境建设之中，花大力气提升校区环境的文化内涵。校区已做到池塘有鱼，广场有鸽，图书馆每天从早上8:00到晚上10:30全天开放；让校园的一景一物、每个角落都在无声地"说话"，使校园成为每个学生温暖的家园。

珠海校区的基础设施极为先进。教学大楼是一座获得"鲁班奖"的优秀建筑。图书馆采用中央空调系统，在国内率先引进国际先进的3M防盗监测系统，实现藏、阅、检、网一体化的先进管理。校园内实现计算机网、电话网、有线电视网、有线广播网、外语无线接听网、校园一卡通网"六网合一"。网络全过程地实现了校区同康乐园和全国各高校之间的学术文化活动交流，形成珠海校区、康乐园和网络的交互平台。

4. 创造性地延伸教育管理机制，建设制度文化，在延伸管理中突出"新思路、新模式、新机制"，管理创新，服务教育创新，控制办学成本，提高管理效益。

世界一流大学的文化不仅通过大学生活的方方面面展现出来，而且已经内化为学校全体成员的精神气质与文化品格，同时也固化为结构科学、服务功能健全而又运行良好的制度。制度文化是大学文化建设的基础。

校区采取延伸管理和属地管理相结合的模式。学校成立了精干的校区管委会，实现延伸管理与属地管理相结合、固定员工与学生勤工助学相结合，后勤社会化一步到位。

珠海校区还赋予了制度文化建设新的内涵，强调学生参与学校管理，实施学生"三自"管理模式（即自我教育、自我管理、自我服务）。校区每年提供近500个勤工助学岗位，参与图书馆、宿舍、食堂、院系办公室的管理，培养了学生的责任意识和工作能力，抽样调查学生对"三自"的满意度为97.7%。同时，校区涉及学生的一些热点问题（如晚上关灯和关网）都由学生自己讨论决定。珠海校区有两个学生组织最能体现他们的"自我教育、自我管理、自我服务"状态：学生宿舍管理委员会和学生膳食管理委员会。这是在后勤社会化的背景下，学生服务自我并对提供服务单位进行监督、维护同学权益的组织。

几年来，珠海校区不仅传承了中大传统文化精神，同时逐步形成浓郁的"自主、文明、创新"的新风尚。我们讲自主性，是指有清晰的自我认识，有理性的思考，学会自主判断、自主选择，勇于承担责任。同时，我们强调的是学生群体的自主性，是相对于以"管"为特征的传统管理方式而言的。

三、不断提升校区校园文化品味

大学文化品位由物质文化品位、制度文化品位和精神文化品位构成，任何一种提升大学文化品位的建设，都能够有效地促进学校工作的整体优化，全面提高教育质量，增强综合竞争力。高品位的大学文化不但能扩大学生的视野，而且能增强自豪感、自信心，并且产生广泛的社会影响，提高学校的声望。

1. 传承和发展校园文化传统，建设具有国际水准的现代大学。

文化是与时俱进、不断超越的。先进的大学文化需要随着时代和社会的发展不断增添新的内涵。因此，围绕时代主题，提高文化品味，努力营造品味高雅、气氛浓厚、特色鲜明的校园文化，对学校的发展具有积极意义。近两年来，为做好学校学术传统和文化精神的传承，我校在世纪之交开展了"中大精神与校园文化"大讨论。通过大讨论，广大师生员工对中山大学的办学传统和"中大精神"有了更深刻的认识，进一步营造了热爱学校、积极进取的良好氛围。在珠海校区建设过程中，学校除了重视课堂教学在文化素质教育中的主渠道作用外，还积极通过开展内容丰富、形式多样的校园文化活动来营造浓郁、高品味的校园文化氛围。

中山大学党委明确提出，中山大学作为科学的殿堂、培养人才的摇篮，应当坚持：崇尚科学、尊重知识、尊重人才、尊重教师的创造性活动、尊重学生学习和选择的权力、尊重所有人的人格和应有的权益；要把校园人文精神、文化传统融入到教育和管理工作的全过程，形成学校特有的时代精神和文化传统。

2. 更新观念，将传统、优秀的校园文化与新时期高等教育的目标要求结合，从珠海校区处于发展阶段的特点出发，挖掘、创造校区特色文化

校区文化建设坚持传承与创新相结合，根据校区校园文化特点和市场发展的要求，不断创新文化，以丰富和提升已有的校园文化内涵，推动整个校园文化向前发展。学校注重实施文化理念的更新，积极发展学生的文化能力。校区举办各种高品味的学术讲座、艺术论坛和文化活动，出版学生自己的刊物和报纸等，一批院士、学者、表演艺术家、企业家进入校区和学生近距离接触交流。"中外优秀文化讲座"、"中山大学艺术与人生讲坛"、科技艺术节、维纳斯歌手大赛、校运会等学校传统讲座及文化艺术活动延伸到珠海校区，定期在珠海校区举行。通过学生的切身体验，达到"内化"的目的。同时，提倡校区的每个管理工作者用先进的文化理念做更多有更高文化品味的事，为学校发展创造更好的文化环境。

3. 校区校园文化成为珠海地区和中山大学的重要标志。

珠海校区孕育着具有中大特色的校园文化与新世纪的中大精神。学校谋求中山大学的人文精神与地方人文环境的相互融合与协调。校区利用办学资源及其所在地的人文环境进行特色文化建设。校区建立与珠海市一些主流媒体的良好关系，不少活动得到报道，让市民有更多的机会了解大学的校园文化建设，也吸引更多的组织来关注我们和支持我们的活动。凤凰卫视6位最当红的主持人和时势评论员曾专门录制一个达十分钟的专题片，盛赞珠海校区大学生DV创作大赛，这是史无前例的肯定。

随着办学空间的扩展，校园文化建设的规模扩大了，校园文化的影响面也越来越大，辐射作用将日益突出。再者，由于校区能利用自身资源开展有特色的校园文化活动，以现有校园文化状态为基础，根据时代发展的需要规划校园文化发展前景，

有利于深化和提升整体校园文化的内涵和品味，成为学校的重要标志。

四、继往开来，建设和谐的珠海校区

近年来，珠海校区文化建设取得长足发展，不仅大力营造校园的学术文化氛围，完善更新教学和配套设施，不断美化校园环境；同时，扩大校区的影响，增强了师生员工的凝聚力和工作能力。

几年来，珠海校区在校园文化建设方面取得了许多创新经验。包括：①开创了青年志愿者这一学生形象品牌。青年志愿者成为校园里的一个重要群体是从珠海校区开始的。中山大学80周年校庆期间，2000多名学生青年志愿者成为校庆一道亮丽的风景线。②从珠海校区开始，"学生助理"成为勤工俭学中的重要形式引起大家的普遍关注，"学生助理"越来越成为校园管理的一支重要力量。图书馆目前的开放时间能保证全年不断，从早上8:00开到晚上10:30，学生助理功不可没。③珠海校区学生培育了"自我教育、自我管理、自我服务"的文化理念，珠海校区的学生管理注重学生实践能力、独立能力和创新能力的开发，鼓励学生参与到学校的管理中来。④良好的校园文化从文明的行为习惯抓起。几年来，珠海校区的同学基本上养成了不踩草地、不乱丢垃圾等良好习惯，并把文明风气带到了广州校区。⑤校区的建设和管理体现了人文精神，建设文化校园。珠海校区不但建成了漂亮的教学楼和实验大楼等建筑，在管理上也注意从"文化"着手，鱼塘、名人林、校友树、校训石、和平女神、鸽子广场、湖边的木凳等等，无不体现了人性化管理和对校区环境文化的重视，珠海校区不仅逐步建成园林化校区，而且也是生态化校区。⑥以人为本，为师生提供优质服务的意识进一步增强。如：森林防火依托地方政府，教育学生安全自救；医疗由保险公司承保；交通由公交公司提供优惠；等等。物业管理、环卫保洁要求高资质的专业公司承包。⑦确保人才培养质量稳步提高。在珠海校区就读的学生有的已经毕业，他们在国内外各项竞赛及科研方面都取得了喜人的成绩。2003年、2004年ACM国际大学生程序设计竞赛全球总决赛，中大跻身世界八强并排名中国内地高校第一。2002年、2003年中大辩论队分别获全国和国际大专辩论赛冠军。2002~2004年期间，我校学生在全国及国际大学生数学建模竞赛中也获得多项一、二等奖。

虽然珠海校区和广州校区地处两地，但前两年珠海校区的学习、生活与后续学习、生活已构成和谐的整体，保持了教育的连贯性和人才素质修养的连续性，两个校区构成中大整体的校园。

大学的恒久性就在于大学一直在以研究文化、创造文化、传播文化满足着人们永恒的需要，并以文化影响和改造着社会。珠海校区在为中大带来更大发展空间的同时，也为中大传承和创新传统校园文化带来新的契机。新老校区形成既有融合又各有特色的校园文化，彼此相得益彰，为中大传统校园文化赋予了新的时代内涵。学校将在与时俱进的实践中，进一步培养开放意识，汲取古今中外一切有益的科学文化和人文文化，在内容和形式上积极创新，不断开拓发展大学文化的新途径。

大学文化与创新人才培养*

最近，胡锦涛同志在 2006 年 6 月的两院院士大会上提出：把培养造就创新型科技人才作为建设创新型国家的战略举措，加紧建设一支宏大的创新型科技人才队伍。并指出：要从教育这个源头抓起，努力建设有利于创新型科技人才生成的教育培养体系。

这就从国家发展战略的高度，围绕如何生成创新型科技人才的目标、构建新的教育培养体系，对高等学校提出了历史性的要求。

中国的高等教育已经取得了举世瞩目的成就和发展，成为世界上高等教育的大国，但还不是高等教育的强国。其中，重要的因素并不是我们目前还没有培养出获得诺贝尔科技奖的人才，主要还是我们培养的人才在以自主知识产权和科技创新能力为标志的国家科技竞争力上所能提供的支持与服务与国家和社会的期望相距甚远。

多年来，许多高校为此已经做了很大的努力。尽管我们对培养学生创新精神、创新能力的重要性有着高度的共识，但问题并没有得到根本解决。从整体上讲，中国高等教育的软肋仍然是学生创新意识不强，创造力的潜力培育不够。实践表明，培养大批具有创新精神、富有创造力的创新科技人才是一项必须动员全社会共同关注并付诸实施的系统工程，关乎教育观念

---

* 原文作者：朱孔军、李延保，发表于《中国大学教学》2007 年第 9 期。

的创新、文化观念的创新、社会观念的创新，是一场深刻的思想革命和浩大的社会创新工程。关键要由国家、社会、学校乃至科研院所等各方面共同构建国家创新人才教育和培养的体系，高等学校在其中承担着义不容辞的历史责任。

首先，高等学校要找准培养创新型科技人才的抓手，认真总结历史经验教训，进一步深化教育教学改革，力争在培养学生创新意识、创造力潜能的体系上取得实质性突破。

"创新性"是指包括创造力和创新意识在内的一种素质特性；对个人来讲是科技创新人才必备的素质。

人，生来具有好奇心和创造力。教育的责任应当是通过传授知识满足学生日益增长的好奇心，进而增强学生的求知欲和想象力；同时，通过教育的实践激发和培植学生的创造力，让学生学会综合运用已有知识去发现新问题、提出新观点、创造新事物，最终达到学会超越自我、超越前人，通过实践取得有实际意义的创新性成果。这种旨在培养学生创新性潜能的素质教育可称为"创新型教育"，以区别于以继承性为特征的"传统型教育"。"创新型教育"培养学生具备的创新性潜质突出表现在：敢于质疑、发现问题；善于综合、正确思辨；锲而不舍、勤于实践；求真、求实，服从真理。

实施"创新型教育"必须重视以下几个方面：要有扎实的基础理论知识和宽广的知识面，这是创新性人才的知识基础；要培养创新的勇气和表达的习惯，这是创新性人才的文化基础；要有富于创造的思维方法和实践能力，这是创新性人才的方法论基础。

推动"创新型教育"的关键是"教育的创新"。许多高校在"教育的创新"上已经采取了一系列有效的举措，但是，我国高校"创新型教育"还刚刚起步，并没有取得实质性的突破，更谈不上建立生成创新型科技人才的教育体系；在许多高校真正关注教育教学改革的还只是少数骨干教师，有限的改革并没有对传统的教育模式给予根本性的触动。

教育主管部门和高校有关领导想出许多举措试图促动改革的深化，效果似乎并不明显。纵观近50年来我国高等教育发展的历程，高校的教育教学改革从未停顿过。几十年前提出的问题，我们至今仍未真正解决。

当然，今天我们的高等教育和过去任何时期相比早已不能同日而语，已经在许多方面取得了很大的进步，唯独在培养创新性人才方面，传统的继承性教育表现了顽强的生命力。一方面，这说明"传统性的继承性教育"有其合理性和稳定性的一面。稳定性来自传统教育依托中国文化传统，有文化的稳定背景；合理性在于中国传统教育基础扎实，是从苏联教育衍生而来的，苏联也曾培养出大批世界一流的科学家、工程师、发明家等优秀人才。另一方面，这说明我们高校内部也还没有完全找到突破创造性人才培养症结的抓手。

抓手究竟在哪里？仁者见仁，智者见智。本文认为有两个问题十分关键：

其一，大学领导的教育理念和大学的文化精神。

其二，大学教师的教育观念和创新素质。

在推进教育的创新时，我们在学术层面和管理技术层面上考虑得比较多，往往忽视了学校的文化精神、文化传统和校园文化环境对培养创新人才的影响。

我们培养的创新型人才应当是具有健全的人格，有追求真理献身科学的精神，有高度的社会责任感和服务社会的奉献精神，有创造性思维能力和不惧挫折的坚强毅力，有科学的世界观和正确的人生观、价值观，等等。因此，培养具有创新性人才不仅和大学的学术水平、培养模式相关，同时和大学的学风、大学的文化熏陶密切相关。

近年来，在学术界的不正之风及大学内的学风浮躁、急功近利、弄虚作假都严重地毁坏了学术圣殿的风气，有些已经侵蚀到大学的制度和培养体系之中，直接影响到学生的培养，让人们感到忧虑。整治学风，以学校优秀的文化精神熏陶、教育学生，已成为培养创新型人才的必要前提和基础性工作。

我们讲的"大学精神"，是指大学在办学的历史中形成的办学理念和大学人共同的价值追求，是大学文化的精髓、核心，是大学之魂；而校风、学风正是学校独有的精神、气质的外在表现。大学精神反映了学校独有的价值取向，呈现了大学的品格。大学精神也是指导大学行为的基本信念、基本准则。

大学的领导应该有体现创新精神的办学思路和科学的教育理念，从培养创新性人才来讲，应具备如下一些基本观点：

1. 进一步树立人文精神、科学素养和创新能力相统一的教育观。

坚持教育中知识、能力和素质培养的协调一致，人文素质教育、科学素养培养、实践能力训练的协调一致，以及教育学生做学问、做事与做人的协调一致。

最近，钱学森同志对温家宝总理讲：一个具有科学创新能力的人，不但要有科学知识，还要有文化艺术修养，没有这些是不行的。

创新意识和创造潜能是反映学生综合素质的特有资质，包括具备广博专精的知识和理论基础，具备科学的思维方法，具有较好的人文艺术修养，并具备对科学精神领悟的潜质。

人文艺术修养不仅为学生塑造健全的人格奠定基础，同时也使学生视野开阔、触类旁通、激发灵感，在顿悟中有所发现、有所突破。而科学精神，特别是批判精神、求实精神及科学的方法论，培育学生求真、求实，崇尚真理，坚持理性的思维和科学的实践，有利于抵制一切伪科学及学风浮躁、急功近利、学术腐败等不正之风。当前，高校的人文素质教育是大学素质教育的重要组成部分，也应当看成是培养创新人才的重要举措，但实施人文素质教育必须明确几个观点：

第一，文化素质教育的核心是用先进文化观念进行教育，落脚点是通过教育落实到学生素质的提高上来。

文化素质教育不能单纯追求课程化和知识化，不是书读的越多其文化素养就一定越高，课程只是传授文化知识的一种途径，更重要的是要创造良好的校园文化氛围、文化环境，让学生处处感受到优秀、先进文化精神的熏陶。另一方面，不是每个学生都能成为科学大师，也不是所有学生都能喜好棋琴诗画，因此，文化素质教育同样要遵循个性化原则，尊重学生的选择。其课程必须精选，不能增加学生学习的负担，"倒了所谓文化的胃口"。

　　提升学生文化素质,关键是要加强和重视校园文化建设,提炼和培植学校的文化传统和文化精神,要让学生感悟文化、沐浴文化、享用文化。在牛津大学校园里,800年的历史培养过25位英国首相和一批诺贝尔奖获得者,生活在这种环境中,学生感悟到这里曾经出过许多伟人和大师,这种历史文化的积淀,更加激励学生对学术和自身发展的追求。要让学生学会选择和实践自己的文化操守,形成正确的人生观、价值观、世界观,要重视学生的修身养性,提高文化品味,培养文明、高尚的品格。

　　因此,文化素质教育的重点不是课程,而是氛围;不是知识的传授,而是校园文化氛围的熏陶;不是简单的说教和灌输,而是感悟文化精神,沐浴文化传统,潜移默化、耳濡目染。

　　第二,在人文素质教育中,我们不能只讲文化的继承,更应当重视文化的批判,只有在批判、比较之中才能继承和发展我国和世界优秀的文化传统。

　　文化素质教育的目的不仅仅是让学生增长文化知识和文学功底,更重要的是感悟中外文化之精髓,提高鉴赏能力和选择能力,并透过文化加深对社会发展的认识,明确自己的历史责任。

　　英国学者李约瑟在其《中国之科学与文化》著作中系统介绍了中国古代科学文化之成就,同时提出这样一个问题:"近代科学为什么没有在中国产生?"也就是说,中国5000年的文明并没有和西方同步孕育出现代的科学和工业革命。

　　中国的落后原因是多方面的。从文化角度来看,中国传统文化与西方科学文化有明显的不同:西方文化受到宗教和科学的双重影响;中国传统文化中,着重社会伦理而轻视自然科学,极少会出现数学化的理性规范模式。从教育的角度上看,西方公认的现代大学直接源头是欧洲中古世纪大学,西方大学比较多地讲授数学、天文及医学等自然科学知识,重视逻辑、推理的科学思维训练,培养的学者虽然有些也是作为官吏或神职人员,但大都具有自然科学或技术科学、医学的知识,直到现在,在西方的博雅教育中这些被称为"智慧课程"的内容仍然是素质教育的主要内涵。而在中国的历史上，现代意义的大学是在19世纪末期才出现的，在此之前，中国旧式书院主要讲授的仅是人文知识和伦理道德。在中国历史上无论是官吏或是学者，缺乏科学修养，轻视技术实践。

正由于中国传统教育缺乏对科学文化的研究和传承，使得中国古代科学技术的发展得不到强大的理论支撑。英国学者坦普尔（Robert Temple）在其《中国——发现与发明的摇篮》一书中利用李约瑟提供的资料列举了中国古代科技的"100个世界第一"，得出"在现代世界赖以生存的重要大发明创造中有一半来自中国"的结论，但这些发现或发明只是停留在应用技术层面上，并没有发展成为科学的原理。正如著名的四大发明之一的指南针在中国广泛用于勘测风水，传到西方后成为航海和地理等的原动力和开拓海路向外拓展的基础条件。

对中外文化的比较，丝毫无意于否定中国传统文化，不同文化仅有差异，没有优劣之分。中国传统文化是四大古文化能完整保存流传至今的文化，中华文化孕育了中华民族炎黄子孙，有许多文化精髓构成中华文明之精华，铸造了民族之灵魂。西方文化也不是没有缺陷，西方科学文明并没有阻止西方列强通过战争巧取豪夺掠夺别国资源换取资本的原始积累。我们每个中国人都和中华文化有着不解之缘，我们无权选择历史，但是我们完全可以创造未来。

因此，我们加强文化素质教育，必须弘扬的是中国优秀之传统文化，同时吸取世界各国之文化精髓，以弥补我们之不足。其中最核心的问题是如何看待科学与文化的关系及如何看待中国传统文化和西方科学文化之异同。中国传统文化当然也具有创造性，当今中国经济的快速发展，也源于中国人的创造能力，我们所缺的是"科技创新力"和大批优秀的创新型科技人才。

在中国文化中必须突出科学的地位，阐发科学之精神，特别是批判精神、求实精神和理论原则，要教育学生崇尚真理，坚持理性的思维和科学的实践，把科学精神与人文精神结合起来。20世纪初，"五四"运动正是高举起"科学和民主"的大旗，今天对我们仍然有着实际的意义。

2. 进一步明确"以学生为中心、以学习为中心"的教学观，重视激发学生对创新和求变的渴求，注重学生学习能力潜质的培养。

教学的根本目的是教会学生学，学生学好是根本。当前教学观的转变就是要从以教为主回归到以学为主。

在当今信息时代，学生以其青春的活力、饱满的精力和对知识的渴求，会从互联网上获取大量的信息，包括不同观点、不同学派、古今中外相关的各种知识。从某种意义上讲，学生群体对教学内容，特别是人文、社会科学的课程，所拥有的知识信息未必比教师少，只是缺乏系统研究并形成正确的选择。过去常说，讲一杯水要准备一桶水，现在学生群体拥有的可能是一缸水。因此，"谁教谁"、"教什么"、"怎样教"等问题又一次摆在我们面前。显然，这不同于在"大跃进"时期师生"打擂台"，也不同于"文化大革命"后期"工农兵学员上大学、管大学"。这是在信息时代，"教"与"学"的关系又一次面临考验，特别对中国传统的"灌输式"教学是极大的挑战。回归到最初大学的原型——西方中古世纪大学，曾经是学者们聚会、讨论的场所，后来逐步发展到老师"教"、学生"学"的教学关系。其实，这仅仅是教学的形式，教学的根本目的是教会学生学，学生学好是根本。当前教学观的转变就是要从以教为主回归到以学为主，教师的角色由知识的传播者转为学习的指导者。"以学生为中心"，更深层的含义是体现对人的个性的尊重，激发人的学习潜力。斯坦福大学校长在"中外大学校长论坛"上讲到，他认为课堂上最激动人心的时刻是有学生在课堂上对他说："卡斯帕尔教授，你错了。""我是谁？我长年从事研究，我对课题最熟悉，我知道所有情况。但是，这些天真的学生会突然让我意识到我的认识并不如我认为的那么全面，他们让我吃惊并改变我的看法。要让本科生、年轻的大学一年级学生经常地、充满好奇地、有强烈的愿望，对老师说：'你错了'。"他还认为，一所大学的竞争优势在于一种能力，这种能力体现在对教师和学生多方面的鼓励和自由上。

哈佛大学校长陆登庭认为，从学生一入学，大学主要努力的方向就是使他们能够成为参与发现、解释和创造新知识或形成新思想的人。

当前，随着网络和信息技术的快速发展，学生学习已进入"立体化"时代，不仅在课堂、图书馆，在宿舍通过网络都可以获取大量与教学内容相关的知识，如何指导学生选择有用的信息辅助学习，如何突破教师教学内容的框架思考和研究更多的相关问题，都是教师教学工作面临的新命题。

人类进入新纪元，曾经讨论面向21世纪教育我们应该教什么。有些学者提出21世纪教育是思考力的教育，批判性的思考能力。学生从老师那里学到的不仅是知识，而是思考的技能，这样，将来学生在什么样的社会环境里都能生存。

当前，在教学中，教师在正面传授知识的同时，应当格外重视学生创新思维能力的培养，要更多地运用反向思维方式探讨问题的提出和异化，在学会分析问题和解决问题的同时，让学生更多地思考提出新问题、发现新规律。

3. 要转变以"管"为主的"育人观"，突出以教育、启迪为宗旨，通过参与和实践培养学生的自主性、独立性和责任心。

大学首先以"育人"为本职，但育人不能仅是以"管"为特征，应当是教育、引导、启迪、感悟，给学生更多的平等的尊重、更多的宽容和鼓励。

当前，要重点解决学生对学校的依赖性和对教师的依赖性，培养学生的自主精神、独立意识。要充分发挥学生群体本身蕴藏的教育功能，培养学生的自主精神、独立意识和责任意识；通过各种讨论式、开放式、研究式教学形式激发学生学习的主动性，开发学生的思考能力。我们讲自主性、独立性，是指有清晰的自我认识、有理性的思考，学会自主判断、自主选择，勇于承担责任。而且要强化学生群体的"自主性"，相信同学，由学生共同讨论、决定来管好生活中自己的事。

自主性、独立性既是个性张扬的重要表征，更是创新性人才应具备的基本品质。

4. 大学教学管理制度要体现多样化、分类指导原则的"人才观",给学生提供更多的选择机会,促使学生个性的发展。

培养创新性人才,必须基于调动学生的兴趣和激发学生学习的潜力。因此,要构建多样化的人才培养模式,适应不同类型特长学生选择的需求,为培养"学术研究型"、"应用实践型"、"交叉复合型"等各类人才提供不同的鼓励创造和创新的学习环境。

要推行更加完善的学分制和选课制;设立更多的学科、专业之间的"立交桥",给学生提供专业、课程及实验、实践等更大的选择空间;要鼓励教师因材施教,关注有个性和特长的学生;在学校有关条例和制度中要给具有个性特长的"偏才"留有生存和发展的空间。"创造力"本身具有多样的表现形式,有些人善于从事基础理论研究,有原创性潜质,如陈景润;有些人有技术发明的创造能力,如爱迪生;也有人善于思考、出谋划策、足智多谋,如格林斯潘。社会发展既需要科学家、发明家,也需要谋士、智囊。学校要提供多样化、多元的文化环境,满足学生的不同需求。同时,"创造力"是人的综合素质的发挥,包括智力因素和非智力因素,要重视非智力因素对人的潜能激发的作用。

要着力改革以强化"同一性"、"规范性"而束缚学生创造力发展的管理制度,例如,教材的固化削弱了学生课堂笔记的能力,考试方式的改革也迫在眉睫等。

5. 要重视大学校园文化建设,凝聚大学文化精神,创造开放、包容的校园文化环境,欣赏、宽容、鼓励人的创新意识,培植学生的创新能力。

当前,学校领导要特别重视审视学校有关制度中体现的价值取向,如各种评价制度、人事和分配制度及教育、教学管理制度等。通过制度的创新,让教师远离名利场,让学校少一些急功近利的行为,少一些浮躁的风气,更不能容忍学术上的作假和投机取巧,让大学回复它应有的矜持和品位,真正成为培养创新型科技人才的学术圣殿而不是名利角逐的战场。

同样,大学教师的教育观念和创新素质直接关系着创新型科技人才的培养。

要改变以教师授课为中心的传统教育制度；转变制约学生创新能力发展的教学方法；启迪学生科学思维，培养学生的好奇心、求知欲；注重学生的个性发展等等，这些都离不开具有正确教育观念和关爱学生成长的教师。

大学的教育教学工作是具有教师个性特征的创造性工作，大学的教育教学改革必须动员全体教师认真对待、积极参与才能真正取得成效。有激情的教师才能带出有激情的学生，具有创新性的教师才会懂得如何培养学生的创新性。

因此，创新型人才培养的关键在教师。建立生成创新型科技人才培养教育体系，应当包括建立一支具有创新精神、掌握科学的教育思想和方法、热心于人才培养的教师队伍。而且，在教师的职业素质、职业要求中，除了教学和科研外，要突出指导学生创新思维和创新能力的培养。

6. 要推动大学文化"观念的更新"，就必须坚持教育的"开放"，推进教育的"国际化"。

教育的国际化，不是指教育的国际接轨；各国的教育制度不尽相同，无轨可接。"教育国际化"是指向世界先进教育学习，加强高校之间的国际交流，并深入到本科教育阶段互换学生、互派教师、共建人才培养基地等。知识是无国界的，科技和文明是人类的共同财富，通过各种形式的交流，沟通教育的文化理念，互相吸取精华，对培养具有国际视野的创新人才是有很大作用的。

在"教育国际化"进程中，我们要相信中华文化有很强的文化自觉、文化选择和文明进化的能力。当今世界，孤立封闭的民族文化是难以自存的，试图以单一的文化统一世界也是不可能的，不同文化之间总是相互吸纳之精华而共同发展。

1921年梁漱溟发表《东西文化及其哲学》，指出：东西文化其实各有优缺点，而且是不同类型的文化。1935年有10位教授发表的《中国本位文化的建设宣言》提出：中国要有自我的意识，也要有世界的眼光，既不要闭关自守，也不要盲目模仿。要不守旧、不盲从，根据中国的本位，采取批评的态度，应用科学的方法检讨过去，把握现在，创造未来。

因此，在大学有多元文化的碰撞，并不是坏事，在文化交流中培育学生学会选择、学会沟通、学会合作，提升国际文化视野，增强自信心和民族的自尊、自豪，同时学习其他国家和民族先进的文化和教育观念，这是培养创新型人才的重要文化基础。

培养大批具有创新精神、富有创造力的人才是全社会的共同使命，既不是一门课程、一个专业，或一所学校的努力就能达到，也不是仅仅高等教育的改革就能实现，它涉及整个教育系统的变革和社会系统、文化体系的支持。

关键是要从"大教育"和"系统工程"的角度，由国家、社会、学校及科研院所共同构建创新人才教育和培养体系，并且纳入"国家创新工程"之中。要从娃娃抓起，在幼儿园就要保护孩子的童真，不要用过多过深的知识教育扼杀了孩子学习的兴趣；在中小学就要重视激发学生的好奇心，培养学生的观察力和实践动手能力；要用国内外优秀传统、经典文化精品开阔学生的视野，提升文化鉴别、欣赏能力，包括在小学阶段就要认真学习硬、软笔书法，熟读优秀唐诗、宋词等名词名句；要尽快解决高中文理分科问题，使素质教育落到实处。在家庭和社会文化理念中，对年青人求新、求异、求变要给予更多的宽容，不要总以成人的思维去束缚他们。我们都知道，在中国传统文化背景下，要培养学生的创新、创造能力是何等之艰难。孩子尚未出世，父母已替他们包办了一切，孩子的发展不是尊重孩子的意愿而是去实现父母自己未曾实现的梦想；学校老师最喜欢循规蹈矩的学生，领导最喜欢听话的部下。这决不是哪个人的问题，而是由于长期传统的文化渗透在我们民族思想、思维及学习、生活和工作之中。在中国，培养学生创新精神和能力还真正需要从鼓励学生提问题、发表不同见解开始。大学更应当鼓励学生发表不同的学术见解，有更多的选择权利，允许失败，给予更多的宽容和理解。

德国伟大数学家希尔伯特讲：问题的完美提法意味着它已经解决了一半。陶行知也曾讲过：发明千千万，起点在一问；禽兽不如人，过在不会问；智者问得巧，愚者问得笨；人力胜天公，只在每事问。

在中国，培养学生创新精神和能力还真正需要从鼓励学生提问题、发表不同见解开始，给他们提供一个更为广阔的思考的空间。

总之，培养大批具有创新精神、创造能力的优秀人才是高校的历史任务，也是一项系统工程，从文化观念、学校文化建设的角度，要重视：

（1）坚持开放，推进教育的国际化，在中外教育的交流中取长补短，改善我们现代教育、教学模式。

（2）坚持科学的思维训练，加强教师对学生在思维方法上的启迪、指导和训练。

（3）坚持在人文素质教育中深刻挖掘中国优秀文化传统中蕴涵的智慧、创新、和谐的人文精神；同时，领悟西方科技文明中的实践、缜密、求实的科学精神，融会贯通培养各类创新型人才。

21世纪中华民族要实现伟大复兴，必须要有大批热爱国家、具有创新精神和创新能力的负有使命感的各类人才，大学有着不可推卸的历史责任。如果我们不仅从"技术层面"上去努力，同时也能高度关注"文化层面"上的开拓，那么，离我们理想的目标就不会太远了。

沟通：大学管理中的文化视角

全体共产党员要为新的中山大学建成高水平大学而努力奋斗[*]

各位同志：

今天，我们隆重集会庆祝伟大的中国共产党诞生 79 周年，在这喜庆的日子，520 多名新党员在党旗下庄重宣誓，成为光荣的中国共产党的一员。我们还特邀各民主党派负责人及无党派人士和我们共度佳节。让我们对全体新党员表示衷心的祝贺，对应邀参加大会的贵宾表示诚挚的欢迎。

江泽民同志最近指出，要把中国的事情办好，关键取决于我们的党。只要我们党始终成为中国先进社会生产力发展要求的代表、中国先进文化前进方向的代表和中国最广大人民根本利益的忠实代表，我们党就能永远立于不败之地，永远得到人民的衷心拥护并带领人民不断前进。

"三个代表"回答了面向 21 世纪我们党要建设成一个什么样的党及怎样建设党的重大问题，是新的历史条件下全面加强党的建设的伟大纲领。每个共产党员都应当认真学习和领会"三个代表"的深刻含义，并以"三个代表"为准绳指导我们的事业和工作。

在这世纪之交，中山大学即将迎来学校发展史上极其难得的机遇。

珠海校区的建成将使中大拥有国内高校中除去少数农林院

---

[*] 本文系 2000 年 7 月 1 日在"七一"大会上的讲话。

三、实践篇

校外最大的也是最漂亮的校园。5000亩地依山、傍海、临江、绿草、树丛，如诗如画，为本科教育、研究生教育提供了极好的发展空间，为把中大建设成为我国高水平的人才培养基地奠定了长远的基础。

中山医科大学和中山大学合并后，将使新的中山大学拥有83个博士点，居于目前国内高校第四位，成为学科更加齐全、综合实力更强的华南第一学府。

广东省和教育部正在磋商，准备加大对新的中山大学的投入，共同努力把中山大学建设成为像复旦大学、上海交通大学、中国科技大学等同类型的高水平大学。这不是对中大现有水平的定位，也不是人为的提升，这是对中山大学21世纪发展战略目标的重新定位，是教育部和广东省赋予中山大学发展的新的历史使命。广东是我国改革开放的前沿，是经济最发达的省份之一，中央要求广东在全国率先基本实现现代化。广东的社会经济发展迫切需要一所高水平大学作为后盾。同时，中国的高等教育要走向世界，从教育部的战略布局上讲，华南地区也必须有一所高水平的大学，这对扩大在港澳和海外的影响也有着特别重要的意义。

历史的机遇使我们更加明确了学校的发展方向，同时也意味着我们这一代人的责任，要把机遇变为现实，更需要我们冷静思考，用科学的态度规划未来，用创新、拼搏的精神做好每一项工作。

江泽民同志讲到：纵观历史，国际上的一流大学都是经过长期的建设形成的。一流大学的建设要有政府的支持、资金的投入，但更重要的是学校领导、教师、学生长年累月辛勤奋斗的结果。特别是学生毕业以后在国家的各个建设岗位上乃至在国际上体现出来的公认的信誉。同时，这种学校集中有一大批知名的学者、教授，有的人宁可放弃待遇优厚的工作而以到这种大学去执教为荣。因此，办成一流的大学，需要有一定的历史过程，要经过社会实践的考验。对此，既要有雄心壮志，又必须脚踏实地。

中山大学曾经有过辉煌的历史，曾经是国内名师荟聚、学科最齐全的综合性大学之一,在海内外享有很高的声誉。1948年第一届中央研究院文学部的28位院士中就有11位是中大的教授或在中大工作过的。1949年中大在册的正教授有267名,1950年尚有188名,1953年院系调整后,包括并入的岭南大学及其他大学的教授在内尚有97位正教授。由于众所周知的历史原因,不仅农、工、医、师从老中大分出单独建校,后来又陆续从中山大学文理科中把一批历史悠久、学术地位很高的学系整建制地转移到其他大学,到1983年,中大的正教授只剩下39位。改革开放后,中大的学科和实力才逐步恢复到今天的水平。因此,评价中大的现实水平时,我们需要客观地说一句,中大历史上也为国内其他高校的发展做出过奉献。

近几年来,中大的发展势头正在加快,教学、科研、学科建设都有长足的进步,最可贵的是中大的人心在凝聚,为中大发展而拼搏的精神正在激发出来。今年教育部要在全国高校设立100个文科科研基地,这些基地代表该学科某个领域的第一或唯一的领先地位,是所有高校势在必争的角逐地,中大一举争取到四席,位居全国高校前列。这既是一次实力的较量,更是我们的教授们和一批相关的同志团结合作、努力拼搏的结果,是中大人心凝聚的集中体现。整个过程没有拆台的,没有告状的,只有互谅互让、同心协力、互相支持。

珠海校区的同志每天工作到深夜,承担着巨大的压力,确保九月份学生按时入学。一些校、院机关,中午、下午通常无法正常下班,假日也经常加班加点。如果全校教职员工都这样努力工作,长此下去,学校的发展是一定会有希望的。李长春同志在视察珠海校区时讲到,中大的发展处在"天时、地利、人和"的好时期,一定要把中大发展上去。这里包含了广东省领导、广东人民、教育部领导及广东其他高校对我们的关心、指导和支持。

长春同志去年视察我校时,提出中山大学应当努力成为广东高等学校的龙头。这次广东省委、省政府决定与教育部共建中山大学是很不容易的,也是下了很大决心的;陈至立部长,张保庆、周远清等副部长半年来多次接见我们,每次都给我们鼓励和具体的支持。这次陈部长明确说，广东要求教育部投入的共建经费一定做到，不仅如此，今后还会在学科上、在博士点和人才培养上给予支持。

最令人感动的是当省委、省政府决定和教育部共同把中山大学建成高水平大学时，还专门召开了有教育界各方面代表人物参加的座谈会征询意见，与会代表一致赞成这一举措，表明了兄弟学校的理解和大度。因此，当我们庆幸中大即将获得的历史机遇时，一方面要保持清醒的头脑，要看到建成高水平大学是对中大未来的期望而不是我们当前水平的定位，是一种历史的责任而不是成果的分享；另一方面要充分理解教育部和广东省对我们的期望，做好我们的工作。同时，要善待兄弟学校和兄弟学校的教师、干部，要真诚相待、真诚合作，不挖兄弟学校的墙角，特别从广东其他高校引进人才时更要慎之又慎。

怎样在21世纪把新的中山大学建成世界著名的高水平大学？这是今后一段时期每个中大人共同思考和探索的问题，也是中大党的组织和每一位共产党员的历史使命。

有几点是肯定的：

一是必须树立建设一流学科的意识，明确一流学科的建设目标，切实提高我们的学科水平，并且要以学科建设为核心带动教学和科学研究上水平。

学科建设，从观念上要谨防平庸和固步自封，学风上要反对急功近利，资源配置上要防止平均主义，要有所为有所不为。

学科建设要立足于高水平，要跟踪国内外学术发展前沿，着眼于建设一批"国家队"、一批反映学科建设水平的"国家级"标志性成果。一流的学科是高水平大学最基本的基础。

学科布局和发展要有前瞻性，要认真分析新中大学科的特点和优势，突出重点建设的学科，特别是要加大力度扶持精心选择的已经接近或有条件达到国际前沿水平的学科或方向。

我相信，新的中山大学必然会充分利用多学科的优势，通过学科的交叉、渗透、综合，延伸发展新的学科及新的学科生长点，特别是在21世纪富有生命力的新学科。

二是必须强化服务意识，充分利用学校科技优势，推动知识创新和技术创新,加快科技成果转化,积极为广东经济发展和率先基本实现现代化服务。同时,利用学校教学资源,为国家特别是为广东培养更多的优势人才。

学校的发展得益于广东区域经济的发展和支持,学校也应当用自己的科技实力回报和支持区域经济和科技的发展。

珠江三角洲拥有3.4万平方公里,2000多万人口,是当前中国经济成分最活跃的地方,也是中国对外开放的门户,这是中大的区位优势,也为中大提供了用武之地。国内名牌大学、香港及海外高校都在努力进入"珠三角",这也是一场实力、水平和智慧的较量,我们已经取得很大进展,还需持续地努力。

科学研究的水平体现在"顶天立地"上。"顶天"是指积极争取承担国家重大科研项目,走到基础研究和高科技领域的前沿;"立地"是要在科技成果转化上做文章,为国家和地区经济、社会、科技发展做出实际的贡献。科研工作也要"反对平庸",要逐步减少只对晋升职称和解决"温饱"有益的科研,要从服务国家和社会的角度开拓中大科研新局面。

三是要增强国际观念,进一步扩大中山大学在港、澳、台和海外的影响。

中大要成为有国际影响的高水平大学,就必须高度重视与国内外一流大学的学术联系,沟通信息,跟踪国际先进水平,要积极参与合作科研项目,开发新的合作领域,借助国内外一流大学的学术力量和人类共有的现代文明,逐步缩小我校与世界一流大学的差距。

21世纪的高等教育国际化趋势越来越明显,许多重大课题吸引了全世界著名科学家共同参与,人类基因组计划就是集中全球科学智慧的伟大工程。在环境保护、能源开发和利用、生命工程、金融、经济乃至人类学、社会学等许多领域有着各国科学家、学者共同感兴趣的课题。

我校有着和国外大学很好的合作基础,许多教授个人参与国外、海外著名大学的合作科研,近年来在MBA、EMBA培养方面通过和MIT及明尼苏达大学的合作提升了培养的层次和水平。但是,中大在海外的影响特别是在港、澳、台的影响还需进一步加强，因为这是中山先生留给我们的宝贵遗产，我们要十分珍视、充分利用。

新的中大成立后，必然会在港、澳、台产生重大反响，要抓住时机打好"港澳牌"，进而打好"国际牌"。最近珠海市决定把珠海市最好的医院作为新的中山大学附属医院；伍舜德先生准备捐资500万港币，在中大珠海校区建设学术交流中心。伍先生讲："过去我只捐给中大岭南学院，这次是捐给中大，因为中大很有希望，将来香港会有更多的人关心和支持中大的建设。"因此，新的中山大学必须重视扩大国际眼光，做好海外合作交流和宣传工作，当然关键还是需要我们提高学术水平并且认真做好每一件事，才能使人家对我们有信心，合作才会持久、深入。

各位同志，明年"七一"将是新的中山大学庆祝党的生日，中山大学在新的世纪将进入一个新的历史发展阶段。全体共产党员必须以自己的党性和从历史责任感的高度来确保中山大学和中山医科大学的成功合并，并推动新的中山大学尽快进入运行轨道。个人利益要服从集体利益，局部要服从全局，中山大学和中山医科大学的合并不存在"谁吃掉谁"的问题，两所学校历史相通、学科互补、水平相当，中山医科大学的现有力量将成为新的中山大学医学学科的主体，中山大学现有的文理学科也将成为新的中山大学文理学科的主体，大家都是新的中山大学成员，是朋友、是同事，是新中山大学的主人。

最近，江泽民同志在中央思想政治工作会议上发表重要讲话中强调：适应新形势大力加强和改进党的思想政治工作，为改革开放和现代化事业提供强大的动力和保证。对中山大学来讲，要顺利完成中山大学与中山医科大学的合并组建新的中山大学；要顺利建成珠海校区一期工程，保证九月份新生入学；要顺利完成正在推进的小机关、多实体的后勤社会化改革；要顺利完成人事分配制度的初步改革，都需要各级党组织通过强有力的思想政治工作来保障，充分发挥党组织的政治核心和战斗堡垒作用，发挥党员的模范带头作用，团结全校教职员工，群策群力。

同志们，中大的明天会更美好，让我们全体共产党员携起手来，为中大美好的明天共同奋斗！

注重学习、掌握规律，做一名可敬、可信、可亲的纪检干部*

各位同志，教育部领导要我就领导干部作风问题做一个发言，真有些诚惶诚恐。对高校纪检工作，我既熟悉又不熟悉。"熟悉"，是因为作为党委书记，我十分感谢纪委书记的合作和支持，深刻体会到纪检工作对学校稳定、发展、和谐所做出的特殊贡献。我在任期间，不论是学校干部大会或是每一次常委会，除书记、校长外我总是希望纪委书记能专门有个讲话才比较圆满和全面，否则觉得心里不踏实。"不熟悉"，是因为我毕竟没有当过纪委书记，对纪检工作的内在规律缺乏深入的了解。因此，今天只能从党委书记的角度对纪检干部作风建设谈点看法，供参考。

我发言的题目是：注重学习、掌握规律，做一名可敬、可信、可亲的纪检干部。"可敬"指个人品质、人格魅力具有感召力；"可信"指执行政策公正、公平，值得信赖；"可亲"指关爱同志，以人为本。有许多纪委书记在这些方面做得确实很好，但也并不是纪检干部都能做到这样，这里包含有纪检工作的职业性质所造成的影响。

党章规定，党的各级纪律检查委员会的主要任务是：维护党的章程和其他党内法规，检查党的路线、方针、政策和决议

---

* 本文系2007年6月13日在兰州召开的教育部直属高校纪委书记研讨班上的专题发言，有删节。

的执行情况，协助党的委员会加强党风建设和组织协调反腐败工作。要经常对党员进行遵守纪律的教育，做出关于维护党纪的决定；对党员领导干部行使权力进行监督；检查和处理党的组织和党员违反党的章程和其他党内法规的比较重要或复杂的案件，决定或取消对这些案件中的党员的处分；受理党员的控告和申诉；保障党员的权利。简单讲，纪委主要从事教育、检查、监督、处理案件、决定处分等工作。因此，对纪检干部容易有敬畏和戒备之心。有些刚进入纪检工作岗位的人也容易把工作对象都摆到受教育或受审查的位置上。

其实，当前党的各项工作，包括纪检、监察工作，都是由中央把握大政方针，执行靠各级领导干部的政治素养和领导能力，效果却取决于各级干部的个人品质、人格魅力。

同样，高校纪检干部如果不熟悉高校的教育工作规律，不熟悉高校管理工作规律，不熟悉高校党员和教工的思想规律，赋予再多的权力和责任也是做不好本职工作的。

例如，在高校按照常规方法传达文件、学习有关的规章制度要求是很难达到教育效果的，因为，我们工作的对象是学有专长的高知识群体，不仅文件一看就懂，而且有着很强的自尊心和独立的思想、观念。如何有效地贯彻上级精神，深入学习，达到关口前移，构筑思想防线的目的，是纪检教育工作的难题之一。

又如，和高校教师科研直接相关的设备、仪器的招投标工作已纳入纪委、监察处的监督范畴，在当前存在腐败风气的背景下是十分必要的，但又往往和教授们对仪器、设备性能型号的选择有矛盾；而且复杂的程序更让急迫等待仪器、设备进行科研的教授们产生抱怨和急躁情绪，甚至导致对纪检工作的反感。

在建立反腐倡廉长效机制的过程中，刚性的制度规范和严格的监督管理，往往会给习惯于"思想自由、学术自由"的教师们带来一些不便而引起抵触和不满。尤其是那些刚从国外回来的骨干教师和一些大牌教授们的抱怨，常常会影响学校主要领导的情绪，使纪检干部感到委屈。

因此，高校纪检工作是党的工作，十分神圣、十分重要，也十分不易做好。下面对我所理解的高校纪检干部的基本素质谈点看法。

纪检干部应具备党员干部的基本素质并熟悉高校纪检工作的基本规律。其中，特别要具备：对事业的忠诚、对同志的关爱、对工作的敬业、对自己的磨砺。

一、纪检干部要头脑清醒，要看到加强党风廉政建设、坚持反腐倡廉的重要性、现实性和严峻性，忠诚党的事业

当前社会上凡是拥有"人、财、物"等资源支配权的地方就有滋生腐败的土壤。掌权的人要犯错误是很容易的，只需一念之差；要想不犯错误，尤其是始终不犯错误是很难的，不仅要抵御金钱的诱惑，还要防范各种陷阱，这些都已是不争的事实了。原因是多方面的，每个人都能说出一些道理。从积极方面讲，我认为我们党及当今每一个中国人看到已经开放的世界，太想改变中国原有的落后状况，尽快跻身世界强国之林。邓小平同志提出的"实事求是，解放思想"，极大地解放了中国的生产力，20多年来中国经济快速发展，取得了举世瞩目的成就。但是，伴随着经济发展的各种社会关系、社会观念的调整却明显地滞后。我国社会各种关系、观念、思想正在经历从封建社会、资本主义社会及建国50年来计划经济、阶级斗争观念下的中国社会向现代社会的历史性跨越。有太多的问题说不清、道不明，用时髦的话讲，隔三五年又是一代人的思维。其中，引出了许多新问题，也产生了许多新的矛盾和失衡。客观地讲，我们的理论和许多政策、制度对调节适应这种社会发展带来的各种不平衡，包括经济上的贫富不均、社会地位上的权钱交易、人际关系中的利益驱动乃至思想道德上的价值取向等，缺乏理论的深度支持和有力的调节机制，显得十分滞后。约束机制多，调节机制少，往往是出现什么问题就解决什么问题，有什么漏

洞就"堵"什么洞，始终处于被动状态。

我们的许多制度仅仅是强调"不准"什么，仅广东省1996年颁发的《广东省党政领导干部廉政守则（试行）》总计39条就包含有73个"不准"。这些条例对制止腐败风气蔓延，警示党员、干部有一定作用，但并没有解决出现这些"不准"现象背后的根本问题；随着腐败现象向"纵深"发展，如向海外、向任期后补偿，又有了新的"不准"，但仍旧很难遏制"前腐后继"现象，而且严重地损害了党在人民群众中的威信。能否有效地遏制腐败和不正之风，关系到党和国家的命运。党的十六大报告中指出："坚决反对和防止腐败，是全党一项重大的政治任务。不坚决惩治腐败，党同人民群众的血肉联系就会受到严重损害，党的执政地位就会有丧失的危险，就有可能走向自我毁灭。"我们每位纪检干部都承担着捍卫党的纯洁、捍卫党的生命的历史使命，神圣而又艰巨。

另一方面，面对严峻、复杂的形势，我们也不能丧失信心、丧失斗志，应当坚定不移地相信我们党的执政能力。经历了那么多的曲折，中国共产党仍能领导中国人民迅速摆脱贫穷和封闭，赢得世界的尊重；尽管有那么多的现实问题，我们的社会至今仍然是有序的、稳定的。

我们还要坚定不移地相信中华文化有很强的文化自觉、文化选择和文明净化的能力。当今中国社会是多元文化交汇、碰撞的时期，既有来自不同国家、民族的异质文化，也有反映不同历史发展阶段的文化观念。农耕文明、工业文明及现代文明的传统观念交织在一起，有优秀文化的传承，也有糟粕、恶俗的涌现。对中国当代文化、文明的发展走向已经有了近百年的思考。1921年梁漱溟发表《东西文化及其哲学》，指出：东西文化其实各有优缺点，而且是不同类型的文化。1935年有10位教授发表的《中国本位文化的建设宣言》提出：中国要有自我的意识，要有世界的眼光，既不要闭关自守，也不要盲目模仿。要不守旧、不盲从，根据中国的本位，采取批评的态度，应用科学的方法检讨过去，把握现在，创造未来。

改革开放以来，我们党坚持开放，在经济发展的同时也带来了多元文化的碰撞,这是文化自觉、文化进步的标志。虽然,我们有太多的迷茫,也有了更多的选择,最重要的是激发了全社会对中国文化传统及建设现代文明的思考。

文化是一个民族的灵魂和尊严,是一个民族区别于其他民族的标志和特征。文化凝聚了民族的价值观、思维方法、生活样式、信仰习俗等。

当今世界,孤立、封闭的民族文化是难以自存的;试图用单一文化统一世界各国也是不可能的,不同文化之间会相互吸纳其精华而共同发展。中国的传统文化就是由各个地区和民族共同缔造的,而且也有许多传统的东西如琵琶、胡琴等器物、艺术都是外来的。

中国文化源远流长,经历历史长河发展至今,有着丰厚的文化积淀,具有很强的包容性和自我更新发展、净化、升华的能力。

中国文化的核心是"和而不同"。《礼记·中庸》说:"中也者,天下之大本也;和也者,天下之达道也。致中和,天地位焉,万物育焉。""中和"是中华文化传统追求的一种理想境界,万事万物、千差万别、矛盾交织却能实现多样的统一、复杂的平衡;不同事物聚在一起能协调和谐、共生并存、互相促进,达到"和而不同"、"和实生物"。

因此,面对复杂纷繁的社会现状,我们仍然应当坚信中华文化的净化能力、选择能力,正是这种文化潜质,中华文明才能发展,中国也才会有希望。

我们还应当坚信人类社会进步发展的共同规律。我们现在遇到的许多问题,西方资本主义国家在工业化过程中也都曾经遇到过,如贫富分化和社会保障机制问题、环境污染问题及城市化问题等等。他们能解决的,我们也一定会解决,而且付出的代价应当更小。

总之,既要看到我们面临的任务的艰巨性,同时也要有信心;要坚定政治信仰,有鲜明的是非观;要以坚强的党性、党的观念、组织原则,在上级纪委和同级党委的领导下,用党组织的感召力,教育党员和干部,共同搞好党风廉政建设和反腐倡廉的各项工作。纪检工作并不孤立，它是党委工作的重要组成部分，只要保持清醒头脑，忠诚党的事业，我们就能迎难而上、不辱使命。

二、纪检工作必须坚持"以人为本"，关爱同志

在学校，对纪检工作常常有两个误区：

一是纪委被人仅仅看成是"查案、办案"的机构，从而敬而远之。有时，找一些同志谈话，了解一些情况，被找的同志就会感到组织上不信任，似乎蒙受很大委屈。特别是一些担任领导工作的同志，有时候找他谈话马上就会觉得在整他，就会告状告到党委书记这儿来。我认为纪委的同志如果找我谈话，我会如实反映情况，我认为这是对我的关心和信任，并不是说找你谈话就是说你有问题。

二是纪检工作人员常会被邀请参加一些招投标或具体问题的讨论。有些同志以自己是真理或正确意见的代表自居，对问题缺乏深入了解，对同志缺乏基本信任，工作作风缺乏亲和力。

其实，在高校真正有问题的人是极少数，绝大多数党员和干部是好的。纪检工作也绝非仅仅是查案、办案，而是在党委的领导下，依靠广大党员、干部共同构筑抵制腐败和不正之风的防线，保护党和国家利益不受损失，保护广大党员和干部不受腐败风气的侵蚀。

关键是找准纪检工作在高校的定位。我认为纪检工作在高校至少具备以下三个功能：

1. 是党纪、党风教育、检查、监督、查办的执行机构。

必须坚持依法办事，注意政策和策略。要按"事出有因，深入调查"原则，认真对待来信来访和举报材料；同时，也要按照"无罪推理"原则，客观地对待当事人，在没有充分事实依据的情况下，不轻易怀疑或处理有关当事人的问题。

我认为，除重大经济问题或其他需移送检察机关的案件外，

一般举报涉及的问题可向当事人问明事实真相，听取当事人的解释，这也是保护当事人的合法权利。当事人也应该把此看成是组织对自己的信任与关怀。对确实犯有错误和有问题的人，也应当着眼于教育和挽救，并尊重其人格，力求使其重新做人。对一些诬告、打击报复等行为必须坚决抵制，维护被害人的声誉，决不对诬告、报复听之任之。

2. 是党员和领导干部反腐倡廉、健身强体的"保健站"。

高校领导干部和管理人员大多是从教师岗位上抽调出来的，缺乏应对社会复杂问题的经验。长期以来，对一些单位部门的主要负责人缺乏权力的规范、法律的约束、理性的自律、责任的追究；同时也缺乏群众监督、舆论监督，导致一些领导自觉不自觉地做错事，陷入被动。在学校发展过程中，许多制度和监督没有及时跟上，也使一些人犯了错误，有的受到法律的制裁。近年来，高校在基建、设备采购、图书供应、药品回扣、医生红包及小金库等方面就出了好些问题，令人十分痛心。

其实，教育工作如果及时到位，制度规范及时跟上，监督机制完善，也可及时挽救其中许多人，毕竟他们中大多数原本都是"正常、健康"的同志。

因此，反腐倡廉教育工作必须防止空洞说教，要坚持"教育、制度、监督"三者并重，达到"警示、预防、保护"党员和干部的目的。具体讲，就是要有针对性地结合典型案例进行教育，根据变化和发展的实际情况及时调整和完善相关制度，加强宣传和强化监督，使每一位领导和干部都能贴近本职工作受到深刻的"健康"教育，达到"保健强身"的目的，这也体现出纪检工作是对党员和领导干部的最大爱护。

3. 是培养干部、增强免疫力的培训基地。

纪检干部不是天生具备反腐倡廉的能力，只是在工作中边学习、边实践、边受教育，由于接触大量的实际事例，看到反腐倡廉的严峻性、重要性，提高了认识，增强了抵制不正之风的免疫能力。

因此，在纪委、监察处工作实践的"课堂"里，有利于培养干部廉政勤政的政治品质，完全可以作为后备干部的培训基地，让一些年青干部先到纪检、监察部门工作一段时间，再安排到其他管理工作岗位上，特别是和"人、财、物"资源配置相关的管理岗位上。同时，也使纪检干部能不断更新，保持活力、战斗力。这也体现了对长期处于思想压力大、工作状态紧张的纪检干部的关心和爱护。

三、对工作的敬业首先体现在对高校教育工作规律的理解和对高校管理工作的熟悉上

高校纪检工作必须结合高校特点，赢得广大党员教工和领导干部的信任和支持才能真正地深入实际，取得成效。为此，应当深刻地认识我们的工作环境和文化氛围，深刻地理解：什么是大学，大学的社会功能是什么，大学的文化精神、文化理念是什么，大学管理工作的特点是什么等等，才能贴近教工，贴近大学的各项具体工作，找到高校纪检工作的着力点和工作规律。

我参与了教育部对直属高校的巡视工作，教育部的巡视专员都是一批长期担任高校领导工作的党委书记、校长和纪委书记。我们去巡视以后，感觉自己收获很大，被巡视高校也觉得比较贴近他们的实际，特别是地方组织部门和高校的纪检部门很满意。因为我们这一批巡视专员都熟悉高校工作规律，所以巡视的时候讲的都是不大出格的话、不会太外行的话，我们讲的问题也都是在高校发展当中要抓的主要问题。所以我觉得要真正使警示教育取得好的效果，很重要的一点是纪检干部要熟悉高校的工作规律。

大学是世界上承续时间最久的社会组织之一。在中国历史上，大学教育可以追溯到2500多年前的孔子讲学，以及后来汉朝的太学、宋朝的书院、明朝的国子监及清朝的学府等，但讲授的主要是人文知识和讲求修身养性，培养的大多是文人墨客和官吏。欧洲中古世纪大学是西方公认的现代大学的直接源头，至今有近千年的历史，其中牛津大学、剑桥大学均有800多年

的历史,至今仍保存着其古典的风格和传统。欧洲现代意义的大学不仅培养官员和神职人员,也培养大批科学家、工程师、艺术家和医生。现代大学在其发展的历史进程中逐步形成"教学、研究和为社会服务"的大学理念,成为现代大学的三大社会功能,从而使现代大学成为传承人类文明和科学知识并推动科学技术发展、文化创新的机构。在中国历史上,现代意义的大学是19世纪末才逐渐出现的,官方认定的第一所现代大学是1895年建立的"北洋公学"(即天津大学前身),次年有"南洋公学"(即交通大学前身),1898年又建立了"京师大学堂"(即北京大学前身)等。近百年来,中国的大学教育从一开始就是开放的,重视吸纳各国教育的先进经验。随着历史的变迁,从学习日本、欧美到全盘苏化,再到全面开放,使得中国大学的教育模式成为混合杂交体。学制"四年"与美国类同,适用于通才教育,但对培养工科人才,学制嫌短;"专业教育"是从苏联学来的,只有苏联和中国才有"专业"这种组织概念,美国本科教育是通才教育。近年来,中国高校本科教育一直在努力淡化专业,拓宽专业口径,实施在素质教育基础上宽口径的专业教育。"人事制度"和英国相似,教师和公务员同等看待,享受公务员部分福利;"管理"类同日本,由政府集权管理。我们常讲大学教育要重视"国际化",提升办学的国际化视野,但绝不提"国际接轨",因为各国模式不尽相同,无轨可接。

大学的根本任务是培养人才,建设一流大学有诸多因素。但是,拥有一批大师级的学者、教授和拥有良好的学校人文环境应当是其中最核心的因素。

所谓"大学精神",是大学在办学的历史过程中形成的办学理念和大学人的共同价值追求,是大学文化的精髓、核心,是大学之魂;大学精神是比校风、学风更深刻的学校文化特征,校风、学风只是大学精神的外在表现;大学精神反映了学校特有的价值取向,呈现了大学的品格,也是影响和指导大学人的基本信念、基本准则。大学精神的核心是办学理念和价值追求。

大学领导者的基本素质是既要有明确的教育思想、办学思路,又要有科学的教育理念,高瞻远瞩,把握教育的发展方向,并力求两者之间的协调和统一。世界一流大学都是具有自己的、明确的、相对稳定的教育理念，表达在学校校训或办学宗旨之中，并被社会所认同，融入进学校的大学精神。

大学精神蕴含大学的"价值判断"，并通过学校的文化传统传授于后人。

欧洲大学最根本的价值观是自治权和学术自由，人们常把"学术自由、学校自治、教授治校"看成是现代大学普适之精神。

大学在本质上是希望减少来自各方面的干预和影响，给教授的学术研究、教学工作有更多、更大的自由空间。从这个意义上讲，"学术自由、学校自治"是培养大学创新、求真精神的具体要求，因为学术自由的气氛是研究工作最有效的环境，也是学者从事探索和传授他所认识的真理之工作所必需的。但是，大学和社会是互动的，大学需要社会的支持，培养的人才又会影响到社会的发展。因此，任何时候，大学总会受到政治的、文化的、经济的乃至宗教的等各方面的影响，现实生活中只存在着有条件、有约束的自由和自治。

为什么要讲这些？因为很多纪委书记同时分管着工会、教代会，而工会、教代会面对着全体的教师，这些教师很容易用自治权或学术自由这种文化精神来要求我们。那我们应该怎样来看待这个问题？甚至有一些学校就提出教授治校之类的观点，也包括一些理论文章，实际上他们讲的有一定的历史原因，但是并不是很准确。所谓学校自治、学术自由、教授治校，更大程度上它只是大学的领导者或学者、教授们的理想追求或理想模式。正如美国加州大学伯克利分校原校长克拉克在《高等教育不能回避历史》一书中所说，"无论如何，那个阶段（就是现在我们所说的学校自治、学术自由的阶段）的高等教育的真正历史，几乎并不像现在天真的回顾中所说的那样乌托邦。"还有曾经担任十多年斯坦福大学校长职务的肯尼迪在一本书中写道："为什么我们言必称学术自由，而不常提到学术的责任？"他引用美国一位公众领袖的一句话："自由与责任、权利与义务，这是一种约定，缺一不可。"刚卸任的另一位斯坦福大学校长杰拉德·卡斯帕尔教授在"中外大学校长论坛"上讲,"世界上最强大的大学,就是盼望能够得益于政府给予确实自主的大学,我这样说而不用'完全自由'这个概念,是因为'完全自由'是不可能的、不现实的。虽然'完全自由'是大家所渴望的。"斯坦福大学另一位校长在其所著的《学术这一行》一书中说,现在美国的私立大学也接受州政府的一些津贴、经费,接受经费就要受监督,办公室装修得稍微好一点,就有人举报,然后州议会就来审计、检查。所以在世界上其他国家也没有这样一种绝对自由、绝对的自治。

近年来,不论是从落实"以人为本",还是强调"人的全面发展",或是构建"和谐校园",都要求我们把创造有利于师生全面发展的人文环境放到学校工作的重要位置上来。大学管理要提倡重视人文管理,其中包含:对人的尊重,对学术的敬畏,对遵守规则的自觉。大学是学术单位,不是行政机关;大学是社会文明的窗口,是先进文化、文明的策源地;大学应当成为法制化、现代化的先行区。

大学要坚持学术主导、科学决策、民主管理、依法治校。

当代中国大学和世界上其他国家大学的最大区别,并不是因为实行党委领导下的校长负责制,因为党委领导下的校长负责制也好,校长负责制也好,都要体现党对高校的领导,这是中国的国情,是由国家性质决定的。校长、党委书记都是上级党委选派的领导,没有本质区别,区别仅仅在到底是实行集体领导还是首长负责制。在当前社会背景比较复杂、学校管理比较难的情况下,还是实行集体领导、发挥集体的作用更好一些。但是中国大学和世界上其他国家大学的差异在什么地方呢?我们中国的大学是"一个学校"加上"一个社区",学校要强调发展,社区要强调稳定。我们这个社区包含什么呢?比如:中山大学包含两个城市、四个校区、9300亩土地、8家附属医院,有1.2万名在岗职工、教师、医护人员,5500多个离退休人员,再加上接近6万多名学生的这样一个社区。维护这个社区稳定的功能及许多政府的职能,都由学校来承担。所以中国的大学和国外的情况是不一样的,差别很大。对于学校来讲,就是要有所为有所不为，要坚持发展是硬道理，向优势学科、优秀人才倾斜；对一个社区来讲，就要关注弱势群体，要协调各种利益关系，要倾听弱势群体的意见，以和谐为评价标准。这是国外学校所不具备的，是我们之间最大的差异。在这样一种国情下，学校要发展，社区要稳定，就成为学校内在的两大任务，党委书记和校长是共同承担着学校发展和社区稳定的主要责任人。

在当前大学管理体制下，要努力完善：党委领导、行政管理、教授治学、民主治校。其中，党委领导是强调集体领导，实行民主集中制下的分工负责的合作机制；行政管理是充分尊重和发挥校长在学校行政上的领导负责作用，让行政部门按照有关规章制度积极开展工作；教授治学是充分尊重教师在学术评价、学术发展、学校管理中的专家主导作用，吸引更多教师关心学校事业的发展；民主治校是进一步推进政务公开、校务公开、群众监督，特别是对各级主要领导的监督和约束。

我们建设高水平现代大学，必须坚持把"创新、求真"作为教育人、培养人和学术研究的主旋律，形成我们现代大学的精神品质。我们主张的现代大学精神是：学术自由、办学自主、管理民主。

具体讲：①鼓励学术创新，维护学术的尊严和学术研究的自由，同时也要讲求学术的规范、学术责任和科学道德，提倡："独立之精神，自由之思想，社会之责任"三者的统一；②依照法律、法规和学校的社会责任，独立自主办学；③实行民主管理，坚持依法治校，以德兴校。

教师既是学者，又是学生的导师，既教书又育人。我们提倡教师独立思考，以创新精神从事教学和科研，享有学术自由的权力，学术研究无禁区。但教师作为对社会负有责任的社会公民，也要以国家法律为底线，以教师的职业道德为纪律约束自己。所以，我们对一些老师尤其是文科老师要多提醒。关心社会具体事情，你可以有自己的观点，但走出校门你就是一个社会人，要受到法律的约束，任何社会都要维护社会的稳定。如我们都很推崇的蔡元培先生，他是中国大学自由思想的开创者，曾七次提出辞去北京大学校长职务，其中一次就是反对学生上街游行，说"你们上街游行我就辞职"。作为大学校长，永远都有一种社会责任，同时也是为保护我们的教师和学生，这两个责任是并重的。

当前，在大学文化精神的建设中，要格外突出科学的地位，阐发科学之精神，特别是批判精神、求实精神及科学的方法论；崇尚真理，坚持理性的思维和科学的实践，把科学精神和人文精神紧密结合起来，反对一切伪科学及学风浮躁、急功近利、学术腐败等不正之风。

从文化层面上讲，大学应当强调"教授治校"，因为大学是学术单位，应当实行学术主导，弱化行政干预，反对"官本位"，充分尊重教授们在学术评价、学科发展、人才培养及其他教学、科研领域中的主导作用，尊重教师的合法权益。但是，从大学的管理运作角度来看，国外大学也不轻易强调"教授治校"，更多地提教授和行政管理的"共治"，力求妥善处理专家决策系统和学校行政决策系统相互制衡和协调的关系。

通常，科学家的思维是求变，不怕失败，勇于实践，因为对于科学家来讲，999次的失败，1次成功，就是成功，而且999次的失败是他成功基础；管理者的思维是求稳，追求平衡，把握一个度，担心失误，谨言慎行。当然，这种平衡并不是只顾保守的平衡，而是在维护系统的稳定中追求发展中的平衡。

由教授们组成的专家决策系统的特点是开放的、发散的，追求有新意、有创意，寻求碰撞出思想的火花，并不太注重可操作性，最适合进行前瞻性、战略性的学术研究；而学校行政决策往往离不开在有限资源下的优化配置，要有所为有所不为，还必须讲求效率和效益，讲求操作性和适度的平衡。

国外及我国台湾高校发展的经历告诉我们，单纯强调"教授治校"，过度地运用专家决策系统代替行政决策系统，学校行政工作将是低效率的。实践表明，在明确反对"官本位"、强调"学术主导"的前提下，还是推行"政务公开、群众参与、教授治学、民主治校"更为妥当，进而创造适合中国国情、行之有效的"教授治学、教授治教、教授治校"的科学管理模式。

我们提出，要把"尊重教师、善待学生、关心教工、直面问题、排忧解难"作为管理工作的文化理念，渗透到学校每一位管理工作者的头脑之中；要以"是否有利于教师与同学的根本利益，是否有利于教学、科研和学科发展，是否有利于学校事业的长远发展"作为大学管理工作的价值取向。

大学的制度文化是大学文化建设的重要组成部分。从文化角度上讲，建立制度、规则的目的是：保护学校、教工和学生的三方利益，明晰各自的责任；服从学校的价值导向，建立完善的校园文化环境；建立工作秩序、"游戏规则"，提高办事效率；确保公平、公正规则，树立良好风尚。制度建设既要符合依法治校的目的，又要体现人文管理的精神；制度建设的水平能看出学校的品位和价值取向。

当前，社会上急功近利、形式主义甚至弄虚作假成风，大学也早已不是"世外桃源"。

对于社会问题，我们相信社会发展会产生净化的力量，这是社会文明发展的必然。学校的问题要靠我们自己去解决。我们要认真审视学校有关制度中体现的价值取向，如各种评价制度、人事和分配制度、各种奖励政策以及教育、教学管理制度等。通过制度的创新，让教师脱离名利场，让校内少一些急功近利的行为，少一些浮躁的风气，更不能容忍学术上作假和投机取巧，让大学回复到它应有的矜持和品味，真正成为学术的圣殿而不是名利角逐的战场。

总之，大学的管理要着眼文化的内涵，大学管理的创新要基于大学的理念和价值追求。只有深刻理解这些大学特有的规律，我们纪检工作才会在高校中有更多的话语权。

我认为，高校纪检工作必须注意"尊重教师、围绕中心、讲求科学"。

"尊重教师"体现在，我们始终不要把自己摆在"教育人"的位置上，应当和教工们共同学习，共同领会中央有关文件精神，共同思考一些相关的问题。即使对一些有问题的同志，也要更多地运用政策的感召力，真诚帮助他们纠正错误，防患于未然。同时，结合学校特点，要使相应的政策、制度更多地保护教师应有的利益和积极性。

"围绕中心"体现在，学校一切工作都是围绕人才培养，围绕教学、科研和学科建设。纪检工作也要树立这个意识，要使各项制度建设，各项教育、监督、检查工作服从"中心工作"、服务"中心工作"。能不开的会尽量不开，能减少的形式尽可能减少；"制度"建设不能脱离教学、科研工作的实际；要重视工作的效率、效益和成本。这就要求我们每项工作都能切中要点，讲求实效，深入实际。

"讲求科学"是要遵循高校教育和管理工作的规律，该管的事要管，而且要管到位；不是纪检范畴的事多听、多看、多思考，也不能包打天下。其中，校务公开、政务公开及对学校各级领导的权力监督，要建立在《高等教育法》的基础上，要尊重校长依法行使的办学自主权；教师科研仪器、设备的招投标制度必须充分听取使用者的意见和建议，保护使用者应有的权利，同时科学区分合理与合法之间的界线，给老师提供快捷、高质量的服务。

在党的工作方面，除监督检查民主集中制的贯彻情况外，重点放在议事决策程序的科学、合理及党管干部的执行情况上。在干部选拔任用问题上，程序规范是前提，但规范程序必须结合高校特点，而不应完全与社会雷同。其中，要充分尊重校长的提名权，但不等于校长的决定权。干部任免决定还是应当按照提名、考核、考察、票决及公示等步骤进行；纪委对任免干部的"一票否决制"是要依据事实，取得常委会多数的认同。总之，要用大学的文化理念、教育和管理的规律科学，合理地执行党所赋予纪检工作的各项权利，包括当学校党政一把手有矛盾或领导班子内出现一些不正常的情况时，纪委书记有责任发挥更多积极和正面的作用。

四、不断加强自身磨砺，着力提升思想、政治素质和工作能力

纪检工作背后是庄严的党章、党纪，从事的是捍卫党风纯洁性和党员队伍纯洁性的工作。因此，纪检工作是神圣的，纪检干部必须有坚定的政治信念和较高的思想境界和理论水平。

纪检工作不同于"公、检、法"，因为纪检工作的对象绝大多数是普通的党员和领导干部，并不都是证据确凿的罪犯。因此，纪检工作更多的是教育、检查和监督的职能，纪检干部必须有很好的文化修养，科学的工作方法才能和广大党员和干部进行心灵的沟通，有效地开展工作。

因此，对纪检干部的个人品质要求是很高的，不仅要是非分明、一身正气，也要刚柔相济、通情达理、善解人意；关键还是要严谨自律、公正、公平和实事求是，要以科学的态度，用科学的方法，达到符合客观规律的效果。

实践是检验真理的唯一标准。高校纪检工作的成绩不仅反映在办案、查案上，同时反映在相关制度的建设和监督上，更主要的是在学校领导和广大党员心中的评价。纪检干部的个人品格和思想政治素质直接关系到纪检工作的成效。

学校党委也要关心纪检干部的培养和切身利益。多年来，高校已经有了一套政策维护纪检干部应有的权益，但还不够，要从"人的全面发展"和"以人为本"的角度关心这些同志的成长，才能建设高素质的高校纪检干部队伍，使高校纪检工作更好地保障学校各项事业健康发展，保障党员和领导干部健康无虞地从事本职工作，保障党风的纯洁性，提高党在群众中的威信，提高党在高校的领导能力，这就是高校党委和纪检工作者的共同目标。

中大的传统与我们的责任*

各位同志：

不论诸位过去是否曾在中大学习过，现在作为中山大学的新教工（博士生）成为教师（博士生）群体中新一代"中大人"，对此表示衷心的祝贺和欢迎。

如何才能成为一名合格的"中大人"，成为一名合格的"中大教师"，我认为至少要接受两次"洗礼"：一次是大家刚入校接受的培训，树立"中大光荣"的信心；一次是大家正式从教，担任主讲教学工作或为教学直接服务时，再接受一次培训，树立"教学神圣"的理念。

大家能进入中山大学都有一定的专业基础，有较高的学历和从事科研或技术工作的基础，一般讲从知识和能力上讲，承担未来的工作没有太大的问题。但是，要真正成为合格的"中大人"，关键是要融入中山大学的文化之中。

一所学校是一部历史，而且是一部延绵不断正在继承和发展的历史。在这部历史中，有文化的积淀，有学校的传统，还有呈现学校个性、品格的校园人文精神。

今天，我想通过自己的感悟和大家一起从历史的角度来认识中山大学人文精神的发展脉络和潜在质素，目的是让大家更深刻地领悟这所历史名校在发展的历程中积淀的文化传统和逐步形成的学校特色、品格，接受一次中山大学文化精神的"洗

---

* 本文系在2007年8月中山大学新教工及全体新博士生培训会上的讲话。

礼",使我们更加珍爱中山大学,明确我们对发展中山大学未来的历史责任,在今后的事业中,进一步凝聚中大精神,塑造中大人的共同品格,成为真正值得自豪的中大人。

一、中大的历史是很丰厚的

1. 首先,因为她是由世纪伟人孙中山先生亲手创办的。

1924年,孙先生为了培养革命人才,负起救国的使命,在长期思考的基础上,10天之内决定创办两所学校。1月24日批准筹办黄埔军校,2月4日决定筹办广东大学,也就是中山大学的前身。

1924年11月3日,孙先生将广东大学学生集中到黄埔军校,他在演讲中开口就说:"诸君今天在这里听讲的,有文学生,又有武学生。"所谓文学生,是指广东大学的学生。他说:"你们到黄埔来听革命的演说,研究革命的方法,对于革命的前途,也当然是很希望成功的。"孙先生勉励学生为革命贡献自己的聪明才力。

11月11日广东大学正式举行成立典礼,但因为中山先生要于11月17日离粤北上,无法亲临致训,特委托广东省省长胡汉民代表他向师生致训词,并亲笔题写"博学、审问、慎思、明辨、笃行",成为世代相传的中山大学的校训。

"博学、审问、慎思、明辨、笃行"出自儒家经书《礼记·中庸》,在宋代四大书院之一"白鹿书院"也曾以此训作为学规,要求学生致力于躬行实践、不尚空谈。按照《中庸》原意及中山先生一贯的教育思想,就是希望学生:广博地吸取知识,全面、深入地考察和分析问题,严谨缜密地思考,准确敏锐地分辨是非优劣并真心诚意地实践、实行。"学、问、思、辨、行"五者互相联系,形成指导我校办学和人才培养规律的有机统一体。

1925年中山先生病逝后,广东大学曾更名为"第一中山大学",全国高校纷纷更名为第二、第三、第四中山大学等等。但

1928年初仅我校回复"国立中山大学",其他学校更易它名,因为也只有我校才真正是中山先生亲自创办的,是"正宗"的中山大学。

2. 中大历史的丰厚还反映在中大是长期接受共产党组织和共产党员影响的学校,在党的诞生历史及华南地区革命历史中都留下浓厚的痕迹。

早在1921年3月中国共产党成立前夕,全国六个共产主义小组中,广州共产主义小组就是在陈独秀的推动下,由广东大学前身院校广高师和法专的教授谭平山、谭植棠和陈公博等人组成,并由陈公博代表广东共产主义小组出席中共"一大",之后由谭平山同志担任中共广东支部首任书记。不仅如此,中山大学的前身院校还是中国共产党早期活动的重要阵地,也是广东共产党组织的发祥地。

孙中山先生创办广东大学之际,正是第一次国共合作时期,李大钊同志就是广东大学筹备委员之一。在这一段时期,一些著名的共产党人陆续到校发表演说,包括毛泽东、周恩来、刘少奇等人;1926年6月,张太雷、郭沫若、劭力子被聘为广东大学政治研究班教授,共产党人施存统被聘为教授兼秘书长,邓中夏、恽代英、苏兆征、罗绮园等一批著名共产党人也被聘为中山大学政治训育部委员。广东大学党总支还出面举办"粤区干部班",为共产党培养大批骨干,国共合作创办的妇女运动人员训练所也设在中山大学,由邓颖超同志出任所长。

史料显示,中共"一大"召开时的全国57名共产党员中,先后有18位在该时期曾到中山大学及其前身院校开展过革命活动,这在全国高校历史上是十分罕见的。因此,中山大学及其前身院校在建党初期对传播马克思主义革命理论和反帝、反封建的爱国主义发挥了重要的启蒙作用。

建校后,在我国民主革命的25年历史中,中山大学始终是党在华南地区开展革命斗争的重要基地和学生爱国民主运动的中心,1947年以后在地下党组织的领导下更成为广东民主运动的堡垒。据不完全统计,在25年的民主革命斗争中,中山大学曾于1927年、1947年及1949年三次遭国民党军警包围,逮捕大批师生，但没有一个成为叛徒，大多数成为革命的勇士和建设新中国的骨干。其中，为革命献身的烈士已知姓名的就有105名之多，他们中大部分是优秀的共产党员，包括大革命时期校学生会主席毕磊，他也是党指派和鲁迅先生联系的人。对他的牺牲，鲁迅先生十分悲痛，在他的书信文章中曾多次提到毕磊之死也是导致他离开广东和中大的缘由之一。1928年2月6日，中大文学院学生共产党员陈铁军和她的战友周文雍举行"刑场上的婚礼"，其任凭酷刑、坚贞不屈的感人事迹，更是可歌可泣、永垂青史；他们从容就义的英雄气概和大无畏的革命精神是激励一代代中大人的精神财富。

3. 中大发展的历史也是中国高等教育发展的缩影，是华南高等教育史的重要篇章。

中国现代意义的高等教育的历史只有100年左右。1901年清政府下诏令将官办书院分别改为大学、中学和小学；1905年正式宣布废除科举制度。至此，在中国延续了1300多年的科举制度和旧式书院教育制度退出了历史舞台。

中国旧式高等教育源远流长，包括汉朝的太学、明朝的国子监、清朝的学府，还可追溯到2500年前孔子办学及有千年历史的宋代四大书院等等。但是这和现代意义的大学概念相距甚远。清华大学校长梅贻琦在《大学一解》书中指出：今日中国之大学教育，溯其渊流，实自西洋移植而来，故制度为一事，而精神又为一事。就制度言，中国教育史中固不见有形式相似之组织；就精神言，则文明人类之经验大致相同，而事有可通者。

蔡元培先生为《北京大学二十周年纪念册》所作序中指出：然往昔太学国学，其性质范围，均与北京大学不可同年而语。而北京大学本体，则不得不认为20岁之青年也。

中国官方认定的现代大学的源头，粗放点说是1895年在天津建立的北洋公学（即天津大学前身），1896年由工业家盛宣怀资助创办的南洋公学（即交通大学前身）、1898年的京师大学堂（即北京大学前身）等都是中国现代大学的雏形，其间按照"中学为体，西学为用"的思想先后涌现出一批新式学堂。

广东大学的前身院校国立广东高等师范学校，创办于1905年，最初设两广速成师范及管理练习所，1923年正式定名，规模略仿日本东京高师；1905年广东课吏馆改为广东法政学堂，1923年改为法科大学，是我国最早的法科大学之一；1924年孙中山先生把当时三所公立高等学校：广东高师、法科大学和农业专门学校合并组建广东大学。1925年"沙基惨案"后，又有广东公立医科大学并入广东大学而成为广东大学的医科。广东公立医科大学的前身是1909年创办的私立公医专门学校，1924年改称为广东公立医科大学，校址就在百子岗，修业年限为6年。1925年6月25日"沙基惨案"第二天，广东公立医科大学学生在柯麟等进步学生的带领下上街游行，反对公医校长试图推行奴化教育，要求并入广东大学，并得到当时广东省省长廖仲恺的首肯，到广东大学更名为中山大学并实行学院制后就是中山大学医学院，解放后柯麟同志就任中山大学医学院长。1952年，中大医学院和岭南大学医院、光华医学院合并组建华南医学院，即后来的中山医科大学，柯麟同志曾长期担任中山医科大学的校长，为中大医科的创建和发展做出了永不磨灭的历史贡献。

中国现代意义大学发展的另一条主线是西方在华教会推动下创办了一批教会学校。岭南大学就是具有代表性的一所。她最初是由美国的传教士、医生和学者来华举办的西式学堂，几经辗转于1904年由澳门迁址于广州珠江南岸靠近康乐村建立新校址，即今天中山大学的康乐园。岭南大学于1927年由国人收回教育主权，成为一所体现西方先进教育思想、教育理念的私立大学。岭南大学于1931年接收了博济医院，并于1935年正式成立医学院。其中，博济医院是1835年由从美国来华的传教士伯驾医师创建，她是在中国设立的第一所眼科医院，在中国西医史上开创了许多"第一"。1866年在博济医院内举办博济医学堂，学制三年；1886年孙中山以"逸仙"之名入医学堂学医一年，后到香港完成医学博士学位而成为一名医生。

1952年院系调整，工、农、医、师等学科分出成为一批独立的学校。老中大的文理学科和岭南大学文理学科合并迁入康乐园组建了新的中山大学；2001年10月，中共中央决定原中山大学与原中山医科大学合并组成现今的中山大学。翻开中大的历史，不仅中大的血液中流淌着广东高师、法科大学和农专及岭南大学的血脉，同时和广东及国内许多高校如华工、华师、华农、暨大、外语外贸大学以及北大、武大、中南大学等都有着深刻的血缘关系，这正是中国高等教育百年历史的一个缩影。

新中大成立后，我们以1924年中山先生组建广东大学为校庆的起始点，突出中山先生在中山大学发展中特殊的历史作用，这也是中大的光荣和品牌。

在中大发展的80多年历史中曾经有过几次辉煌。

1935年和北大、清华一起由教育部批准建立研究院，是我国最早开展研究生教育的学府之一。据陈平原教授引用《申报》1931年1月22日的消息，其时中山大学的规模远大于清华、交大、武大、浙大四校，与中央大学相差无几。1944年中央大学教师590名，其中教授、副教授290名，而其时西南联大共有教职员382名，其中教授、副教授179名。中山大学1944年的数据尚缺，但1942年实际教师数为544人，其中专任教授184人，专任副教授58人；到1949年中山大学教工数为1297人，其中正教授267人，副教授53人，拥有理、工、文、法、农、医、师七个学院，33个学系和14个研究所，无论规模或实力均列国内高校前列。在1948年原中央研究院选出的81名院士中，有18名院士曾先后在中大任教；中大的校园面积达1万多亩地，中大图书馆藏书量也位列全国高校前三甲。了解这些历史，也会对中山大学未来发展能否进入国内高校更前列进一步增强信心，办学思路会更加开放，心胸会更加博大。中山大学就是在广东乃至华南地区优质高校资源的分分合合中发展壮大起来的，是由中山先生创办的广东大学和岭南大学等多支血脉汇聚而成的，中山大学所有前身院校都是中山大学这个大家庭中的一员，为中山大学的发展发挥了历史的作用。

二、中大有着优良的传统

中大80多年的历史形成了学校优良的办学传统,其中最突出的是革命性、科学性和开放性。

1. 中山大学是孙中山先生为培养革命人才而创办的,中山先生"天下为公"、"革命尚未成功,同志仍需努力"的革命精神激励着历史上每一位中大人。

中山先生1894年11月24日组建了中国第一个资产阶级革命团体——兴中会,在其纲领中第一个喊出"振兴中华"的口号并为之竭尽努力。他深刻地认识到"革命的基础在于高深学问",提出"把世界文化迎头赶上去,把中国民族从根救起来",要求学生"读书不忘革命,革命不忘读书","要立大志、做大事,不要(立志)做大官"。中山先生的这些思想和教诲铭记在每一位中大学生的心中,成为终生的座右铭,也培植了中山大学革命性的传统。

在中大的教育传统中,历届领导都十分重视爱国教育和人格教育,强调民族精神,培养国家观念和伦理观念。中山大学一位老校友曾指出:在中大优良的传统和成就中,最突出者,则为中大与国民革命关系之密切。

鲁迅先生在1927年中大开学致辞中说:在平静的空气中,度着探求学术的生活。但这平静的空气,必须为革命的精神所弥漫……否则,革命的后方便成为懒人享福的地方,中山大学也还是无意义了。

即便是康乐园内的岭南大学,早期虽为教会所办,但在1924年前后,反对西方奴化教育与收回教育主权运动在全国各地展开,岭南大学于1927年率先收回国人自办。首任华人校长钟荣光先生早年加入兴中会,参与为孙中山先生第一次武装起义筹款。他在孙先生支持下出任广东军政府教育司司长,积极支持教育总长蔡元培的民主办学主张。他是中山先生民主革命的追随者,也是中山先生的挚友。中山先生曾三次莅临岭南大学，为今天的中山大学留下中山先生珍贵的历史遗迹。其中，1923年12月就在怀士堂作了"学生要立志做大事，不要做大官"的著名演讲。陈炯明叛变时，孙夫人避难在钟荣光校长官邸——黑石屋。

岭大的学生虽然不少是商人和富家子弟，但同样有许多热忱的爱国者和革命者，其中包括兴中会领导人之一陈少白和行刺两广总督而被捕牺牲的史坚如烈士。1925年岭大学生300多人参加了反英示威游行，其中区励周老师、许跃章同学在"沙基惨案"中遇难牺牲。今天，康乐园中惺亭及一些大树就是当年为纪念史坚如烈士和"沙基惨案"受难者而兴建和种植的。1926年5月恽代英同志在怀士堂向岭大学生作了关于《耶稣、孔子与革命青年》报告，教导学生要去革命，要学习革命知识和技术，要提高反对帝国主义的精神。

82年的风风雨雨，中大人以中山先生为楷模，以中山先生的革命思想和教育观念培养了大批优秀人才，锤炼出以国家兴亡和民族振兴为己任的优良传统。江泽民同志在中大70周年校庆时，题写了"发扬中山先生革命精神，办好中山大学，作出更大贡献"，是对中大革命性传统很好的概括。

2. 中大的历史是和一批大师、学者、教授联系在一起的，他们的治学精神奠定了中大讲求"科学性"的传统。

郭沫若、鲁迅、郁达夫、赵元任、傅斯年、顾颉刚、冯友兰、洪琛、王亚南、李达、王力、周谷城、马寅初、陈垣、钟敬文、俞平伯、丁颖及马思聪等一大批名家曾担任过中大的教授；1952年随着岭南大学的并入，陈寅恪、姜立夫、容庚、商承祚、梁方仲等一批著名教授和专家加盟中大。其中，马寅初、李达、陈垣、王亚南先后出任北大、武大、北师大和厦大的校长。1955~1956年全国高校定级时，总共56位一级教授，当时还留在中大和中山医的一级教授就有12位之多，包括放射专家谢志光、寄生虫病专家陈心陶、病理学专家梁伯强、眼科专家陈耀真、生理学家林树模、病理专家秦光煜、儿科专家钟世藩、内科学家周寿恺，他们是一批中国医学基础教育的奠基者，在学术界享有崇高的地位。

许多教授成为本学科的一代宗师,他们最初开拓、奠基性的工作正是在中大工作时亲自创立的。如:

傅斯年在中大创立了"语言历史学";顾颉刚和傅斯年、钟敬文、杨成志等人为我国民俗学发展做出突出贡献;王力是我国近代最卓越的语言学家之一,是中国"现代语言学"的奠基人、开拓者。

一代史学宗师陈寅恪教授为我们树立了一个淡泊名利、做真正学问、做高深学问的典范。

陈寅恪先生毕业于哈佛大学,一生中在十多所大学读过书,求学期间哪里有好大学、哪里藏书丰富,他便去哪里拜师、听课和研究。他精通十几种文字语言,包括欧洲诸国语言及梵文、巴利文、蒙文、藏文、满文等。他对历史学、宗教学、语言学、考据学、文化学及中国古典文学等领域都有着深刻独到的研究,但不曾听说过他有"博士"、"硕士"之学位。一代学界大师、学问之大,却没有什么学位文凭,这是陈先生一大奇特之处。

1925年清华大学创办国学研究院,梁启超推荐陈寅恪为国学院导师。校长问:"陈是哪一国博士?"梁答:"他既不是博士也不是硕士。"又问:"他有什么著作?"梁答:"也没有著作。"校长说:"既不是博士,又没有著作,这就难了。"梁启超很生气,说:"我梁某也没有博士学位,著作算等身了,但总共还不如陈先生寥寥数百字有价值。"接着梁启超拿出了柏林大学、巴黎大学几位著名教授对陈寅恪的推荐,最终清华聘请陈寅恪为清华国学院四大导师(梁启超、王国维、赵元任、陈寅恪)之一。

陈先生治学态度非常严谨,致力于做真正的学问,不图虚名。他坚持学术研究中"三个不讲":书上有的不讲,别人讲过的不讲,自己讲过的也不讲。所讲内容必定是他在学术研究中所发现的问题,以及为解决这些问题所进行的探索和思考。有人这样评述:"他是一个辛勤的垦荒者。他不多说话尤其不唱高调,只是一个接一个地解决历史疑案,用很简练的笔法写出一篇篇短文,登在学术水准很高的杂志上。文章虽小,但其内容分量却不是许多大书能望其项背的。""陈寅恪先生学问确实渊博得很",被人称为"教授中的教授"。以语言为例,他讲《金刚经》,用十几种语言比较来看中国翻译的《金刚经》中的话对不对,指出我们这个翻译哪些地方是正确的、哪些地方有出入、哪些地方是错误的。陈先生被称为"活字典",《四书》、《五经》、《廿四史》都滚瓜烂熟、如数家珍。由于经常帮助国外著名学者解决难题,因此他在国际学术界享有很高威望,剑桥大学、牛津大学先后聘他为讲座教授,后因战乱未能成行。在75岁之际,他完成了传世之作《柳如是别传》,这是在他双目几近失明后,历经十余年的功夫,旁征博引各种文献典籍600种以上,其中诗词、戏曲文集240多种,正史、野史、年谱不下170种,其他图书资料更是不计其数。

著名学者季羡林在"纪念陈寅恪教授国际学术讨论会"上说:"陈先生是学术巨人,在他的领域之内,无法超越,原因就是我们今后不可能有他那样条件。总的倾向是可以超越的,但又不可以超越。"陈寅恪正是以那种淡泊名利、追求做真正学问的精神才筑起了一座后人难以超越的学术巅峰。今天,中大历史系的教授们仍坚持那种对学术的"敬畏",孜孜不倦地攀登着学术的高峰,连续两篇"百篇优秀博士论文"及涌现首位历史学长江学者等也应该算是这种学风的必然结果。

陈先生在撰写王国维的悼词中一句名言"独立之精神,自由之思想"更是陈先生品格、做人风范的真实写照,成为中大人共同遵循的座右铭。

在中国,谈到人类学都不能不提到中山大学。其中,杨成志教授在人类学发展中功不可没。他为了研究人类学,认为不到少数民族地区亲自调查就很难成功。他抱着拼死一搏的决心,只身一人在20世纪20年代末深入云南、四川交界的凉山彝族地区达两年之久,学习彝文彝语,收集了130多种彝文经书,写出了20多种有关著作。后来,他获得法国巴黎大学民族学博士,回到中大研究院主持人类学部,培养了一批人类学、民族学、历史学等各方面的专家。他的治学思想是:民族学的路是靠两条腿踏出来的。杨成志教授和他的学生梁钊韬教授在学术研究中坚持:不经过自己核实的材料不用;不经过自己深思熟虑的观点不写。并以此严格要求他们的弟子和学生。

陈心陶教授是中国近代寄生虫病的奠基人和寄生虫学的泰斗。"干科学就得老老实实，实事求是"是他的一句名言，仅仅为了证实怡乐村并殖吸虫囊蚴期具有双重囊壁，他就做了200多次切片才肯下结论。

在中大的办学宗旨中，从一开始就把发展教学和科研、办成名校作为目标。邹鲁主政广东大学时，常常以孙中山先生关于"要革命不能不读书"的话来勉励学生，强调"革命非有学问不可"，并注意抓好教学、科研两项工作。1932年，邹鲁重掌中山大学后，为将她办成名校重新修订公布了《国立中山大学组织大纲》，确立本校"以阐扬三民主义，研究高深学问，培植专门人才，发展社会文化为宗旨"，突出了教学、科研和为社会服务的学校三大功能，符合现代大学的办学理念。

重视基础、重视质量、重视人才培养规律一直是中山大学的教学传统。

在历任中大校长中，许多都是著名的学者、教育家、革命家。其中，三次执掌中大的许崇清校长，早年由宋教仁介绍加入同盟会，由廖仲凯介绍加入国民党，深受孙中山先生信任。他曾两任广东省教育厅长，第一次（1924年）他提出反对奴化教育，禁止教会在学校传教；第二次（1933～1934年）他反对（陈济棠）鼓吹封建道德，禁止学校讲"孝经"。

许校长学贯中西，精通多国文字。他最早在国内介绍爱因斯坦相对论，直接从马克思、恩格斯原著中领会其真谛，开设辩证唯物主义和历史唯物主义课程，是我国开拓辩证唯物主义教育理论的先驱。他主掌中大前后有20年之久，第一次（1931～1932年）对学校体制进行改革，实行学院制；第二次是抗战时期，在艰苦条件下仍聘请了一批著名学者，如李达、王亚南、洪琛等，推动了学校政治民主、进步自由的风气和学术的发展；第三次是建国后，为中山大学新的发展做出了卓越贡献，包括重新确立符合原来用意的中山大学校庆日（11月12日）及将孙中山先生铜像迎回中山大学（1956年）等等。

原中山医科大学校长柯麟是一位具有传奇色彩的革命家、

医学专家和教育家。他受彭湃同志影响，1924年在广东公医大学就加入共产党，并成为广东大学医科党支部书记，毕业后曾到叶挺部队任军医，并参加了著名的广州起义。从1928年起，他以医生为职业长期从事党的秘密工作，曾在周恩来领导下参加特科工作，在惩治叛徒白鑫及营救被捕同志中都出色地完成任务。在澳门，他以精湛医术、高尚医德办好为平民服务的镜湖医院，也为党的地下工作提供可靠的保障。建国后，他担任中山大学医学院院长，1953年担任新组建的华南医学院院长，直至"文革"。1980年，他重新被任命为中山医学院院长。他的一生既贡献给中国革命，也贡献给中山大学医学科学和教育事业的发展。柯麟同志以革命家的胸怀和教育家的远识，尊重知识分子，关心爱护学生，努力发展医学教育和医疗事业，是中山大学医科的开拓、奠基的功臣。

曾经担任过岭南大学校长、中山大学副校长、暨南大学校长的陈序经教授又为我们树立了一位德高望重的学者形象。

陈序经和许崇清校长一样都是一级教授，他学识渊博，功力深厚，著作等身，在社会学、经济学、民族学、历史学等方面研究精深、见解独到。他在担任岭大校长时以最大诚意延揽了一批著名教授，包括陈寅恪、姜立夫及医科的几位名师，在50年代曾被周总理赞誉为"知人善用"的校长。陈序经教授还是一位专心致志做学问、勤于著述、有独立见解和学术思想的学者，他每天凌晨3时起床读书或写作，一生撰写的著作、论文、调查报告及书稿至少在500万字以上。面对政治上不公正的待遇，他以其"优容雅量"泰然处之，即使担任分管后勤工作的副校长，对学校的一草一木都给予了极大的关心，兢兢业业地配合校长、书记做好学校的工作。

长期担任中山大学党委书记、副校长的冯乃超同志，是1928年由潘汉年介绍加入共产党的革命活动家。他早年留学日本，也是一位有影响的诗人、作家、文学评论家和翻译家。他曾是"创造社"成员，后由党组织派遣和鲁迅先生联系，共同起草左联纲领，并担任左联党团书记。解放后，他曾任中央人事部副部长；由于广东急需干部，1951年起调任中山大学副校长,后又长期担任中山大学党委书记。他的学说成果,至今仍是一些文科博士生研究的课题。冯乃超同志以其"品格树立丰碑,风范引领后人"为中山大学的发展做出了杰出贡献。

正是这些优秀学者和杰出的领导们,为中山大学构建了"重视学术,讲求科学"的文化精神,熏陶和教育、影响着一代代中大的师生,形成了中大讲求科学性的优良传统,在中大许多后辈学者,包括现在一些中青年学者身上都能看到这种传统精神的继承和发扬。

中文系已故程文超教授,身患癌症十余年,以其顽强意志坚持教书育人,坚持科学研究,曾获得鲁迅文学奖及广东十大名师等光荣称号,是学生们一致推崇的霍金式优秀学者和导师。

理工学院富明慧教授,在双目失明后坚持科研,坚持带研究生,还在妻子帮助下到课堂坚持给本科生讲授弹性力学,其毅力和敬业精神令人尊敬和感动。

眼科中心陈家琦教授,医学精湛,医德高尚,从不计个人名利得失,对病人关怀备至,对青年学者爱护备加,是我们医科教师队伍中的楷模。

数计学院朱熹平教授完证了庞加莱猜想,重要的不是定理本身的证明,而是他的学术品格和意志,不图虚名,做真正学问,做大学问,有了成绩不沽名钓誉。正是这些品德,作为院长,他和前任院长邓东皋教授在数计学院带出了一个好的学风、好的院风。我校数学学科排在同类一级学科第五位,是很了不起的突破,这并非一日之功。

讲求科学、树立良好学风是一所大学的灵魂,更是名牌大学的基本品格,我们要格外地珍视。

3. 广州历来是对外开放的门户,是内地联系海外的桥梁,这是中山大学"开放性"传统的历史和地缘背景。

从筹办广东大学起,在35名筹备委员中就有31位是留学归来、通晓国际先进教育的专家,其中包括当时国内著名大学的校长蒋梦麟、郭秉文等,目的就是要以现代大学的先进思想来办好中山大学。中山先生要求大学以"讨究世界日新之学理、技术为主",办学伊始便在法国里昂市建立大学海外部,并实行开放性办学，向海内外招聘名师到校任教。傅斯年、许德衍等就是在海外学成后直接应聘来校任教的。1927年全校在册教师172人，其中教授72人，在海外留学归来的有97人，占全部教师的56.4%，包括留美57人、留日23人、留德4人、留英3人。

改革开放以来，学校坚持开放性办学传统，不仅加强了与海外大学的联系，包括互派交换生、博士生，而且人事制度也逐步向国际惯例靠拢，如向海内外公开招聘教师和管理人员，使学校教师队伍、管理干部队伍的素质都有很大改善。同时，"开放性"还体现在专业结构调整、校内管理制度改革、学校的发展战略及校园文化建设等许多方面，使得学校能及时抓住有利机遇，调动全体师生员工积极性，推动学校快速发展。学校重新定位的发展战略目标，要求学校进一步加大"国际化"程度，要以更加开放的姿态，向世界先进教育学习，吸纳国内外优质教育资源，在加强学校和学科国际竞争力的同时提升学校的国内竞争力。

三、感悟学校人文精神，弘扬中大精神传统

学校的办学传统反映在历届领导者的言论、管理制度、学术研究、教学规范及校园文化等方面，并被师生员工理解和接受，在历史的传承中不断赋予时代的新内涵。但是，学校文化精神的传承却是潜在的、无形的，它是由一代代中大人的共同价值观、共同的品格和气质表现出来的，体现了中大人特有的素质，也反映在中大的校风，包括教风和学风上，成为学校被社会认同的基本特色。

所谓"大学精神"，是大学在办学的历史过程中形成的办学理念和大学人的共同价值追求，是大学文化的精髓、核心，是大学之魂；大学精神反映了学校独有的价值取向，呈现了大学的品格。大学精神也是指导大学行为的基本信念、基本准则。

什么是中大文化精神的传统？简单讲，什么是中大精神？

在历史上曾有过多次讨论，也留下许多有见地的记载。

1943年严永晃先生说："据我看来，我们中山大学的校风是自由的、创造的、革命的。"

1948年，时任中大法学院院长的郑彦棻教授著文：石牌（中大）所表现的精神，第一是"荜路蓝缕，以启山林"的创业精神；第二是共同生活共同学习的集体精神；第三是向民众学习为民众谋福利的服务精神。

在世纪之交，全校开展了"中大精神和校园文化建设"大讨论，目的是传承和弘扬中大的传统文化精神。我们并不在意最后是否一定要有什么统一的结论，或用一句话去概括什么是"中大精神"。我们注重的是过程，让更多的师生参与讨论。大家可以从不同角度、不同侧面去挖掘中大的历史传统，表达自己的体验和感受，并注入新时期对学校人文精神的期盼和追求。

在历时两年多的讨论中，许多老师、同学都发表了自己的见解，校报选择其中部分文稿连续刊登了30多期，最后择其精华编著了一本文集《凝聚中大精神》。

在讨论中，仁者见仁、智者见智。有的人认为中大是中山先生创办的，因此中山先生"天下为公"应当是中大的一贯之精神，也有人认为"博学、审问、慎思、明辨、笃行"是中山大学奠定的治学精神，等等，所有讨论都是有意义的。

作为年资尚浅的中大人，我不敢妄谈什么是"中大精神"。但是，由于我对中国高等学校的了解及在不同学校的体验，使我对中大潜在的具有个性、特色的文化精神有着特别的感受。其中，突出的是：民主的精神、务实的作风和爱校的情结。

"学术民主、思想自由"是现代大学精神，"五四"运动奠定了中国大学"科学、民主"的文化传统。中山大学诞生于"五四"之后，又由孙中山先生亲自组建，因此建校之初就融入了"科学、民主"的精神，奠定了"开放、进步"的传统。岭南文化"开放、包容、务实"的特色和"敢为天下先"的精神，使中大的文化精神中增添了"求实、务新和包容"的内涵，逐步形成"开放、包容、求实、务新"的文化传统和讲求"革命性、科学性和开放性"的办学传统，熏陶和培育了一代代中大学子。

在中大的历史上，学阀、学霸作风鲜见，对学术研究和教学活动进行行政干预也不多见，学校一切显得那么平淡、宁静。中大人不尚空谈，也很少看到领导者强烈的个人意志，在这种近乎"无为而治"的宽松环境下，学校仍在进步，各院系逐步形成各具特色的教学和学科发展的传统。

近些年来，教育的快速发展，社会的急功近利，学术浮躁对高校侵蚀严重，中大不可能不受影响，但中大文化精神中传统的力量也帮助学校起着抵制和稳定的作用。

陈寅恪先生的"独立之精神，自由之思想"渗透在中大人事制度和分配制度及学校发展改革的思路之中。大学还是要办成学术的殿堂，而不是名利的角逐场。"对人的尊重，对学术的敬畏，对遵守规则的自觉"是学校领导遵循的价值观，"尊重教师、善待学生、关爱职工、直面问题、排忧解难"是学校管理人员必须遵循的共同理念，并以"是否有利于教学科研和学科发展，是否有利于教工和学生的切身利益，是否有利于学校的长远发展"作为学校管理工作的价值取向。

建设一所大学有诸多的因素，能否拥有一批大师级的学者、教授和拥有良好的学校人文环境应该是其中最核心的因素。

大学的发展，归根结底靠全体大学人的智慧和积极性、创造性。学校的任务就是要让每一个中大人具有强烈的自信心、自尊心和对学校的自豪感。

中大是光荣的，不仅历史是光荣的，现实也是光荣的。其中突出地表现在我们能聚集越来越多的名师和学者，能吸引越来越好的优秀生源，中山大学人才荟萃、前程无量。

每一位中大的领导或教师，不论走到南粤大地的哪个角落，都会感受到沐浴在社会和中大校友对学校的真诚友爱之中，都会感受到作为一个中大人的骄傲。从中大校友的爱校情结上，都可以看出中大是凝结着一种团结的精神，一种由对学校深厚的爱而形成的内聚力，这是学校事业能够发展甚至快速发展的重要基础。

学校是属于每一个中大人的，包括历史上的中大人或未来的中大人。

我们要通过每个中大人的共同努力,珍爱中山大学,凝聚中大人的力量,塑造中大人的品格,让中山大学的人文精神充满活力和清新的气息,成为中山大学发展永恒的精神支持。"中大光荣"是中大人的骄傲,也是所有中大人的共同愿望和不懈追求。

□ 沟通：大学管理中的文化视角

研究型大学教师的素养和责任[*]

各位老师：

今天是中山大学本科教学第二届首次主讲教师的培训讲座，首先对大家能担任本科课程的主讲教师表示衷心的祝贺。我认为，每一位中大的青年教师至少要经历两次重要的"文化洗礼"：一次是刚入校时，接受中大传统文化的"洗礼"，树立"中大光荣"的意识，了解中大的历史，自觉地维护和传承中大的优良文化传统；另一次就是在登上本科教学主讲讲台之际，接受一次教学传统的"洗礼"，希望能促使大家树立"教学神圣"的观念，这将是伴随一生的职业生涯。

一、教师职业是神圣的，大学的讲台是神圣的

中国素来有尊师重教的传统，从孔子办学算起也有 2500 多年，孔子及其弟子形成的儒家学派，促进了中国古代文明的构建，其精髓已成为中国优秀传统文化之瑰宝，孔子也被尊为万世师表受世人敬重。

西方现代意义的大学源于中古世纪，如 1088 年的意大利勃隆那大学和 1100 年的巴黎大学，都有近千年的历史。大学被认为世界上承续时间最久的社会组织，不仅过去如此，将来也会

---

[*] 本文系 2006 年 12 月 19 日在中山大学第二届首次开课教师培训会上的讲话。

如此。教育是永恒的，大学教育是永恒的，名牌大学是永恒的。牛津、剑桥诞生于12世纪末前后，到1224~1225年先后有了首任校长。直到19世纪，牛津、剑桥一直是英国仅有的大学，独领风骚数百年，成为英国政治、经济、文化发展的策源地和文明的标志。英国政府的最高级官员半数毕业于牛津或剑桥。在800多年的历史进程中，牛津大学培养出40多位诺贝尔奖获得者、5位国王、29位首相，包括撒切尔夫人、布莱尔首相，以至于有人认为唐宁街10号是牛津大学开设的一所分校。而诞生过牛顿、达尔文、罗素、拜伦及华罗庚、赵忠尧、萧乾等中国科学家、文学家的剑桥更以注重科学著称，在20世纪前80年间就出了62位诺贝尔奖获得者和一批世界级的名人；美国哈佛大学建立于1636年，比美国建国还早140年，"先有哈佛，后有美国"千真万确。哈佛大学有40多位诺贝尔奖获得者，有8位毕业生当选美国总统；哈佛大学图书馆系统总藏书量1500万册，是世界最大的学术图书馆系统；哈佛大学博物馆的展品可以和世界上任何一流博物馆的展品相媲美。

站在牛津、剑桥或哈佛古朴庄重的校园中，你会油然而升一种神圣感、一种使命感，你会感到和一批批世界级伟人同在，会由衷地羡慕曾经在这些校园内学习或工作过的人，虽然不曾相识，但他们是世界公认的精英群体，这就是名牌大学人的骄傲。

中国现代意义大学诞生较晚，官方认定的是1895年的北洋公学（即天津大学前身）、1896年的南洋公学（即交通大学前身）。北京大学和清华大学分别诞生于1898和1911年，中山大学的前身院校最早可追溯到1905年的广东高师。在这100多年中，中国的高等教育历经磨难，但也吸纳了世界大学之精华，取得了快速发展，如今已从精英教育过渡到大众化教育阶段，成为世界上规模最大的教育大国，但还远不是教育强国。我们拥有了一批很好的大学，但还不是世界一流的大学，其中在近2000所全日制院校中，有近百所纳入"211工程"建设，有38所纳入到"985工程"建设，瞄准世界一流大学，以高水平学科为目标，提升学校的实力和水平。在全部高校中设有研究生院的只有56所，教育部直属的有75所，中山大学都位列其中。历史上，中山大学曾经是国内学科齐全、实力最强的学校之一，中大的毕业生在广东乃至华南地区都是社会的精英群体。中山大学有着光荣的历史，现今又有较强的综合实力和很好的发展势头。在这样一所历史名校任教是光荣的，也是神圣的。中山大学招收的本科生大多是百里挑一、千里挑一的优秀学生，他们的前程远大，他们之中将来不乏有大批栋梁之材，也可能会有影响一个地区甚至一个国家或世界的科学和社会进步的杰出人才，我们能在他们一生的成长中承担教师的责任是很光荣的，也是很神圣的，因为我们占据的是名牌大学的讲台，我们教育的对象是最优秀的学生。著名历史学家顾颉刚先生曾说，他每次上课之先都禁不住给学生行个礼，希望同学们能努力和自重，因为他们的前程无量。希望我们每位老师，当我们踏上主讲讲台时，要有这种神圣感、责任感，为学生们的成长尽我们教师的一份责任，珍惜课堂上的每一分钟，上好每一堂课，把学生引领进知识的海洋、学术的殿堂。

二、提高教师的职业素质，实现教师自身的全面发展

　　高学历、高水平的优秀专业人才并不能简单地等同于高素质的优秀教师。前者更多地体现教师本人的专业知识、学术水平；后者更侧重于使学生受惠的教师职业素质上。当然，作为一名研究型大学的合格教师，其前提首先应当是具有较高学术造诣的专业人才。拥有一流的师资队伍是一流大学的基本标志。学校选择和聘任教师时，除了考虑岗位需求等因素外，主要还是看应聘者的学术水平、科研能力。但学校聘任教师的首要目的是为了人才培养，应聘者必须承担聘任合同上所要求的教学工作任务，这和国外大学是一致的。丁肇中先生讲，在MIT只有他因特殊情况没有安排本科教学，其他人都要给本科生上课。杨振宁和姚期智两位大牌教授在清华大学每年坚持为本科生完

整地开设课程，而且不让人代课。另一方面，具有学术专长的人可以做研究生导师，给研究生开课，也可指导高年级本科生课题或开设讲座，但不同于给本科生基础课或专业基础课担任主讲教学任务。前者更侧重于给学生科研思维的训练，只要教师有科研能力和学术水平就行；后者是给学生打下系统理论教育的基础，是大学的启蒙教育，对教师的职业素质提出更高的要求。一般名校只有那些具有丰富经验的优秀教授才有资格上本科生的基础课，我校数计学院由邓东皋教授、朱熹平教授带头就坚持了这一优良传统。因此，既不是什么人都可以上讲台，也不是什么人都可教基础或专业基础课，教师除专业知识外还必须具备较好的教师职业素养。

钱伟长院士执掌上海工业大学、上海大学近20年，他最满意的是按照他的思想办了一所大学，最不满意的是教师队伍的素质没有达到他理想的要求。

他对教师最基本的要求是"三个一"：至少能讲一门主干课，至少承担一项科研课题，至少联系一个企业或单位并在里面义务兼职。

他认为合格的大学教师要有四个方面的能力：一是要有科研能力和学术水平；二是要有创新精神和实践能力；三是要会教，有教学的技巧；四是要有识才的慧眼，有善待学生的敬业精神。

韩愈讲：师者，所以传道、授业、解惑也。这是古往今来教师的基本职能。凡是在教学上有所建树的人，无一不是既精通业务，同时又是严谨治学、教学相长、为人师表，最终成为学生敬重的导师、名师。

从"学者"到"人师"也是教师自身人生境界的提升。已故中文系程文超教授就是我们中大教师的楷模，他在与疾病长期的斗争中，忍受了常人难以忍受之痛苦，用自己的学识和品德实践了做一名优秀教师的职责。他生前也把教学和培养学生当作最大的精神支柱，激发了对生活和生命的珍惜。

从教育理念上讲，大学的教育功能是培养具有全面素质的人才和促进人的全面发展。这里既包括要重视学生的全面发展，也包括所有教师在教学活动中教学相长，促进自身全面素质的提高。

每一位教师的文化素质、治学态度、仪表气质、一言一行都会对学生起潜移默化的影响作用。当我们刚刚踏上教学讲台时，一定要把教学过程也看成是自己人生发展的一个新起点，在这些天真好学的同学们面前磨砺自己的意志、品格和气质，提升文化品味和精神境界，在提高业务素质的同时，提升自己的精神品质，实现自己人生的全面发展。

三、虚心学习，认真备课，努力掌握教学工作基本规律

教师职业，其内涵也是一门科学，是教育实践学，是课堂教学学。要有科学的教育思想，要遵循教学工作的科学规律。要当好教师，真正"会教学生"就必须真正理解什么是教师、什么是教育、什么是教学，形成科学的教育观，讲求合理的教学方法，在实践中逐步掌握教育技术和教学技巧，并不断创新，形成自己独有的教学风格、教学艺术。

青年教师要重视第一次从教经历，它往往起着"一锤定音"的效果。有些教师科研能力很强，教学效果却不佳，而且"名声在外"，很难扭转。

因此，初登主讲讲台一定要站稳脚跟。这其实并不难，只要坚持虚心学习，认真备课，虚心向老教师、向名师学习，虚心听取同学的反馈意见，认真备好每一节课。青年教师首次开课一定要有备课笔记，要精心设计教学过程，努力实现自己的教学意图。

同时，要学习教学工作的全部环节，包括拟订教学大纲、辅导答疑、批阅作业、准备实验、考试出题阅卷等等，认真地对待每一个环节，这也是在实践中培养自己的教师职业素养。"严谨治学"是从一点一滴开始的，老教师的一丝不苟作风正是这样一步步培养起来的。这是教学工作本身的需要，也是教师

职业素养的修炼。这方面，通过本科评估推动了教学工作基本规范的建立和完善，但确实还不是所有教师都能认真做到的。

大学教师的教学工作应当看成是教师的创造性劳动，选择怎样的教学方式是教师的行为。通常讲，教学无定式，但教学有规律，教学质量和效果有优劣，评价教学效果是学生的权利，提高教学质量是学校和教师的共同责任。作为首次开课的主讲教师，一定要把好每一堂课的质量，这样才能打好今后教师生涯的基础。

这次培训，几位教授都是我校精选出来的名师，在同学中享有很高的威望，在教学中有许多精道之见解，希望大家一定要认真学习和领会他们的经验，并结合自己的教学工作努力实践，只要有心、用心，再加耐心和恒心，就一定会在教学工作中取得成功。

四、努力适应研究型大学的教学要求，用教育的创新去实践精英教育

中国已经是世界上高等教育的大国，但还不是高等教育的强国。其中，重要的因素是我们培养的人才在以自主知识产权和科技创新能力为标志的国家科技竞争力上所能提供的支持与服务和国家社会的期望相距甚远。从整体上讲，中国高等教育的软肋仍然是学生创新意识不强，创造力的潜力培育不够。中国要建设成创新型国家还必须拥有一批拔尖、富有创新精神和创造能力的优秀人才。因此，即便是中国高等教育已经进入到大众化高等教育阶段，但像中山大学这些国家重点大学，应当继续坚持精英教育，承担各类优秀拔尖创新人才的培养任务，这就对我们研究型大学的教师提出更高的要求。

大学的教育教学工作是具有教师个性特征的创造性工作，大学教师的教育理念和创新素质直接关系着创新型人才的培养，有激情的教师才能带出有激情的学生，具有创造性的教师才会懂得如何培养学生的创造性。研究型大学教师的职业素质，职

业要求中除了教学和科研水平外,还要突出指导学生创新思维和创新能力培养的要求,鼓励教师成为学生成长中的良师益友。作为新开课教师,既要明确研究型大学教师的责任,同时也要认真学习现代教育思想、教育理念,学习国内外开展创新型教育的先进经验,努力在教学工作中实践、探索,找到适合自己的教学规律。

从教育理念来讲:

一是要进一步树立人文精神、科学素养和创新能力相统一的教育观。坚持教育中知识、能力和素质培养的协调一致,人文素质教育、科学素养培养与实践能力训练的协调一致以及教育学生做学问、做事与做人的协调一致。创新意识和创造力潜能是反映学生综合素质的特有资质,包括具备广博专精的知识和理论基础,具备科学的思维方法,具有较好的人文艺术修养,并具备对科学精神领悟的潜质。对教师来讲,就是要重视教书育人,教书目的是为了育人;要用严谨的科学态度和较高的文化品味贯穿在教学工作的全过程。

二是要进一步明确"以学生为中心、以学习为中心"的教学观,重视激发学生对创新和求变的渴求,注重学生学习潜质的培养。

教学的根本目的是教会学生学,学生学好是根本。炉火纯青的教学也是艺术,可以有不同风格和流派,但教师和演员最大的不同是:演戏只是让人欣赏,而教学是要让学生掌握知识和方法。青年教师最容易陶醉到自己的教学中去,忘掉教学的主要对象——学生。备课既要备"教",也要备"学",要研究学生学习的规律及变化;学生不想听课,要更多地从教的方面去找原因。更重要的是教会学生自我学习,学会学习。

"以学生学为中心"更深层的含义是体现对人的个性的尊重,激发人的潜力。斯坦福大学校长在"中外大学校长论坛"上讲到,要让本科生、年青的一年级大学生经常地、充满好奇地、有强烈的愿望,对老师讲:"你错了。"他还认为,一所大学的竞争优势在于一种能力,这种能力体现在对老师和学生多方面的鼓励和自由上。哈佛大学校长陆登庭认为,从学生一入学，大学主要努力的方向就是使他们能够成为参与发现、解释和创造新知识或创新思想的人。

当前，在教学中，教师要更加重视科学思维能力的培养，要在正面传授知识的同时，启发学生用反向思维方式探讨问题的提出和异化，在学会分析问题和解决问题的同时，鼓励学生更多地提出问题，发现新的变化和规律。

三是要转变以"管"为主的育人观，突出以教育、启迪为宗旨，通过学生自己参与和实践培养学生的自主性、独立性和责任心。

大学以"育人"为本职，但育人不仅仅是以"管人"为特征，还应当是通过教育、引导、启迪、感悟，给学生更多的平等和尊重、更多的宽容和鼓励。

当前，要重点解决学生对学校和对教师的依赖性，培养学生的自主精神、独立意识。自主性、独立性既是个性张扬的表征，更是创新性人才应具备的基本品质。我们讲自主性、独立性，是指有清晰的自我认识、有理性的思考，学会自主判断、自主选择，勇于承担责任。

在教学中，要重视充分发挥学生群体本身蕴涵的教育功能，通过各种讨论式、开放式、研究式、问题式等教学形式激发学生的学习主动性，开发学生的思考能力，培养科学的思维方式、思辨能力，鼓励提出问题。不仅通过课堂教学，更多地是通过课外教学实践活动。任何教师都有义务参与或指导学生的课外教学实践或科技创新活动，这也是教学工作的重要组成部分。

四是大学教育要体现多样化、分类指导原则的"人才观"，给学生提供更多选择机会，促进学生个性发展。

培养创新性人才，必须基于调动学生去开启和激发学生学习的潜力，因此，学校要构建多样化的人才培养模式，适应不同类型特长学生选择的需求，为培养"学术研究型"、"应用实践型"、"交叉复合型"等各类人才提供不同的鼓励创造力和创新思维的学习环境。

"创造力"本身有多样化的表现形式，有些善于理论研究，有"原创性潜质"，如陈景润等；有些有技术发明的创造力，如爱迪生等；也有善于思考、出谋划策，如格林斯潘等。大学既要培养科学家，也要培养发明家，还要培养智慧型领袖人才。学校要为这些人才的成长留出空间。

学校要着力改革以强化"同一性"、"规范性"而束缚学生创造力发展的不合理的管理制度，给学生提供包括专业、课程及实验、实践等内涵的更多的选择机会，给有个性特长的"偏才"留有生存和发展的空间。

作为教师，要关注学生成长中的"实力、活力和定力"的养成。"实力"是指扎实的基础，包括知识基础和各种能力；"活力"是指视野和拓展能力；"定力"是指在复杂背景下的选择能力，包括判断能力和自制能力等。

大学对学生一生的成长至关重要，教师对学生在大学生活中的成长至关重要。宽松的环境，不等于放纵没有压力，而是把外界"压力"转为学生内在的"动力"，教师的作用不可估量，这是需要每位教师付出毕生的精力和智慧的。

当然，培养人才的任务不仅仅是教师，学校如何为师生创造一个开放、包容的校园文化环境，通过制度的创新让教师远离名利场，有更多的精力投入到培养学生的教学工作之中，是需要做出一番努力的。

各位老师，教师职业是和人的成长紧密相连的，所以是崇高的、神圣的；教学工作是一项包含教育理念、教育方法、教育技巧等许多方面的科学工作，有着客观的规律，需要我们以科学的态度去认真探索、实践；课堂教学以教师为主导、以学生为主体，需要体现教师个人的创造性和实践能力，会呈现教师个人的素质和魅力，使得每一位热爱教师职业的人都会为之兴奋和全身心地投入。无数优秀的教师已为我们实践了这些，只要我们努力，备好每一堂课、上好每一堂课、珍惜每一分钟，我们一定会成为一名炉火纯青的优秀的教师。

我们离培养创新人才的目标还有多远

——兼谈大学校园文化建设*

不久前，在复旦大学百年校庆大会上吴邦国同志代表党中央、国务院致辞中讲到：建设若干所世界一流大学是中央从我国现代化建设全局出发作出的一项重大决策。一流大学应当成为基础研究和高新技术前沿领域原始性创新的重要源头，应该成为理论创新和文化创新的重要力量，应该成为汇聚优秀创新人才的重要舞台和培养创新人才的重要基地。吴邦国同志这短短一段话五处提到"创新"，分量之重足以反映国家对培养创新人才、提升民族的创新能力具有何等的紧迫性。

近20年来，我国经济快速发展，举世公认。同时，环境的污染，能源的过度消耗，贫富分化和社会诚信体系面临的挑战，又都成为持续发展中必须解决的问题。当前，中国正面临社会经济结构和产业、产品结构调整及升级换代的关键时期，科技创新、自主知识产权、高新技术产品都急需大批能掌握现代科技、具有创新精神和创业能力的专业人才。

目前中国已有80多种产品的产量居世界第一，但在中国产业链中高端核心技术几乎全部依赖外国引进；我国发明专利授权中，许多为外国人拥有。仅2004年进口芯片262亿美元。出自中国企业设计芯片，占中国芯片使用量的比例几乎为零；售

---

* 本文系2005年10月17~19日在"大学文化建设论坛"上的发言，载《现代大学的文化精神》，首都师范大学出版社2006年5月出版。

价 75 美元的 MP3 扣除专利费和成本，国内企业只能赚 1.5 美元；电视机中主芯片基本依赖进口。正是由于缺乏拥有自主知识产权的核心技术，我国不少行业存在产业技术空心化的危险。进入 21 世纪，我国提出希望通过"和平崛起"实现全面建设小康社会并最终实现中华民族的伟大复兴。但是，国际性的能源和资源的竞争，以及以美、日为首的西方发达国家对中国高新技术的封锁和各种经济制裁，都迫使我们清醒地认识到只有尽快提升我国整体科技创新能力，才能摆脱被动受压的地位，实现中华民族的崛起。两次世界大战的起因并不是意识形态的斗争结果，实质上是围绕资源的竞争企图重新瓜分势力范围；今年纪念抗日战争胜利 60 周年，使我们对"落后就要挨打"更加刻骨铭心。中国要崛起必须提升民族创新能力已成为大家的共识。

在构建国家创新体系中，大学担负着人才培养的重要任务，并承担着国家主要的基础研究任务，在区域经济发展中也起着重要的作用。美国拥有世界上最发达的高等教育，在世界大学排名前 100 强中，美国大学占到一半以上，这是美国科技领先于世界的重要原因。而且在美国的外国留学生约占全球留学生的三分之一，其中约有 25% 毕业后留在美国，使美国成为广纳全球优秀人才、源源不断补充的智力库，奠定了美国头号超级大国的人才基础。

显然，培养大批具有创新精神和创新能力的高素质人才是中国大学的历史责任，我们讨论的不是能否挑起这个历史重任，而是何时才能真正担负起这个历史重任。为此，我们还应该做些什么？首先，对中国大学的现状要有清醒的认识。最近，两位世界级的华人科学家对中国大学教育给出了两种截然不同的说法，引发了网上热烈的讨论。诺贝尔奖获得者杨振宁教授说："从教育青年人的角度讲，中国大学本科教育非常成功。"他举了例子说明这一点，同时他分析，"中国大学对社会的贡献非常大，大学造就出来的人才对社会的贡献人们时刻都能感受到。但在研究领域，中国大学与世界大学有很大差距，主要是因为中国经济发展起步较晚，而不是一两年可以解决问题，还需要做很多努力。"数学大师、菲尔兹奖获得者丘成桐对记者讲："以目前的本科教育模式，国内不可能培养出一流人才。中国大学生的基础水平，尤其是修养和学风在下降，如果不重视学风建设，中国科技至少后退20年。"平心而论，我认为两位大师讲的都有道理，只是分别强调了不同的侧面。有趣的是，尽管北大数学院对丘教授点到的人和事提出质疑，但网上的评论几乎一边倒。看来，民意反映的是人们并不在于讨论中国大学具体取得哪些成绩和进步，而是对包括大学在内的中国学术界学风之差到了忍无可忍、人人喊打的地步。近年来，在学术界各种评估、评奖、评审等过程中弥漫的不正之风，以及大学内的学风浮躁、急功近利、弄虚作假，都严重地败坏了学术圣殿的风气，直接影响到学生的培养，让人们感到忧虑，整治学风已成为社会共识。

因此，培养具有创新精神的一流人才不仅和大学的学术水平、培养模式相关，同时和大学的学风、大学文化的熏陶密切相关。抗战时期，由北大、清华、南开三所著名大学临时组建西南联大，在异常艰苦的条件下，为国家培养了大批爱国的、学术精良的优秀人才，依靠的只是三校聚集的名师和文化传统以及在抗战特殊时期凝炼的人文精神。因此，我们在努力培养大批创新性人才的过程中，千万不能忽视大学文化的建设，要把大学文化环境和文化精神建设作为学校的基础事业，以学校积淀的优秀文化精神熏陶和教育学生、培养人才。从这个角度上讲，我们还有许多工作要做。具体讲，包含下面几个方面：

1. 进一步树立人文精神、科学素养和创新能力相统一的教育观。坚持教育中知识、能力和素质培养的协调一致，人文素质教育、科学素养培养与实践能力训练的协调一致，以及教育学生做学问、做事与做人的协调一致。

历史上，中国的传统教育重人文、轻科学，缺乏对科学知识的系统研究和传承，轻视技术发明。因此，丝绸之路给西方带去了东方古老的文明，但是西方现代科学的萌芽和工业革命引发的新技术即使流入中国，中国也没有承接这些科学和技术的人才，更没有成为中国发展的动力源泉，使得具有5000年文明的中国由盛及衰，丧失了在中国产生现代科学和工业革命的历史机遇。另一方面，西方教育重视科学知识和技术进步，经历了工业化和科学技术现代化的过程后发现物质文明的高度发展也并没有给人类带来充分的幸福，却导致资源掠夺性的消耗、生态环境日益恶化、国际社会关系依旧紧张等等。人们反思，科学技术的高度发展并不能完全解决人的生存问题，更不能解决人的人生观问题。因此，科学的发展呼唤重视人文精神，希望用人文精神来重新构建人与人、人与自然间的和谐关系及推进社会和经济的可持续发展。

最近钱学森同志对温家宝总理讲到：一个具有科学创新能力的人不但要有科学知识，还要有文化艺术修养，没有这些是不行的。创新意识和创造力潜能是反映学生综合素质的特有资质，包括具备广博专精的知识和理论基础，具备科学的思维方法，具有较好的人文艺术修养，并具备对科学精神领悟的潜质。人文艺术修养不仅为学生塑造健全人格奠定基础，同时也使学生视野开阔、触类旁通、激发灵感，在顿悟中有所发现、有所突破。而科学精神，特别是批判精神、求实精神及科学的方法论，培育学生求真、求实、崇尚真理，坚持理性的思维和科学的实践，有利于抵制一切伪科学及学风浮躁、急功近利、学术腐败等不正之风。

2. 进一步明确"以学生为中心、以学为中心"的教学观。在大学生文化素质教育中，要重视激发学生对创新和求变的渴求，注重学生学习能力潜质的培养。

在当今信息时代，学生以其青春的活力、饱满的精力和对知识的渴求会从互联网上获取大量的信息，包括不同观点、不同学派、古今中外相关的各种知识。从某种意义上讲，学生群体对教学内容，特别是人文、社会科学的课程，所拥有的知识信息未必比教师少，只是缺乏系统研究并形成正确的选择。过去常说，讲一杯水要准备一桶水，现在学生群体拥有的可能是一缸水。因此，"谁教谁"、"教什么"、"怎样教"等问题又一次摆在我们面前。显然，这不同于在"大跃进"时期师生"打擂台"，也不同于"文革"后期"工农兵学员上大学、管大学"。这是在信息时代,"教"与"学"的关系又一次面临考验,特别对中国传统的"灌输式"教学是极大的挑战。回归到最初大学的原型——西方中古世纪大学,曾经是学者们聚会、讨论的场所,后来逐步发展到老师"教"、学生"学"的教学关系。其实,这仅仅是教学的形式,教学的根本目的是教会学生学,学生学好是根本。当前教学观的转变就是要从以教为主回归到以学为主;教师角色由知识的传播者转为学习的指导者。"以学生为中心"更深层的含义,是体现对人的个性的尊重,激发人的学习潜力。斯坦福大学校长在"中外大学校长论坛"上讲到,他认为课堂上最激动人心的时刻是有学生在课堂上对他说:"卡斯帕尔教授,你错了。""我是谁?我长年从事研究,我对课题最熟悉,我知道所有情况。但是,这些天真的学生会突然让我意识到我的认识并不如我认为的那么全面,他们让我吃惊并改变我的看法。要让本科生、年青的大学一年级学生经常地、充满好奇地、有强烈的愿望,对老师说:'你错了'。"他还认为,一所大学的竞争优势在于一种能力,这种能力体现在对教师和学生多方面的鼓励和自由上。哈佛大学校长陆登庭认为,从学生一入学,大学主要努力的方向就是使他们能够成为参与发现、解释和创造新知识或形成新思想的人。

当前,随着网络和信息技术的发展,学生学习已进入"立体化"时代,不仅在课堂、图书馆,在宿舍通过网络都可以获取大量与教学内容相关的知识,如何指导学生选择有用的信息辅助学习,如何突破教师教学内容的框架思考和研究更多的相关问题,都是教师教学工作面临的新命题。

人类进入新纪元,曾经讨论:面向21世纪教育我们应该教什么?有些学者提出21世纪教育是思考力的教育,培养批判性的思考能力。学生从老师那里学到的不仅是知识,而且还从老师那里学到思考的技能。这样,他将来在什么样的社会环境里都能生存。

3. 在大学生思想政治教育中要转变以"管"为主的"育人观",对"育人为本"要以突出教育、启迪为宗旨,重视通过参与和实践培养学生的自主性、独立性和责任心。

我们究竟如何看待大学生？是永远长不大的孩子？我们究竟扮演什么角色，是絮絮叨叨，永远对孩子不放心，试图包办一切的家长？多年教育的实践告诉我们，尽管我们试图把一切正面的道理教给学生，对学生从学习到吃住行无微不至关心，但我们教出来的学生在思想道德素质的成熟性方面总不尽如人意。另一方面，学校有限的条件、有限的权限、无限的责任也让学校疲于奔命，甚至官司不断，吃力也未必落好。要改变这种状况，必须对传统观念进行审视、进行调整。

首先，大学以"育人"为本职，但育人不仅仅是以"管"为特征，应当是教育、引导、启迪、感悟，给学生更多的平等的尊重、更多的宽容和鼓励。其次，学校和学生之间的社会关系建立在法治基础上，校内关系建立在校规基础上，学生应当承担遵纪守法的责任，学校校规在规定学生行为规范的同时，要重视维护学校和同学双方的权益。再次，当前要重点解决学生对学校的依赖性和对教师的依赖性，培养学生的自主精神、独立意识。

要充分发挥学生群体本身蕴藏的教育功能，通过社团活动、勤工助学、学生助理等各种形式，不仅推进"自我教育、自我管理、自我服务"，而且尽可能吸纳学生参与学校各部门、单位的事务管理，培养学生的自主精神、独立意识和责任意识；通过各种讨论式、开放式、研究式教学形式，激发学生学习主动性，开发学生学习中的思考能力。

自主性、独立性既是个性张扬的重要表征，更是创新性人才应具备的基本品质。我们讲自主性、独立性，是指有清晰的自我认识、有理性的思考，学会自主判断、自主选择，勇于承担责任。而且要强化学生群体的"自主性"，由学生共同讨论、决定来管好学生生活中自己的事。

中山大学在珠海新校区的建设中，强调学生参与学校管理。学校在珠海校区每年提供500多个勤工助学岗位，参与图书馆、宿舍、食堂、院系办公室的管理，担任"学生助理"，培养学生的责任意识和工作能力。校区图书馆每天从早上8:00开放到晚上10:30，包括节假日内开放，全靠学生助理参与管理服务。同时，校区凡涉及学生的一些热点问题（如晚上关灯和关网）都由学生自己讨论决定。近年来，中大珠海校区不仅传承了中大传统文化精神，同时逐步形成浓郁的"自主、文明、创新"的新风尚。

4. 大学教学管理制度要体现多样化、分类指导原则的"人才观"，给学生提供更多选择机会，促使学生个性发展。

培养创新性人才，必须基于调动学生兴趣和激发学生学习潜力，因此，要推行更加完善的学分制，设立更多的"立交桥"给学生提供专业、课程及实验、实践等更大的选择空间；要鼓励教师因材施教，关注有个性、特长的学生，鼓励学生在学习中发现问题、有所创新。包括学籍管理条例及研究生保送制度等在内，都要给具有个性特长的"偏才"学生留有机会。当然这也需要有一定的条件和规范，例如可组织专门的教授委员会来考查等。

5. 要重视大学校园文化建设，凝聚大学文化精神，创造开放、包容的校园文化环境，欣赏、宽容、鼓励人的创新意识，培植学生的创新能力。

大学文化素质教育主要是学校对学生的教育行为，大学文化建设是所有大学人包括领导、教职员工、学生共同的行动。所谓"大学精神"，是指大学在办学的历史中形成的办学理念和大学人共同的价值追求，是大学文化的精髓、核心，是大学之魂；而校风、学风正是学校独有的精神、气质的外在表现。大学精神反映了学校独有的价值取向，呈现了大学的品格。大学精神也是指导大学行为的基本信念、基本准则。作为集聚学者、研究高深学问、培养社会精英的大学，其精神本质是创新、求真。包括：创新知识、追求真理以促进和引导科技、文化的发展；培养具有创新精神和实践能力的人，推动社会进步；通过教育创新，不断提升学校的社会作用和影响力；体现大学创新、求真本质的文化特征是大学文化精神中的包容性、开放性和批判性。

大学是崇尚真理、讲求科学的学术殿堂，在科学实践和论证的基础上发现真理、发展真理，在学术批判中推陈出新、创新知识。大学应当鼓励不同学术见解、不同学术流派的研究，允许失败，尊重一些"孤独的思考者"，宽容一些学术上的"狂妄者"。对真理的追求和认识是大学发展的永恒活力和动力，是一个曲折的但又生动鲜活的历史过程。国内外许多名校的校训，反映了学校的价值追求和文化特征。例如，哈佛大学校训是"以柏拉图为友，以亚里士多德为友，更要以真理为友"，以探求真理和学问作为大学的理想追求和核心价值。英国剑桥大学以"思想和表达的自由，避免歧视"为自己的核心价值观，反映了对思想、学术自由的教育理念。麻省理工学院（MIT）提出：理工与人文相通，博学与专精兼备，教育与实践并重；并提出"培养领导者"的目标。蔡元培先生对旧北大实行革故鼎新，提出他的办学理念，是"仿世界各大学之通例，循思想自由原则，取兼容并包主义"奠定了北大"兼容并包、海纳百川"的传统。中山大学诞生于"五四"之后，又由孙中山先生亲自组建，因此从建校之初就融入了"科学、民主"的精神，奠定了"开放、进步"的传统。岭南文化"开放、包容、务实"的特色和"敢为天下先"的精神，使中大的文化精神中增添了"求实、务新和包容"的内涵。80多年来，中山大学秉承孙中山先生题写的"博学、审问、慎思、明辨、笃行"的校训，逐步形成"科学、民主、求实、务新、包容"的文化传统和讲求"革命性、科学性、开放性"的办学传统，熏陶和培育了一代代中大学子。近年来，学校重视人文管理，倡导"对人的尊重、对学术的敬畏、对遵守规则的自觉"，努力实现"以人为本"、"以育人为本"，为学生的全面发展、培养创新精神和创造力潜质营造良好的校园文化环境。

6. 培养大批具有创新精神、富有创造力的人才是全社会的共同使命，绝不是一门课程、一个专业或一所学校的努力就能达到。

关键是要从"大教育"和"系统工程"角度，由国家、社会、学校及科研院所从不同方面共同构建创新人才教育和培养体系；而且，要从娃娃抓起，在中小学就要重视激发学生的好奇心，培养学生的观察力和实践动手的能力。在家庭和社会文化观念中，对年青人求新、求异、求变要给予更多的宽容，不要总是以成人的思维去束缚他们。我们要看到，在中国传统文化背景下，要培养学生创新、创造能力是何等之难。孩子尚未出世，父母已替他们包办了一切。学校老师最喜欢循规蹈矩的学生，领导最喜欢听话的部下，这决不是哪个人的问题，而是由于长期的传统文化渗透在我们民族思想、思维及学习、生活和工作之中。德国伟大数学家希尔伯特讲：问题的完美提法意味着它已经解决了一半。陶行知也曾讲过：发明千千万，起点在一问；禽兽不如人，过在不会问；智者问得巧，愚者问得笨；人力胜天公，只在每事问。在中国，培养学生创新精神和能力还真正需要从鼓励学生提问题、发表不同见解开始，给他们提供一个更为广阔的思考的空间。

21世纪中华民族要实现伟大复兴，必须要有大批热爱国家、具有创新精神和创新能力的负有使命感的各类人才，大学有着不可推卸的历史责任。如果我们不仅从"技术层面"上去努力，同时也能高度关注"文化层面"上的开拓，那么离我们理想的目标就不会太远了。

增强自信、坚持开放，加大高校教育改革的"国际化"进程

——从学习陈嘉庚教育思想谈起*

陈嘉庚先生是"华侨的旗帜、民族的光辉"。他的一生不仅是一代爱国华侨的优秀典范，也是 100 多年来为改变中国"内忧外患、国弱民穷"的现实而孜孜奉献的爱国志士的杰出代表。他早年生活在被帝国主义列强欺辱的时代，深感弱国之痛，力图救国图存、强国兴邦。他坚信"振兴中华、教育为本"，以自己毕生心血，开拓实业，倾资办学，表达了赤诚爱国之心。陈先生的一生是一个时代的缩影，给后人树立了令人敬仰的楷模，也留下了许多值得思考的启迪。

鸦片战争以来，以中国进步知识分子和爱国华侨为代表的爱国志士一直苦苦探求着强国之路、兴国之策。1949 年新中国成立后，在中国共产党的领导下开始了新的历史进程，其中"全盘苏化"影响了中国教育和思想几十年；"文革浩劫"又给中国传统的文化和教育以极大的冲击，搞乱了思想、败坏了风气；改革开放后，中国经济快速地发展，在物资条件极大改善的同时，人们对教育和文化的现代化需求提出了新的更高的期望。当前建设世界一流大学和高水平学科及培育大批创新型人才是中国大学面临的重大历史使命。如何完成这项历史使命，

---

* 本文系 2007 年 8 月 24 日在厦门"陈嘉庚教育思想研讨会"上的讲话摘要，发表于《中国高教研究》2007 年第 10 期。

核心问题之一是：如何看待现实的中国教育和文化及如何建设未来的中国教育和文化？

一个多世纪以来，在中国教育界，如何看待中国传统文化和西方文明一直存在着争论，对中国教育发展也有着深刻的影响。20世纪初期，陈序经先生曾在《中国文化的出路》和《东西文化观》的著作中深入而全面地介绍了对待中西文化问题的三个派别，即主张全盘接受西方文化的、主张复返中国固有文化的、主张折衷办法的。1921年梁漱溟发表的《东西文化及其哲学》指出：东西文化其实各有优缺点，而且是不同类型的文化。1935年有10位著名教授发表了《中国本位文化的建设宣言》，提出：中国要有自我的意识，要有世界的眼光，既不要闭关自守，也不要盲目地模仿。要不守旧、不盲从，根据中国的本位，采取批评的态度，应用科学的方法检讨过去、把握现在、创造未来。

联系到当今时代，如何进一步深化大学教育教学改革，提升大学的整体办学水平，跻身世界先进教育之列，有如下两点基本看法。

第一，要继续坚定地坚持开放的原则，认真向世界先进教育学习，推进教育的"国际化"进程，要在大学多元文化的交融中营造富有生机和创造活力的中国大学文化精神。

在经济全球化及信息化、网络化时代，"国际化"反映了世界就像一个"地球村"，各国之间各种交往、交流十分密切而且相互影响。但是，教育的"国际化"似乎常常受到质疑。教育是不讲"国际接轨"的，因为不同国家教育制度不尽相同、无轨可接。但是，科学和知识是无国界的，高等教育也有许多共同的规律，培养的人才同时也是"世界的公民"。因此，当前各国大学之间的交流已经不仅仅是科研和学科之间的交流与合作，更多的是教育理念、大学文化及培植这种现代大学文化的各种管理制度和机制的相互借鉴和交流。

其实，中国现代意义上的大学本身就是教育国际化的产物。延绵数千年的中国旧式教育注重人文教育，强调修身养性，培养的是封建士大夫和文人雅士。中国5000年的文明并没有和世界同步孕育出近代科学和工业革命,这其中有诸多的因素,旧式教育培养的人缺乏数学和自然科学的知识应当也是其中的缘由之一。而且,更可悲的是,在东西方文化贸易的交往中,西方的近代科学知识和技术成果也曾传到中国,但很长时期并未得到重视,只是成为皇室和贵族们的摆设和玩物,导致中国国力和西方工业化国家的距离越来越大,这也反映了旧式教育培养的人才无法承接现代科技文明的悲哀。

在中国历史上,现代意义的大学是在19世纪末期才逐渐出现的。1901年清政府下令将官办的旧式书院分别改为大学堂、中学堂和小学堂;1905年废除科举制度,彻底抛弃旧式教育,才真正开始包含科学教育和人文教育在内的现代大学教育。如今,官方认定的第一所现代意义上的大学是1895年建立的"北洋公学"(即天津大学前身),次年"南洋公学"(即交通大学前身)成立,1898年又建立了"京师大学堂"(即北京大学前身),它们起初追逐东京大学模式。"五四"运动之后,中国开始从学习日本转向学习美国和欧洲。近百年以来,日本、德国、英国、美国和苏联的大学教育模式都曾深刻地影响过中国的大学。"学制"四年类同于美国,"专业"的概念是从苏联的"专业"模式沿袭下来的,教师和国家公务员同等看待又类同于英国和"欧式"的人事制度;而管理模式,日本也是高度政府集权管理,目前也在考虑逐步给大学放权。总之,中国现代意义大学从一开始就是开放的,重视吸纳各国教育的经验,同时也适应中国社会环境和历史演变,使中国大学具有许多本土特有的品质。其中,中国大学具有办学机构和社区管理的双重属性,就是其他国家和地区大学所不具有的基本特征。

改革开放以来,中国的大学教育坚持走改革开放道路,向世界先进教育学习,中外大学之间的交往越来越密切,在各个方面都取得明显成效。

当前,除在科学研究、学科建设及人员交往上继续加强国际间的合作交流外,很重要的是在大学的办学理念、教育的价值观及与之相关的大学管理制度、大学的文化建设上,加强沟通和理解,结合国情、校情,认真吸取国际成熟的经验,构建体现现代大学文化精神的制度体系。

当前,在教育界存在着较为严重的功利思想。过多的评估、过早的拔苗助长、过细的量化指标、过高的奖励和物资刺激、过强的功名和地位搅乱了人心,搅乱了原本平静的学术圣地。

现实表明,加强学风建设、克服浮躁风气要从制度和机制上着手,要认真地审视和研究学校及社会的各项相关政策和制度,减少其中过强的功利导向。这应当是当前在推进教育"国际化"的过程中需要借鉴和学习的重要内涵。教育的国际化,就要学习世界著名大学维护学术神圣的管理思想和管理制度,特别是学术评价制度、职称评审和职务聘任制度、人事管理和奖励制度、科研支持和管理制度、教育基金的募集和运作制度等等,吸取合理成分,建立科学机制,弱化功利导向。通过制度的创新,让教师远离名利场,让大学回归到她应有的矜持和品味,让教师能淡泊名利、潜心研究,真正在基础性、原创性研究上下功夫;同时,也要运用大学的科技和智力为社会发展做出切实的贡献。

另一方面,21世纪中华民族要实现伟大复兴,必须要有大批热爱国家、具有创新精神和创造能力的优秀人才,大学有着不可推卸的历史责任。但是,如何提升学生的创新意识和创造能力一直是中国大学教育的软肋。纵观近50年我国高等教育发展的历程,教育教学改革从未停顿过。特别是改革开放以来,大学的教育教学改革在不断地深化。无论是人才培养模式的多样化,或是专业、课程、教材的内涵的变化,包括建设创新人才培养体系和各种创新人才培养实验、实践基地,许多改革从方法论角度已达到十分精致的地步,"五轮"国家级优秀教学成果奖和大批教学改革的精品成果是最好的体现。但是,从总体上讲,培养学生创新精神和创造力潜力的问题并没有取得实质性进展,仍然是国家和社会对大学教育改革关注的焦点。

中国要建设创新型国家,必须培养大批科技创新人才,首先要大力提升和培养学生的创新欲望和创造能力。在中国传统文化背景下,要培养学生创新、创造能力是何等之难。孩子尚未出世,父母已替他们包办了一切。学校老师最喜欢循规蹈矩的学生，领导最喜欢听话的部下，这绝不是哪个人的问题，而是由于长期的传统文化已经渗透在我们民族思想、思维及学习、生活和工作之中。因此，培养学生创新精神和能力不仅仅是改善人才培养模式和教学方法，也不是一门课、一个专业的改革就能达到目的，重要的是要营造鼓励创新、勇于实践的校园文化环境，要从鼓励学生乐于提问题、敢于发表不同见解开始。

教育"国际化"，通过逐步扩大留学生和少数民族学生的比例，营造多民族和国际化校园环境，培养学生在多元文化背景下交流、沟通、认识和选择的能力。吸取多元文化之精神，有利于提升学生的文化视野，开拓学生追求真理的胸怀，培植学生勇于发现问题、敢于提出问题并且善于解决问题的品质和能力。培养大批创新型人才不仅要靠教育的创新，更要靠文化理念的创新，教育国际化为我们提供了文化理念变革创新的机遇。

第二，对中国现实的高等教育和中国文化传统要有充分的自信。

我们的大学和整个高等教育都已经取得了伟大的进步，奠定了蓄势待发的很好基础，具备和世界高等教育平等对话的地位；我们的文化传统经受了改革开放后世界多元文化的大浪淘沙，其优秀成分更加璀璨，成为世界文明的重要组成部分。

如今中国高等教育和历史上任何时期相比都不可同日而语。世纪之交，中国高等教育有三件大事：一是快速而又平稳地进入大众化高等教育阶段，成为世界规模最大的教育大国；二是完成了新一轮大规模的高校整合与管理体制的调整，这不仅对优化教育资源、理顺高校管理具有意义，也推动了高校学科、专业结构的合理调整，形成一批真正意义的综合性大学；三是通过"211工程"、"985工程"重点建设一批高水平的大学和具有创新能力的科技平台、人文基地，为提升中国大学的科研和学术水平、跻身世界先进教育奠定了坚实的基础。

不仅如此，中国大学的办学理念、教育教学改革也逐步进入深层次、集约化、系统化的提升时期，符合新世纪大学教育发展的总趋势。例如，以美国为代表的大学本科教育经历了如下发展的历史阶段：博雅教育→有学科和应用背景的专业教育

→重视学生自由选课的通才教育→构建通识课程体系（分类课程、核心课程）下的通才教育。而中国现代意义下的大学教育经历了从旧式书院式教育到现代专业化教育再学习苏联实行行业特色鲜明的专门化教育，改革开放后又逐步深化了人才培养模式的改革：专门化特征的专业教育→宽口径的专业教育（选修制、分类选修）→注重人文素质教育下的宽口径专业教育→注重素质教育前提下的宽口径专业教育。其中，通才教育和专业教育强调的是教育的模式，而通识教育和素质教育反映的主要是教育的理念、教育的思想。

通才教育和专业教育并无本质区别。如今美国的通才教育并不是完全的自由选修，仍然是有一定的学科或职业应用背景的教育，让学生在某一知识领域有更深入的了解和研究；中国的专业教育也已不再过分强调专门化方向和就业导向，而是拓宽专业的基础，使学生在更广泛的领域内具有适应性和发展能力。而通识教育和素质教育的共同点，是把"人的培养"放到"人的全面发展"或"完整的、有教养的人"的平台上，和专业知识教育互相协调地发展。哈佛大学老校长德里克·博克在《美国高等教育》一书中指出：培养不受条条框框束缚，具有批判能力，能够吸收人类价值观念的丰富营养，具有应付不断变化和十分复杂社会的能力的大学生，是高等教育的重要目标。哈佛大学的核心课程体现了通识教育下通才教育的思想，对美国大学教育起到极大的影响和推动作用。其中占大学四年学习计划总量25%的基础课程，强调的是基本技能、思考和研究方法，是对本科教育基础的重新定义。

中国大学教育从1995年开始在52所高等学校开展加强大学文化素质教育试点工作，1999年第三次全国教育工作会议上提出了深化教育改革、全面推进素质教育的目标，并颁发了《中共中央国务院关于深化教育改革全面推进素质教育的决定》，正式拉开素质教育的序幕。"素质教育"的核心就是实现"人的全面发展"，是一种更加注重人文精神的养成和提高，重视人才的人格不断健全和完善，也就是更加重视使学生学会"做人"的教育理念。从重视传授知识、培养能力到重视知识、能力的同时更加注重素质的提高，是教育思想的一大突破。

"通识教育"和"素质教育"有着共同的教育目标，都需要强调在大学教育中要树立人文精神、科学素养和创新能力相统一的教育观。坚持教育中知识、能力和素质培养的协调一致，人文素质教育、科学素养培养与实践能力训练的协调一致，以及教育学生做学问、做事与做人的协调一致。但是，"通识教育"更注重围绕教育的目标构建科学的核心课程体系，并始终要在以博雅教育为特征的古典主义传统和以专业教育为主旨的实用主义传统中寻求平衡。"素质教育"更关注通过教育和环境的影响，促使知识内化和升华成为学生内在的、稳定的心理品质。素质教育思想所强调的，是在人才培养过程中，融传授知识、培养能力和提高素质为一体，正确处理好知识、能力、素质的关系，促进三者协调发展。

中国大学的本科教育总体上是应当肯定的，不仅有明确的教育思想、教育理念，也有东方文化特色的教学传统。例如，注重基础、注重课堂教学、注重教学的系统性、注重学生的全面教育等等，我们的学生无论作为交换生还是毕业后出国读研究生，都具备和世界各国大学生竞争的能力和潜力。随着国力的增强，在中外大学领导和教授们的交往中，我们的"话语权"越来越多、越来越丰富。对中国的大学教育的发展，我们应该充满自信，这种"自信"应当成为我们坚持开放、坚持向世界先进教育学习的基础，而不是盲目自大、固步自封的历史翻版。

同时，在教育国际化进程中，对中华文明也要充满自信。"开放"、"多元化"背景下的中华文明只会摒弃我们文化传统中落后的东西，通过吸取世界文化、文明的精髓，使中华文化与时俱进，更具活力和魅力。中华文化的"包容性"和"稳定性"已被历史证明，文化的"封闭"只能使中华文明失去了它的先进性。美国及一些西方国家试图实行文化霸权主义，但是文化价值观不是靠强制性"输出"就能如愿的；强权可以用武力占领其他国家，但实现"文化征服"几乎是不可能的。因此，在教育国际化过程中，我们要注重引导，但不必过分担心"西化"、"同化"。改革开放后，西方文化已经对中国传统文化有了很多影响，包括婚姻观、就业观、人才观等等，社会习俗都有很多变化。个性化、多样化已成为当代文化的基本特征。但是，中国文化传统的本质没有也不可能被"西化"掉，文化传递是一个长期的、互相认同和选择的过程，没有净化能力的文化是没有希望的，没有发展能力的文化同样也不会是先进的。改革开放，不仅西方文化对中国文化传统有影响，同时中国文化传统，包括中国人的勤奋、智慧、节俭、注重家庭和教育的品质，也带往世界各地，影响了西方的文化。

在这种观念下，我们要继续加大教育的开放，包括文化的开放，让中国大学在多元文化碰撞下，形成基于中国传统文化精神之上的新的现代大学文化精神。要让大学生在开放环境下，纵向看待历史，横向看清世界，增强民族自信心和历史使命感。只有坚持开放、学习先进、走自己的路，才能培养大批具有国际眼光、基础坚实、素质全面、富有创新精神和创造能力的优秀人才，使中国的大学教育真正融入到世界先进教育的主流之中。当然，这是一个逐步实现和发展的历史过程，关键是方向要明确，措施要落实。

这也是纪念陈嘉庚先生等一代爱国前贤的现实行动。

关于本科院校定位、专业建设及素质教育的若干思考[*]

一、明确办学指导思想，找准学校发展定位

学校办学不仅要有举措，更要有思想，还要有符合长远发展规律的教育理念。其中，学校的"办学指导思想"是学校的顶层设计，在本科教学工作水平评估的指标体系中是"评估"的一级指标，它包含"学校定位"与"办学思路"两项二级指标。

所谓"科学定位"，是指学校要根据经济建设和社会发展需要、自身条件和发展潜力，找准学校在人才培养中的位置，确定学校在一定时期内的总体目标，培养人才的目标，层次、类型目标和人才的主要服务面向。即通常所说按照"三个符合度"确定学校定位。关键是要找准学校及各学科、专业，在全国高校中的定位，在区域经济发展、社会进步中的定位，在学校整体学科、专业结构中的定位，包括现实定位和发展定位，也包括水平定位和服务贡献上的定位。

与学校定位相匹配的是学校发展规划，包括事业发展规划、学科和专业建设规划、师资队伍建设规划和校园建设规划。考

---

[*] 本文系 2007 年 11 月 13 日 "全国新建综合性本科院校第七次工作研讨会"的专题报告，后收录于高等教育出版社出版的文集中。

察学校定位必须考察学校规划是否与之符合，其中专业建设规划是重点。

"办学思路"方面，要能反映出"具有先进的教育思想理念，办学思路明确，质量意识强"及"一贯重视本科教学，能正确处理教学与学校其他工作的关系"。

学校"办学思想"是通过审视学校办学历史总结出来的，特别要能反映出学校发展的不同历史阶段及学校发展中遇到重大变革时学校领导的抉择所体现出来的学校办学指导思想。例如：学科专业发展演变中优势学科（专业）和新建学科（专业）之间的关系；在办学层次提升的努力中，质量意识及人才培养特色的维护；行业院校在学校管理体制转型中，服务面向的定位与维护行业特色之间的关系；等等。

"教学中心地位"体现在学校主要领导对本科教学的重视程度；学校制度对本科教学的支持激励机制；教学条件保障落实到位；定期组织教育思想、教育理念学习和研究，深入有效地推进各项教育教学改革。

学校发展必须重视培植教学传统，积淀凝炼办学特色，并且逐步构建完整的教育体系，使之真正成为学校的品牌和传统。对办学历史不长的本科院校也是促使学校注重个性和特色的培育，逐步形成学校的办学传统。

许多历史名校，从创办起就有明确的办学理念，体现在学校的校训或领导者的办学宗旨之中，并一代代传承下来，渗透到学校的制度和办学过程之中，成为学校的一种人文精神、办学传统并被学校师生和社会所认同。

例如，蔡元培主掌北京大学时，提出"循思想自由原则，取兼容并包主义"，主张教育功能使人"养成健全的人格"，培养全面发展的人，提供"养个性、尚自然"，形成了北京大学的办学传统；浙江大学的校训"求是"在历史的演变中已锤炼成浙大的学校品格；南开大学创始人张伯苓的"允公、允能、日新月异"把学校发展和社会进步紧密结合起来，形成了南开大学的办学风格。从这些办学传统、学校品格、办学风格中都能提炼出学校的"特色项目"。这是在学校历史发展的自我比较中找到影响一代代学校人的一种人文精神、文化传统凝炼出来的特色，具有相对的稳定性，并被社会所认同。

有些"特色项目"也可以是学校长期坚持的办学思想、办学举措，构建了比较完整的体系，形成了比较鲜明的人才培养的个性并被教育界同行及社会所认同。

"特色项目"还可以是具体的人才培养模式或学校在课程体系、教学方法改革及科学的教学管理制度等教育教学改革中取得的具有先进性、示范性的突出成果，并被同行们所认可。

最终形成的"特色项目"必须具备如下几个因素：

一是具有学校个性特征，是在学校发展历史中形成的，具有稳定性、规律性。

二是学校广大师生认同，符合教育发展规律，对学校教学工作和人才培养具有重大影响作用。

三是高校同行公认是具有先进性、示范性的教学改革或教学工作成果。

仅仅是办学理念，没有历史的积淀和支持还谈不上"特色"。学校发展总会取得很多成绩，形成一些"标志性成果"，反映了学校教学工作水平的提高；但如果在和校外同行的比较中缺乏示范性和"公认度"也还是算不了"特色"。行业背景、学科优势同样不能看成是本科教学工作的"特色项目"。

总之，学校发展总会取得很多成绩，而所谓"特色"，是指在学校诸多"标志性成果"中被高校同行或社会认同的，与其他学校相比更加突出、更有个性且具有稳定性和规律性的"项目"。

大学领导者的基本素质是既要有明确的教育思想、办学思路，又要有科学的教育理念，高瞻远瞩，把握教育的发展方向，并力求两者之间的协调和统一。

世界一流大学都是具有自己的、明确的、相对稳定的教育理念，表达在学校校训或办学宗旨之中，并被社会所认同，融入进学校的大学精神。

所谓"大学精神"，是大学在办学的历史过程中形成的办学理念和大学人的共同价值追求，是大学文化的精髓、核心，是大学之魂；大学精神蕴含大学的"价值判断"，并通过学校的文化传统传授于后人。

大学精神是比校风、学风更深刻的学校文化特征，校风、学风只是大学精神的外在表现。

大学精神反映了学校特有的价值取向，呈现了大学的品格，也是影响和指导大学人的基本信念、基本准则。

从更一般意义上讲，"大学精神、管理制度、人文环境"是大学文化建设的重要内涵。其中，是否具备先进的办学理念、完善的制度规范、鲜明的传统特色就成为评价大学文化建设水平的重要内涵，也是建设现代大学的文化标准。

二、加强专业改造与建设，优化人才培养模式，深化教育教学改革

首先要认识本科专业建设的基本特征，找准学校学科专业的布局和人才培养目标的定位。世纪之交，许多学校举办了一些新专业；但是一所高校的办学资源是有限的，不可能把所有学科、专业都办成名牌专业。一个城市20年、30年可能建成现代化的大都市，一个专业20年、30年仍然只能算是个年轻的专业。因此，每个专业都应当找准它在学校整体学科专业布局中的地位和作用，找准各专业人才培养的目标定位。客观地讲，新办的理科专业要培养出具有基础研究原创能力的人才只能是凤毛麟角，新举办的文科要办到综合大学传统文科水平也相当地困难。但是，每一个专业都可办出特色，培养出适用的优秀人才是有可能的。我们怎样才能使每个专业都能培养出优秀的满足社会需求的人才，必须有求实的精神和科学的态度。新专业特别是理科、文科专业，应当考虑选择走培养应用型人才和复合型人才之路，办成具有学校特色、优势的应用型专业、复合型专业。同样，老专业的改造与发展也迫在眉睫，要根据社会需求和学校基础找准专业定位，明确专业建设、管理和发展的思路。通常讲，"人才培养模式"是指人才培养的目标、规格

及实现的培养途径、教学体系。不同类型学校可以选择不同的人才培养模式，同一学校也可以有多种人才培养模式提供给不同资质的学生来选择。因此，专业建设和发展必须认真审视人才培养目标和规格，科学制定专业教学计划和实现途径，把专业教学计划拓宽成教育教学计划，包含知识教育、实践教育和融素质教育至人才培养的全过程；要充分挖掘学校原有的学科优势和办学特色，把原有人才培养特色延伸到本科人才培养体系上来，并赋予新的内涵和发展潜力。新建本科专业更要注重学生就业能力和发展潜力两者并重，实事求是地制定专业教育计划和人才培养模式；要妥善处理拓宽专业口径与灵活设置专业方向的有机结合；妥善处理通识教育课程、必修和选修课的关系；妥善处理课程内容的更新和课程体系的优化；妥善处理课堂教学和课外实践、实习及创新活动的关系；要重视精品课程、精品教材的建设，要让学生享受到专业教学中的优质教学资源、优秀教师和更多的自主选择。要真正实现专业教育中知识、能力和素质培养的协调一致，人文素质教育、科学素质培养与实践能力训练的协调一致以及教育学生做学问、做事与做人的协调一致。

专业建设是学科建设的基础，聚集师资队伍、凝练科研和学科方向、形成专业特色是一个历史发展过程，最终构筑集培养人才和科学研究于一体的学科平台。优质的学科平台资源对本科教学具有辐射作用，同时对专业人才培养模式的创新机制也会给予很大的支持。其实，每所学校、学院都有自己原本具有的特色和个性，也是历史积淀的办学传统的凝炼和提升。多样化的人才培养模式，柔性、模块化的培养机制，专业之间的"立交桥"和更加完善的学分制、选课制，都会对专业改造和发展、对人才培养的质量及适应性起到积极作用。

为有利于专业改造和建设，有利于院系专业资源的充分使用，在组织管理上，可采取：院（系）管教学，院（系）制定教学计划，院（系）聘任教师，建立和完善院级实验中心等等。

建立新教师上岗或首次开课教师培训制度，树立"教学神圣"的意识。国内外名校都是以学术水平、科研能力来遴选教师的，同时以承担教学任务，特别是以承担本科教学任务作为聘任的条件，大学毕竟不同于科研院所。诺贝尔奖获得者丁肇中先生讲，在他们学校，只有他是唯一经批准可以不给本科生上课的，其余不论何种大牌教授都必须给本科生授课。在清华大学，杨振宁先生、姚期智先生每年都要给本科生上基础课，而且绝不找人代课。

包括教师缺课请假制度，答疑和批改作业的要求，教学大纲，试卷出题与评阅，毕业论文（设计）的开题、中期检查、评分等基本教学环节中，教师的责任和要求都应有明确规定。这些规定是相对于学校规定的具体化。这里丝毫不涉及教师的学术自由、教学的创造性，而是对教学程序的规范、对教师职业行为的规范；其实这在国外同样也有，甚至更加严格、更加具体（如教学大纲、学生评教、教师社会兼职等等）。

不同学校、不同院系之间的教学水平、教学质量是不均衡的，每个院系都有自己的教学传统、教学优势，同样也有薄弱环节，在发扬传统优势的同时，更要重视薄弱环节的整改和建设。

课程建设是最基础的教学建设。课程建设的最基本要求：一是课程建设要系统设计、整体优化，包括相关的教材和实验、实践环节，不断提高质量和水平；二是要让每个学生都能接触到高水平、高质量的课程教学。中山大学提出每个专业至少要有10门以上课程达到省级以上优秀标准，目的是要让学生每学期都能享受到1~2门教学质量高的课程。

又如，以考试方法改革和实践环节建设为切入点，推动教师教学方法和教育观念的改革，培养学生综合运用知识的能力和素质。

在教学形式上，采取研究式、讨论式、案例分析式等等培养学生提出问题、分析问题的能力。清华大学顾秉林校长就为一年级学生开设"研究性课程"。

有条件的院（系）还应积极推行导师制或优生优培制，努力为学生提供优质和个性化的服务等等。

另一方面，对教学工作的薄弱环节，如双语教学、现代化教学手段（多媒体教学）、实践性教学环节等，要讲求实效，通过培训、交流，实事求是地提高水平，绝不搞形式主义，绝不弄虚作假。

近年来，许多高校在"教育的创新"上已经采取了一系列有效的举措。例如：推进教学方式和课堂教学模式的改革，开创"研究式教学"、"互动式教学"等，鼓励师生互动，培养学生独立思考和批判思维能力，力图在知识传授中，加大学生参与"研究"的成分，变"被动学习"为主动学习和探求。清华大学顾秉林校长、姚期智教授就为本科生开设研究性课程。构建新的"基础科学实验教学平台"、"工程设计教学体系"，开设体现"开放性、探索性、研究性"的实验课、实习课及课程设计等实验、实践性课程，培养学生的自主精神、创新意识和创造能力。制定大学生科技创新培养方案，建立大学生科技训练基地，开展全方位的科技创新活动，给学生提供更多的团队合作科研活动和独立科研探索机会；同时，在构建多样化的创新人才培养模式、对优秀学生实行个性化培养、实行导师制、完善学分制等方面都给学生提供了更大的学习空间和更多的选择机会等等。

长期以来，我们注重学生知识、能力、素质的提高，但对学生思维的训练、思辨能力的培养重视不够；重视培养学生分析问题、解决问题的能力，但对提出问题、发表不同见解鼓励不够；教学管理、学生教育突出的是"管理"和"约束"，缺乏"开放"和"宽容"。图书馆、实验室和体育设施的开放程度最能看出中外大学的差异。中大交换生回来后几乎一致提到：国外大学教师在课前讨论教学大纲时对学生的尊重及教学过程中重视对学生的个别具体指导。构建现代大学创新人才培养体系不是少数教师、少数几门课或少数创新科技活动就能解决问题，必须纳入到学校发展规划，纳入到专业的建设和改造，纳入到教师队伍的培养，纳入到大学校园文化建设，纳入到教学改革、管理改革各个方面，并且和研究生教育的改革紧密结合起来，才有可能逐步取得成效，最终形成学校新的办学特色。

三、关于素质教育和通识教育

中国大学的办学理念、教育教学改革也正在逐步进入深层次、集约化、系统化的提升时期，符合新世纪大学教育发展的总趋势。例如，以美国为代表的大学本科教育经历了如下发展的历史阶段：博雅教育→有学科和应用背景的专业教育→重视学生自由选课的通才教育→构建通识课程体系（分类课程、核心课程）下的通才教育。

而中国现代意义下的大学教育经历了从旧式书院式教育到现代专业化教育再学习苏联实行行业特色鲜明的专门化教育，改革开放后又逐步深化了人才培养模式的改革：专门化特征的专业教育→宽口径的专业教育（选修制、分类选修）→注重人文素质教育下的宽口径专业教育→注重素质教育前提下的宽口径专业教育，

其中，通才教育和专业教育强调的是教育的模式；而通识教育和素质教育反映的主要是教育的理念、教育的思想。

通才教育和专业教育并无本质区别。如今美国的通才教育并不是完全的自由选修，仍然是有一定的学科或职业应用背景的教育，让学生在某一知识领域有更深入的了解和研究；中国的专业教育也已不再过分强调专门化方向和就业导向，而是拓宽专业的基础，使学生在更广泛的领域内具有适应性和发展能力。

而通识教育和素质教育的共同点，是把"人的培养"放到"人的全面发展"或"完整的、有教养的人"的平台上，和专业知识教育互相协调地发展。

哈佛大学老校长德里克·博克在《美国高等教育》一书中指出：培养不受条条框框束缚，具有批判能力，能够吸收人类价值观念的丰富营养，具有应付不断变化、十分复杂社会的能力的大学生，是高等教育的重要目标。哈佛大学的核心课程体现了通识教育下通才教育的思想，对美国大学教育起到极大的

影响、推动作用。其中占大学四年学习计划总量25%的基础课程，强调的是基本技能、思考和研究方法是对本科教育基础的重新定义。

中国大学教育从1995年开始在52所高等学校开展加强大学文化素质教育的试点工作，1999年第三次全国教育工作会议上提出了深化教育改革、全面推进素质教育的目标，并颁发了《中共中央国务院关于深化教育改革全面推进素质教育的决定》，正式拉开素质教育的序幕。"素质教育"的核心就是实现"人的全面发展"，是一种更加注重人文精神的养成和提高，重视人才的人格不断健全和完善，也就是更加重视使学生学会"做人"的教育理念。

从重视传授知识、培养能力到在重视知识、能力的同时更加注重素质的提高，是教育思想的一大突破。

"通识教育"和"素质教育"有着共同的教育目标：都需要强调在大学教育中要树立人文精神、科学素养和创新能力相统一的教育观。坚持教育中知识、能力和素质培养的协调一致，人文素质教育、科学素养培养与实践能力训练的协调一致，以及教育学生做学问、做事与做人的协调一致。

但是，"通识教育"更注重围绕教育的目标构建科学的核心课程体系，并始终要在以博雅教育为特征的古典主义传统和以专业教育为主旨的实用主义传统中寻求平衡。

"素质教育"更关注通过教育和环境的影响，促使知识内化和升华成为学生内在的、稳定的心理品质。素质教育思想所强调的，是在人才培养过程中融传授知识、培养能力和提高素质为一体，正确处理好知识、能力、素质的关系，促进三者协调发展。

人的素质包括思想道德素质、文化素质、科学素质和身体心理素质四个方面，文化素质是其中重要的组成部分，是当前切实推进素质教育的切入点和突破口。

十多年来，中国大学教育中的文化素质教育取得了长足的进步，并带动了大学文化和大学文化精神的建设，为全面推进素质教育奠定了基础。

中国大学的本科教育总体上是应当肯定的，不仅有明确的教育思想、教育理念，也有东方文化特色的教学传统。例如，注重基础、注重课堂教学、注重教学的系统性、注重学生的全面教育等等，我们的学生无论作为交换生还是毕业后出国读研究生，都具备和世界各国大学生竞争的能力和潜力。随着国力的增强，中外大学领导和教授们的交往中，我们的"话语权"越来越多、越来越丰富。对中国的大学教育的发展，我们应该充满自信，这种"自信"应当成为我们坚持开放、坚持向世界先进教育学习的基础，而不是盲目自大、固步自封的历史翻版。

在这种观念下，我们要继续加大教育的开放，包括文化的开放，让中国大学在多元文化碰撞下，形成基于中国传统文化精神之上的新的现代大学文化精神。要让大学生在开放环境下，纵向看待历史，横向看清世界，增强民族自信心和历史使命感。只有坚持开放、学习先进、走自己的路，才能培养大批具有国际眼光、基础坚实、素质全面、富有创新精神和创造能力的优秀人才，使中国的大学教育真正融入到世界先进教育的主流之中。当然，这是一个逐步实现和发展的历史过程，关键是方向要明确、措施要落实。

中国要建设创新型国家，必须培养大批科技创新人才，首先要大力提升和培养学生的创新欲望和创造能力。在中国传统文化背景下，要培养学生的创新、创造能力是何等之难。孩子尚未出世，父母已替他包办了一切。学校老师最喜欢循规蹈矩的学生，领导最喜欢听话的部下，这决不是哪个人的问题，而是由于长期的传统文化已经渗透在我们民族的思想、思维及学习、生活和工作之中。因此，培养学生创新精神和能力不仅仅是改善人才培养模式和教学方法，也不是一门课、一个专业的改革就能达到目的，重要的是要营造鼓励创新、勇于实践的校园文化环境，要从鼓励学生乐于提问题、敢于发表不同见解开始。

推进教育"国际化"有很多的内涵，其中，通过逐步扩大留学生和少数民族学生的比例，营造多民族和国际化校园环境，培养学生在多元文化背景下交流、沟通、认识和选择的能力。

吸取多元文化之精神，有利于提升学生的文化视野，开拓学生追求真理的胸怀，培植学生勇于发现问题、敢于提出问题并且善于解决问题的品质和能力。培养大批创新型人才不仅要靠教育的创新，更要靠文化理念的创新，教育国际化为我们提供了文化理念变革创新的机遇。